IMMANUEL KANT

Schriften
zur Geschichtsphilosophie

MIT EINER EINLEITUNG
HERAUSGEGEBEN
VON MANFRED RIEDEL

PHILIPP RECLAM JUN. STUTTGART

Der Abdruck der Texte geschieht mit freundlicher Genehmigung
des Verlages Walter de Gruyter, Berlin

Universal-Bibliothek Nr. 9694
© 1974 Philipp Reclam jun. GmbH & Co., Stuttgart
Bibliographisch ergänzte Ausgabe 1985
Gesamtherstellung: Reclam, Ditzingen. Printed in Germany 1999
RECLAM und UNIVERSAL-BIBLIOTHEK sind eingetragene Marken
der Philipp Reclam jun. GmbH & Co., Stuttgart
ISBN 3-15-009694-4

Einleitung

Kant und die Geschichtswissenschaft

Es ist schon oft gesagt und ebensooft wiederholt worden, daß auch der gute Kant-Kenner in einige Verlegenheit gerät, wenn ihm zur Aufgabe gemacht wird, die Stellung der Geschichtsphilosophie im Rahmen des kritischen Unternehmens und des von Kant geplanten philosophischen Gesamtsystems zu bestimmen. Wie steht es überhaupt mit Kants Verhältnis zur Geschichte? Kommt der historischen Erfahrung eine legitime Bedeutung für jene in der ›Kritik der reinen Vernunft‹ begründete allgemeine Theorie wissenschaftlicher Erfahrung zu, die sich ja nicht zufällig an der Frage orientiert, wie reine Naturwissenschaft möglich sei? Hat Kant je gefragt: Wie ist Geschichtswissenschaft möglich?

Wenn man mit all diesen Fragen die durch das Geschichtsdenken des 19. Jahrhunderts hochgespannten Erwartungen einer »Kritik der historischen Vernunft« verknüpft, dann lassen sie sich nur mit einem klaren Nein beantworten. Gleichwohl ist Kants Philosophie nicht, wie lange Zeit unterstellt wurde, »ungeschichtlich«[1]. Geschichte, »die Historie desjenigen, was zu verschiedenen Zeiten geschieht«[2], hat für Kant in einem ganz unbefangenen, vorwissenschaftlichen Sinne mit *Erfahrung* zu tun, mit *Lebens- und Welterfahrung*. Wozu das historische Wissen nützlich und wert ist, von uns gewußt zu werden, ergibt sich aus der Beschränktheit individueller Lebensgeschichten. Es ermöglicht uns, die eigene Erfahrungsperspektive durch die Aneignung

1. Vgl. F. Meinecke, Die Entstehung des Historismus. In: Werke, Bd. 3, München 1959, S. 288. Mit Recht schreibt L. Landgrebe, Die Geschichte im Denken Kants. In: Phänomenologie und Geschichte, Darmstadt 1968, S. 46: »... es ist eine seit langem feststehende Meinung, daß Kants Philosophie ›ungeschichtlich‹ sei und daß er speziell in seiner Geschichtsphilosophie auf dem Boden der Aufklärung und ihres Vernunftoptimismus stehengeblieben wäre.«
2. Physische Geographie, Akad. IX, 161.

fremder Erfahrungen zu korrigieren und zu ergänzen. Einen
Vorzug der Geschichte sieht Kant dabei darin, daß ihre
Erfahrungen »schriftlich verzeichnet«, d. h. historische
»Quellen« sind, die auf ihre Verläßlichkeit hin geprüft werden können und dann unsere eigenen Erfahrungen so erweitern, als ob wir selbst die ganze ehemalige Welt durch-
lebt hätten. Daß diese Erfahrung wandelbar ist, ja daß die
so erfahrene Welt eine eigene, historisch einzige und wan-
delbare Perspektive darstellt (»Fast ein jedes Jahrhundert
hat einen Stil, oder eine eigene Form«[3]), hat Kant bereits
früh und mit gelassener Klarheit konstatiert, ohne daraus
für das menschliche Selbst- und Weltverständnis drama-
tische Folgerungen im Sinne des späteren Historismus zu
ziehen. Geschichte – das bleibt der eigentliche Rechtferti-
gungsgrund für diese Disziplin – macht den Menschen ver-
traut mit seiner Lage in der Welt, so daß er ihrer bedarf.
Der Geschichte bedürftig sind insbesondere alle diejenigen,
die damit erst noch am Anfang stehen. Kant hat es als eine
Vernachlässigung der studierenden Jugend beklagt, daß sie
»früh vernünfteln lerne, ohne genugsam historische Erkenntnisse, welche die Stelle der Erfahrenheit vertreten
können, zu besitzen«[4]. Auch der Philosoph, so dürfen wir
diesen Satz verstehen, bedarf historischer Erfahrung, was
Kant, gewiß mit einiger Selbstironie, ausdrücklich vermerkt
hat: »Der von einigen Dingen glaubt, daß sie ihm nichts
angehen, betrügt sich oft, e. g. dem Philosophen die Geschichte«[5]. *Philosophie ohne Geschichte bleibt leer, beide sind
voneinander gleich abhängig und gleichermaßen unentbehrlich.* »Alle Kultur der Erkenntnisvermögen«, so lautet eine
abschließende Formel des alten Kant, »teilt sich in zwei
Zweige auf: *Geschichte* und *Philosophie.*«[6]

---

3. Akad. XXIV, 1, 171 (Logik Blomberg).
4. Nachricht von der Einrichtung seiner Vorlesungen etc., Akad.
II, 312.
5. Reflexionen zur Logik, Nr. 1967, Akad. XVI, 177.
6. Opus postumum, Akad. XIII, 115.

Es wäre ein Irrtum zu meinen, daß Kant damit einfach die alte Disjunktion zwischen dem »Gegebenen« und »Vernünftigen«, zwischen Tatsachen- und Prinzipienwissen wiederholte. Von ihr macht er immer wieder Gebrauch[7], aber er hat sie zugleich kritisch verändert. Kant teilt nämlich nicht das klassische, bis in die Lehrbücher der Schulphilosophie des 18. Jahrhunderts hinein wiederholte Vorurteil der Platonisch-Aristotelischen Philosophie, wonach es *vom Einzelnen keine Wissenschaft* geben (de singularibus non est scientia) und die Geschichte nicht *methodisch* behandelt werden könne. Diese Einschränkungen sind nicht mehr vertretbar, seit die ›Kritik der reinen Vernunft‹ in ihrem Kernstück, der transzendentalen Logik, den sprachlichen Gliederbau der Vernunft, die traditionell so genannten Kategorien (wie Einheit, Vielheit, Ursache, Wirkung usf.) nur als Mittel des erfahrungswissenschaftlichen Denkens, in ihrer Bezogenheit auf den in der Zeit fortlaufenden und zur Zukunft hin offenen Prozeß empirischer Erkenntnis zu rechtfertigen vermocht hatte. Wissenschaft – das lehrt die Astronomie des Kopernikus und die Galileische Physik – ist als *Erfahrungserkenntnis*, durch geregelte Verknüpfung des »Vernünftigen« mit dem »Gegebenen« möglich. Erfahrungserkenntnis in diesem der Schulphilosophie unbekannten Sinne enthält ein apriorisches, nichtempirisches Element, das sich der rationalen Verarbeitung von Daten, dem Verfahren neuzeitlicher Wissenschaft, verdankt. Auf der Grundlage dieses erweiterten Erfahrungsbegriffs bleibt die Disjunktion zwischen vernünftiger und historischer (= faktischer) Erkenntnis gewahrt, aber sie ist nun nicht mehr metaphysisch, sondern methodisch, im »Verfahren« der Vernunft begründet, und die methodische Begründung läßt eine Modifikation des Wis-

---

7. Vgl. K. Weyand, Kants Geschichtsphilosophie. Ihre Entwicklung und ihr Verhältnis zur Aufklärung. Kant-Studien Erg. Hefte Bd. 85, Köln 1963, S. 8. Er beachtet jedoch die von Kant vorgenommenen Korrekturen nicht.

senschaftsverständnisses nicht nur zu, sie macht sie systematisch notwendig[8].

So kommt es zu dem bemerkenswerten Vorgang, daß Kant terminologisch zwischen *Historie* (im Sinne von Tatsachen*beschreibung*) und *Geschichte* unterscheidet[9] und der »historischen Erkenntnis« unter bestimmten Prämissen den Status einer Wissenschaft zuerkennt. Die rationale Verarbeitung des Gegebenen im Bereich der Naturwissenschaft setzt sich fort in der rationalen Verarbeitung der Quellen auf historischem Gebiet, im kritischen Verhör der Zeugen und Zeugnisse der Tradition, die zu neuen, gesicherten Einsichten in das Vergangene führt. Angesichts dieser Sachlage an dem älteren Verständnis von Geschichte als beschreibender Datenreihung festhalten hieße, die Ansätze zu einem der fundamentalen Erkenntnisschritte ignorieren, den die Neuzeit auf geschichtlichem Gebiet – nach dem Erkenntnisfortschritt der Naturwissenschaft – getan hat.

Philosophie ohne Geschichte – so hatten wir gesagt – bleibt leer. *Geschichte ohne Philosophie* – so können wir nun ganz im Sinne von Kant fortfahren – *macht blind*. Damit sind wir bei dem Begründungsproblem der Geschichtsphilosophie. Ihr Ausgangspunkt ist nicht die überlieferte Geschichtstheologie, sondern der *Zustand der zeitgenössischen Geschichtsschreibung*[10], die sich mit der Anhäufung und Ausbreitung des historischen Stoffes begnügt und unreflektiert den Inter-

8. Vgl. F. Kambartel, Erfahrung und Struktur. Bausteine zu einer Kritik des Empirismus und Formalismus, Frankfurt a. M. 1969, S. 94 ff. Er weist treffend auf die terminologische Verdoppelung des Erfahrungsbegriffs hin, leugnet hingegen für den Begriff der Geschichte irrtümlicherweise eine analoge Erweiterung.
9. Über den Gebrauch teleologischer Prinzipien in der Philosophie. Akad. VIII, 162. Im faktischen Sprachgebrauch ist Kant dann freilich immer wieder inkonsequent. Gleichwohl ist die Relevanz seiner Unterscheidung von den Zeitgenossen bemerkt worden. Vgl. Campe, Fremdwörterbuch (1813), S. 33.
10. Das hebt richtig L. Landgrebe, Die Geschichte im Denken Kants, a. a. O., S. 48, hervor, der aber diesen Punkt im weiteren Verlauf seiner Ausführungen zu wenig beachtet.

essen der herrschenden Mächte (von Staat und Kirche) dient. Geschichte sollte nach Kant nicht um ihrer selbst willen, nicht zur Befriedigung gelehrter Neugier und Eitelkeit betrieben werden. Eine bloß quantitative Mehrung historischer Bildung ohne Grenzen und Zwecke bläht auf und führt zum Historismus. Kant, der nicht den Terminus, wohl aber die Sache kennt, spricht von »zyklopischer Gelehrsamkeit«, der ein Auge fehlt, »das Auge der Philosophie«[11]. Das heißt nicht, daß sich der Historiker eine philosophische Lehrmeinung zu eigen machen soll; er möge nur – das will der Vergleich ausdrücken – nicht blindlings, wie ein teilweise Geblendeter, verfahren, sondern sich Rechenschaft ablegen über das »Wozu« seines Tuns. Die Rechenschaftgabe selber freilich, die Bestimmung und Rangordnung der Zwecke, ist Aufgabe der Philosophie: »Die Philosophie ist das zweite Auge und sieht, wie die gesammelten Kenntnisse des einen Auges zum gesamten Zweck stimmen.«[12]

Daneben kritisiert Kant den »Barbarism der Gelehrsamkeit«, der sich auf Wiederholung des Vergangenen, auf Überlieferung und Aberglauben gründet: »... er ist unserer Zeit noch vornehmlich in der Geschichte anzutreffen, entweder weil sie nicht der Philosophie hilfreiche Hand darbietet, oder weil sie von der Theologie gebunden ist.«[13] Kant denkt hier an die heilsgeschichtliche Behandlung der Universalhistorie, deren gelehrte Beschränkung auf ein und dieselbe, seit Augustin überlieferte Methode am Ende nur für den einen Zweck christlicher Herrscherpädagogie sehend gemacht hatte. Die Weltgeschichte als Schauplatz göttlichen Handelns lehrt nach Bossuet, daß alle irdischen Herren einen Herrn über sich haben: *historia magistra principum*. Kant ist weit davon entfernt, die theologische Universalhistorie mit Pierre Bayle und Voltaire noch einmal kritisieren oder gar mit ihr konkurrieren zu wollen. Er stellt ledig-

11. Logik, Akad. IX, 63.
12. Logik, a. a. O. 197.
13. Reflexionen zur Logik, Nr. 2018, Akad. XVI, 197.

lich fest, daß sich die Theologen dieser Fragen bemächtigt haben[14], und ignoriert sie im übrigen für seinen eigenen Begründungsversuch. Eine Orientierung an ihr wäre gleichbedeutend mit einem Verfehlen der Aufgabe. Woran aber hat sich der Philosoph dann zu orientieren, wenn auch die »weltliche« Geschichte nicht hilfreich die Hand bietet?

Geschichte im System der Philosophie

Wir halten fest: Kants Geschichtsphilosophie geht nicht aus der Säkularisierung einer älteren, theologisch-metaphysischen Disziplin hervor; sie wird unabhängig von deren vorgegebener Gestalt auf dem Boden eines spezifisch neuzeitlichen Geschichts- und Wissenschaftsverständnisses eigens erst begründet. Über diesem Begründungsversuch liegt der Schatten von Herder, und Herder, der Kants Schüler und später sein Widersacher war, soll einmal mündlich geäußert haben: »Eigentlich folgen wir so aufeinander: Iselin, ich und Kant. Ich habe von ihm nichts geborgt, sondern er ist, wie sein Name sagt, das letzte höchste Pünktchen.«[15] Wir können hier nicht die literarische Richtigkeit dieses verwegenen Satzes überprüfen. Kant hat nicht nur Iselin (und den ihm vorangegangenen Voltaire), er hat auch die Historiker aus der Schule der schottischen Moralphilosophie, unter ihnen Hume und Smith, gelesen, die er beide höher stellt. Über Kants Einschätzung des Herderschen Geschichtsentwurfs unterrichtet seine Rezension der ›Ideen zur Philosophie der Geschichte der Menschheit‹ (1784), die den Mangel des Unternehmens schonungslos offenlegt. Die hier notierten Schwächen von Herder – ein anschaulich-assoziatives Denken, das begrifflich relativ unbekümmert eine Ideen- und Stoffmasse über vergangene Lebensformen auf eine

14. Vgl. Reflexionen zur Anthropologie, Nr. 1471 a, Akad. XV, 2, 651.
15. K. A. Böttiger, Literarische Zustände und Zeitgenossen, Leipzig 1838, Bd. 1, S. 133.

subjektiv-genialische, der allgemeinen Mitteilung wenig
fähige Weise präsentiert – diese Schwächen sind ihm später
als seine Stärke ausgelegt worden, als Absage an den »ratio-
nalistischen« Geschichtsbegriff der Aufklärung, die das
historische Bewußtsein und seinen »Gegenstand«, die geschichtliche Welt, erst entbunden habe. Für Kant, der hier
verborgene Gefahren gesehen hat, besteht das Problem
einer Begründung der Geschichtsphilosophie gerade darin,
nach dem Ende der bisher als verbindlich anerkannten,
mythisch-heilsgeschichtlichen Deutung der Weltgeschichte die
im Aufstieg begriffene geschichtliche Welt sowohl vor dem
Einbruch subjektiver Willkür als auch vor der Auslieferung
an eine scheinwissenschaftliche Objektivität zu bewahren.
Was Kant beabsichtigt, ist der im Verhältnis zu Iselin und
Herder ungleich umfassendere Plan einer »Kritik der Vernunft, der Geschichte und historischen Schriften«[16], die dem
geschichtlichen Wissen den ihm zukommenden Rang im Zusammenhang vernünftig begriffener Wissenschaft anweisen
soll – ein Plan, den Kant freilich nur teilweise in publizier-
ten Schriften realisiert hat. Zu einem Ganzen kann man
seine Bruchstücke nur dann zusammensetzen, wenn man
(wie ich das bereits getan habe und weiter tun werde)
Stücke aus dem Nachlaß hinzunimmt und nach dem Richt-
maß von Kants philosophischer Systematik miteinander
verbindet. Fragen wir zunächst nach dem Stellenwert der
Geschichte im systematischen Aufbau der Kantischen Philosophie!
Im letzten (4.) Hauptstück der transzendentalen Methoden-
lehre der ›Kritik der reinen Vernunft‹, das von der »Geschichte der reinen Vernunft« handelt, schreibt Kant: »Dieser Titel steht nur hier, um eine Stelle zu bezeichnen, die im
System übrig bleibt und künftig ausgefüllt werden muß«
(A 852). Das gilt auch für die Philosophie der Geschichte.
Sie läßt sich weder dem Zusammenhang der Kantischen

16. Reflexionen zur Logik, Nr. 1997, Akad. XVI, 188.

Hauptschriften noch jener kunstvollen »Architektonik der Systeme« umstandslos zuordnen, welche die ›Kritik der reinen Vernunft‹ in ihrem Methoden-Kapitel entwickelt. Daß Geschichtsphilosophie nicht als Säkularisat im spekulativen Teil eines revidierten »Systems der Metaphysik« (weder in der Sparte der rationalen Kosmologie noch der rationalen Theologie) auftritt (A 844 ff.), bedarf nach dem bisher Gesagten keiner weiteren Erklärung. Geschichtsphilosophie – das scheint nicht minder selbstverständlich – ist ein Teil der praktischen Philosophie. Das deutet Kant im Methodenkapitel wenigstens an: »Die reine Vernunft enthält also, zwar nicht in ihrem spekulativen, aber doch in einem gewissen praktischen, nämlich dem moralischen Gebrauche, *Prinzipien der Möglichkeit der Erfahrung,* nämlich solcher Handlungen, die den sittlichen Vorschriften gemäß in der Geschichte des Menschen anzutreffen sein *könnten*« (A 807). Wenn wir mit Kant den Inbegriff möglicher Erfahrung »Welt« nennen, dürfen wir sagen: die moralischen Prinzipien fordern, daß die menschliche Welt ihnen entspreche, sie fordern eine »moralische Welt«. Das Problem der Moral ist *auch* ein Realisierungsproblem, und in diesem Zusammenhang, im Spannungsfeld von Sollen und Sein, stellt sich die Frage nach dem Verhältnis von Moral und Geschichte. Das Problem der Kantischen Geschichtsphilosophie besteht jedoch darin, daß in ihrer Begründung von dem Moralprinzip der praktischen Vernunft kein direkter Gebrauch gemacht wird.

Wir sehen uns also nach einer anderen Architektonik um. Philosophie, die den Anspruch systematisch begründeten Wissens noch nirgends voll realisiert hat und als »Idee möglicher Wissenschaft« erst gesucht wird, kann nach Kant in zweifacher Absicht betrieben werden: entweder zweckfrei (in der Weise ihres »Schulbegriffs«) oder in Beziehung auf außer ihr liegende, jedermann (Kant sagt: die Welt) betreffende Zwecke. Auf dem ersten Standpunkt würde das Konzept einer systematischen Einheit der Wissenschaften die be-

reits getroffenen Unterscheidungen der »Schule« zwischen
theoretischer und praktischer Philosophie nur variieren,
ohne eine positive Beziehung zu jedermann angehenden
Zwecken *noch innerhalb der wissenschaftlichen Architekto-*
nik herstellen zu können. Es ist der Standpunkt, den der
junge Kant selbst geteilt und den er durch Rousseaus Anstoß verlassen hat. Der »letzte Zweck« des wissenschaftlichen Tuns ist nicht das »Vergnügen aus den Wissenschaften«; der letzte Zweck ist, die »Bestimmung des Menschen
zu finden«[17], und die vermag keine Philosophie auszuklü-
geln, wenn sie nicht *zuvor* durch ihre Forschungen dazu
beiträgt, die gesellschaftlichen Ungleichheiten abzuschaffen
oder, wie Kant sich ausdrückt, die »Rechte der Menschheit
wieder herzustellen«[18].

Die ›Kritik der reinen Vernunft‹ wiederholt in der Unterscheidung des Schul- und Weltbegriffs der Philosophie den
biographischen Weg und gibt ihm die systematische Begründung. Philosophie im eigentlichen Verstande ist die »Wissenschaft von der Beziehung aller Erkenntnis auf die wesentlichen Zwecke der menschlichen Vernunft (teleologia
rationis humanae)«. Auf diesem »Standpunkt der Zwecke«
begreift sich Vernunft als normativ und teleologisch. In der
ihr zugesprochenen Gesetzgebungsfunktion bezieht sie sich
ausschließlich auf jene »zwei Gegenstände«, die nach erfolg-
ter Metaphysikkritik als Themen eines moralteleologisch
relevanten, die »ganze Bestimmung des Menschen« umfas-
senden Philosophierens zurückbleiben. *Naturphilosophie*
und *Philosophie der Sitten*, beide mit einem »reinen« und
»empirischen« Teil, sind die Glieder jenes von Kant gesuch-
ten Systems der Philosophie, das im Gegensatz zu der älteren Architektonik offen ist und die Bildung neuer, die Idee
der systematischen Einheit der Wissenschaften realisierender
Disziplinen ermöglicht. Dazu (zum empirischen Teil der
Moralphilosophie) gehört die Geschichtsphilosophie, die

17. Akad. XX, 175.
18. a. a. O., 44.

Kant im Kontext einer großangelegten Theorie der Kultur als eines »letzten Zweckes der Natur« entwickelt, welche jene andere Lücke im System, die Kluft zwischen Freiheit und Natur, schließen und durch Erweiterung der Prinzipien theoretischer und praktischer Vernunft die Bedenken bezüglich ihrer Anwendbarkeit auf Erfahrung überwinden soll.

Das Begründungsproblem der Geschichtsphilosophie

Wie bereits gesagt wurde, besteht die methodische Paradoxie der Kantischen Geschichtsphilosophie darin, daß sie zu ihrer Begründung von dem Moralprinzip der praktischen Vernunft keinen unmittelbaren Gebrauch macht. Die *Philosophie der Sitten* wäre ja mit der Begründung jenes Prinzips schon zu Ende, wenn die Menschen in der Befolgung des kategorischen Imperativs alle moralisch und vernünftiger Einsicht fähig würden. Die bloße Achtung vor dem Gesetz wäre dann die Grundlage eines friedlichen Zusammenlebens und die Welt durch bloße Vernunft in eine »moralische Welt« zu verwandeln. Daß dem alle Erfahrung ins Gesicht schlägt, daß die Philosophie nicht mit einer prästabilisierten Harmonie zwischen Theorie und Praxis rechnen könne – diese schlichte Einsicht ist Kant nicht verborgen geblieben. Gerade weil das Prinzip der Moral auf Erfahrung nicht direkt anwendbar ist, weil die Menschen von Natur weder vernünftiger Einsicht zugänglich noch von Natur mit einer moralischen Anlage versehen oder durch moralische Umstände sonderlich begünstigt sind, bedarf es der systematischen Erweiterung der moralisch-praktischen Vernunft und darüber hinaus einer kritischen Verständigung über die Situation des bedürftigen, an seiner Welt leidenden und verzweifelnden Menschen.

Diese Situation ist keine abstrakt-zeitlose, sondern die geschichtlich gewordene Kultursituation der Neuzeit. Es handelt sich, um es so auszudrücken, um die erste Stufe jener

»Dialektik der Aufklärung«, die heute im Gefolge des weitergehenden wissenschaftlichen, technischen und politisch-ökonomischen Wandels menschlicher Lebensbedingungen überall ihre Schatten wirft. Es sind die Antinomien im Kulturbegriff, die das 18. Jahrhundert als moralische Paradoxien notiert und die Kant – als einer der ersten – in ihrer geschichtlichen Tragweite erkannt hat: Die fortschreitende Kultur einer Gesellschaft beruht nicht auf den Tugenden, sondern auf den Lastern der Menschen (Mandeville). – Die Beendigung der Epoche der Bürgerkriege als Fundament der Kulturentwicklung im Inneren des souveränen Staates bedeutet nach außen den Anfang einer Epoche der Staatenkriege (Bayle). – Der Fortschritt der Wissenschaften, Techniken und Künste bringt nicht den Ausgleich, er bringt den Antagonismus von Armut und Reichtum (Rousseau). Auf die damit entstandene Situation, in der sich die Realisierungsabsicht reiner praktischer Vernunft, die in der Idee des »höchsten Gutes« vorausgesetzte Erwartung, daß ein dem Moralprinzip gemäßes Verhalten am Ende auch zu Glück und Erfolg führen wird[19], als nichtssagend und leer ausnehmen mußte, antwortet Kant mit seiner Geschichtsphilosophie.

Ich stelle kurz die Schritte, Argumente und Bemühungen zusammen, mit denen Kant auf diese Situation reagiert hat. Erster Schritt: Abwendung von der Dogmatik der Geschichtstheologie, der er zunächst (bis 1763) anhing: Gott hat die Übel in der Welt zugelassen, besonders zahlreich in der *historia generis humani*, die gleichwohl, so traurig sie auch ist (etiam in ipsa malorum colluvione infinita testimonia secum gerens), dank göttlicher Hilfe zum Heil des Menschen ausschlägt[20]. Zweiter Schritt: Absage an einen dogmatisch-normativen Begriff von praktischer Vernunft, mit dem programmatischen Satz: Er wolle, bevor er untersucht, was *geschehen soll*, jederzeit untersuchen, was *tatsächlich geschieht*, um daran die Methode deutlich zu machen, nach

19. Kritik der praktischen Vernunft, Akad. IV, 108–113.
20. Vgl. Nova dilucidatio . . ., Akad. I, 404.

der man den Menschen studieren muß. Kant nennt das eine Erfindung unserer Zeiten, welche die Alten nicht kannten[21]. Ihr Ziel: Urteilsbildung über die Möglichkeit einer durch Kulturbedingungen nicht veränderlichen »moralischen Anlage« des Menschen als Mittel zur Verbesserung seiner Situation. Dritter Schritt: Studium der zeitgenössischen Geschichtsschreibung (u. a. Schlözers), um die Urteilsbildung auf eine empirisch erweiterte Basis zu stellen. Ergebnis: Schlözers ›Vorstellung der Universalhistorie‹ (1772) huldigt dem geschichtlichen Skeptizismus (»Der Mensch ist von Natur nichts, und kann durch Conjuncturen alles werden«)[22] und überläßt das Feld der Neuzeit der Spezialhistorie. Vierter Schritt: Zuwendung zur Gegenpartei der Historiker, zu Basedows Pädagogik: der Mensch ist nichts als das, was die Erziehung aus ihm macht. Verbindung des Standpunktes unbegrenzter Moralpädagogik mit einer abstrakt-rationalistischen (in der ›Dissertation‹ von 1770 enthaltenen) Moralbegründung aus Ideen reiner praktischer Vernunft, die als Maximum an Vollkommenheit die Richtschnur moralischen Verhaltens und moralischer Werturteile abgeben. Das Resultat dieser Verbindung ist das Konzept eines Typus von Geschichtsphilosophie, in dem Moral und Geschichte miteinander konvergieren und der mit einigem Recht als Säkularisat biblischer Heilsgeschichte betrachtet werden kann. Die letzte Bestimmung des Menschengeschlechts, »moralische Vollkommenheit, sofern sie durch die Freiheit bewirkt wird, wodurch alsdann der Mensch der größten Glückseligkeit fähig ist«, fällt zusammen mit der Bestimmung des weltgeschichtlichen Zieles: Wenn die Menschen das Maximum an Moralität, das höchste Gut realisiert haben werden, dann bedeutet das die Gründung des Reiches Gottes auf Erden (civitas Dei in mundo)[23].

21. Nachricht von der Einrichtung . . ., Akad. II, 311.
22. Vorstellung der Universalhistorie, 2. Aufl. Göttingen 1775, S. 223.
23. Kants Vorlesungen über Ethik, hrsg. von Paul Menzer, Berlin 1924, S. 319.

Man muß dieses traditionell-kosmotheologische Konzept vor Augen haben, um die kritische Wende verstehen und in ihrer Tragweite beurteilen zu können, die Kant – parallel zur Kritik der reinen und praktischen Vernunft – auf dem Feld der Geschichtsphilosophie mit der ›Idee zu einer allgemeinen Geschichte in weltbürgerlicher Absicht‹ (1784) vollzieht. Der neue methodische Ansatz dieser äußerlich bescheidenen, aber sachlich gehaltvollen Schrift liegt in der Trennung von Kosmologie, Moral und Geschichte. Die Geschichte der Menschengattung läßt sich nicht als Entwicklung einer angeborenen »moralischen Natur« verstehen. Diese Idee der Rousseau-Schwärmer, mit welcher Kant lange gespielt hatte, wird jetzt mit dürren Worten abgetan: Der Mensch ist aus so krummem Holz geschnitzt, daß man nichts ganz Gerades erwarten kann (Sechster Satz). Verständlich wird die metaphorische Rede durch die Erklärung des Geschichtskapitels im ›Streit der Fakultäten‹: Befragt man Erfahrung, wie weit die moralische Naturanlage des Menschen zur Verbesserung seiner Situation reicht, dann lautet die Antwort: »Bei der Mischung des Bösen aber mit dem Guten in der Anlage, deren Maß er nicht kennt, weiß er selbst nicht, welcher Wirkung er sich davon gewärtigen könne.«[24] Kant benutzt im ersten Teil des Satzes dieselbe skeptische Formel, die Bayle der dogmatischen Geschichtstheologie von Bossuet entgegengesetzt hat[25]: Die Menschengeschichte folgt keinem göttlichen Heilsplan, sie enthält, wie der einzelne Mensch, eine Mischung von Gut und Böse. Der historische Skeptizismus, der sich darin ausspricht, schlägt jedoch unversehens in Dogmatismus, in ein antitheologisches Werturteil über die Welt als Ganzes um, das mit Bossuets Geschichtstheologie das gleiche Desinteresse an der menschlichen Situation teilt: Sie wird so sein, wie sie schon immer war.

24. Streit der Fakultäten (1798), II. Abschnitt, 4, Akad. VII, 84.
25. Vgl. P. Bayle, Art. Manichéens, Dict. lit. et crit. Tome III, Rotterdam ³1720, 1896 ff.

Diese von Bayle nicht durchschaute *Verschränkung der Geschichte mit Kosmologie,* die über die Position der Geschichtstheologie (und auch der herkömmlichen Moralmetaphysik) nicht hinausführt, hat Kant durchbrochen. Er nimmt die Formel des Geschichtsskeptizismus als richtige Beschreibung des faktischen Zustands, der Menschengeschichte, aber im Gegensatz zu Bayle macht Kant die Erfahrung, daß sich der Mensch als moralisches Wesen unbekannt ist, im kritischen Sinne fruchtbar, indem er zeigt, daß sich auf dieser Basis die Geschichte als Genese seiner Naturanlagen, als Kulturgenese der Menschengattung verstehen läßt. Gerade weil der Mensch, moralisch gesehen, keinen festen Charakter hat, wird es möglich anzunehmen, daß er sich einen solchen Charakter erst noch zu bilden habe. Das bedeutet für die Geschichtsphilosophie dieselbe »Revolution der Denkungsart«, die Kant in der ›Kritik der reinen Vernunft‹ an der neuzeitlichen Naturforschung aufgewiesen und als den »ersten Gedanken« des Kopernikus für seine eigene transzendentale Methodik in Anspruch genommen hatte. Wie die Astronomie des Kopernikus in der Umkehr des Ptolemäischen Weltsystems die Sterne in Ruhe und den Zuschauer sich drehen ließ, so läßt Kants Geschichtsphilosophie die Welt als Ganzes, den moralischen Wert der Schöpfung und seine nach dem Augustinischen Geschichtsbild angenommene Verknüpfung mit dem Schicksal der Menschengattung unberührt.

Es handelt sich also um einen methodischen Neubeginn und nicht um Säkularisierung einer alten Tradition. Die geschichtsphilosophischen Aussagen betreffen keine »Dinge an sich«, sondern lediglich »Erscheinungen«, will sagen: die Situation des Menschen in der Welt, von der Kant meint, sie sei der Verbesserung sowohl bedürftig als fähig. Da Erfahrung eine solche Meinung nicht bestätigt, bleibt nur der Weg vernünftiger Begründung, der Entwurf einer a priori verfaßten und a priori gedeuteten Geschichte der Menschheit. Um die Antinomien der kulturell-geschichtlichen Situation auflösen zu können, unternimmt der Geschichtsphilosoph den befremdlich anmutenden Versuch, »nach einer Idee, wie der Weltlauf gehen müßte, wenn er gewissen vernünftigen Zwecken angemessen sein sollte« (Neunter Satz), Geschichte zu deuten.

Normatives Geschichtsverständnis oder Historismus: Kant und die Gegenwart

Dieser Versuch verliert einiges von seiner Befremdlichkeit, wenn man mit Kant davon ausgeht, daß der Vorschlag einer normativen (»sein-sollenden«) Geschichtsdeutung nicht als philosophischer Ersatz empirischer Geschichtswissenschaft, sondern als deren Kritik, als kritische Theorie der Historiographie zu verstehen ist. Die »Idee einer Weltgeschichte, die gewissermaßen einen Leitfaden *a priori* hat, ... ist nur ein Gedanke von dem, was ein philosophischer Kopf (der übrigens sehr geschichtskundig sein müßte) noch aus einem anderen Standpunkte versuchen könnte« (Neunter Satz). Der Leitfaden, unter dem Geschichte als zweckvoller Handlungszusammenhang gedeutet und geschrieben werden kann, entspringt dem Gedanken der politisch-praktischen Vernunft, nämlich der »Erreichung einer allgemein das Recht verwaltenden bürgerlichen Gesellschaft« (Fünfter Satz) als des *höchsten politischen Gutes,* das der Menschengattung kontinuierlich eine Verfassung, die Gründung vernünftiger, das Recht und den Frieden sichernder Institutionen des Zusammenlebens (bis hin zur »weltbürgerlichen Verfassung« zwischen den Staaten und Völkern) abverlangt. Geschichte in diesem Sinne ist ein Erzeugnis politisch-praktischer Vernunft, von der Kant – auf dem Hintergrund des vom neuzeitlichen Bürgertum angestrebten Vernünftigerwerdens positiver Verfassungen – annimmt, daß sie partiell bereits historisch geworden und aus dem »regelmäßigen Gang der Verbesserung der Staatsverfassung in unserem

Weltteile (der wahrscheinlicher Weise allen anderen dereinst Gesetze geben wird)« (Neunter Satz) genetisch zu rekonstruieren sei.

Die Idee einer genetischen Rekonstruktion der politischen Vernunft aus der Geschichte, die ein sonst planloses *Aggregat* menschlicher Handlungen wenigstens im Großen als ein *System* darzustellen fordert, verfällt keiner haltlosen Konstruktion, sondern hält sich strikt an das Gewesene, den faktischen Verlauf der »alten, mittleren und neueren Geschichte«. Kant verzichtet auf alle Spekulationen über »Anfang« und »Ende« der Geschichte. Die ›Idee zu einer allgemeinen Geschichte in weltbürgerlicher Absicht‹ stützt sich auf die durch kritische Geschichtsforschung bereits gesicherten Zustände, Geschehnisse und Handlungen und beginnt, unter Abweisung der traditionell-geschichtstheologischen Ansicht von einem »verborgenen« bzw. »mythischen« Anfang des Menschengeschlechtes mit der historischen Zeit der alten Geschichte. Dem von Kant gewählten Bezugsrahmen der historischen Zeit entspricht die Absicht, die er mit seinem Unternehmen verbindet. Philosophie der Geschichte ist weder Ersatz für empirische Geschichtsforschung noch Überbau einer empirisch verdünnten Universalhistorie. Kant adressiert sie an die faktisch betriebene Historiographie, die er nicht in ihrem angestammten Recht verdrängen, aber auch nicht in dem traurigen Zustand belassen will, in dem er sie vorfindet. Geschichtsphilosophie ist also, in Fortsetzung des allgemeinen Programms der Transzendentalphilosophie, der methodische Versuch, Vernunft in die Geschichtswissenschaft zu bringen. Man höre: »Jetzt ist der wichtigste Zeitpunkt, da die Kräfte der Staaten am meisten innerlich auf das Wohlleben und äußerlich auf den Anfall und Verteidigung angespannt, die Armeen aber in die größeste Disziplin bei der größesten Menge gesetzt sind. Es ist keine Erholung anders möglich, als daß sie eine andere Gestalt annehmen. Die Weisheit muß den Höfen aus den Studierzimmern kommen; die Geschichtschreiber haben alle Schuld«

(Refl. 1436). Schuldig machen sie sich deshalb, weil sie dem Geist barbarischer Verfassungen huldigen, in denen Mut und kriegerische Talente alles waren: »Sind unsere Zeiten nicht noch eben so mit Barbarei angesteckt. Die Ehre der Fürsten wird in ihrem Heldengeist gepriesen, und die Geschichtschreiber sind immer lieber im Lager als dem Kabinett« (Refl. 1400). Statt Ereignis- und Personengeschichte, statt Kriegs- und Staatengeschichte fordert Kant die Geschichte der neuzeitlichen »Revolutionen« – Beschreibung jener Verfassungsänderungen, mit denen praktisch-vernünftige Zwecke (die Normen des Naturrechts) bereits geschichtlich realisiert worden sind. Mit dem beharrlichen Hinweis auf diesen Vorgang, auf Verfassungsgeschichte als zeitliche Evolution einer Rechtsverfassung unter Menschen (die nach Kant den eigentlichen Inhalt der Weltgeschichte ausmacht), erinnert der Philosoph an einen Zusammenhang, der dem Historiker leicht entgehen könnte, sofern er die Historie nur als politische Historie im engeren Sinne (nach »publizistischer« und »etatistischer« Manier) abhandelt. »Die Geschichte«, so lautet Kants weitestgehende Forderung, »muß selbst zur Besserung der Welt den Plan enthalten, und zwar nicht von den Teilen zum Ganzen, sondern umgekehrt. Was nutzt Philosophie, wenn sie nicht die Mittel des Unterrichts der Menschen auf ihr wahres Beste lenkt« (Refl. 1438).

Kants Geschichtsphilosophie, die nicht von der Geschichtstheologie, sondern von einer Kritik der Geschichtsschreibung ausgegangen ist, bezieht sich von Anfang bis Ende auf die Problematik einer praktisch-vernünftigen Begründung der »empirischen Geschichte«. Sie verbindet die Berufung auf einen nicht mehr zurückzunehmenden Erkenntnisfortschritt der Neuzeit mit der Einsicht, daß eine bloß empirische Geschichtsforschung zu wachsendem Relativismus und zu einem De-facto-Positivismus führen muß, dem nur eine auf sicheren Fundamenten begründete Philosophie der Geschichte seine trostlosen Wirkungen nehmen kann. Es ist den historischen Wissenschaften in Deutschland in gewisser Weise zum Verhängnis geworden, daß aus dem Streit zwischen Herder und Kant die Partei mit den schwächeren Argumenten als Sieger hervorgegangen ist. Herders Geschichtsphilosophie antizipiert jene »historische Weltanschauung«, die seit dem 19. Jahrhundert als Metaphysikersatz dient, sie antizipiert den Historismus. Kants Geschichtsphilosophie betrifft die praktisch-normativen Grundlagen der Geschichtswissenschaft, die Frage eines kritischen, um seine Grenze wissenden Verhältnisses des Menschen zur Geschichte. Unter Hegels Eindruck ist Kant als Geschichtsphilosoph von den Philosophen, unter Rankes Einfluß von den Historikern vergessen worden – ein Vergessen, dem Friedrich Meinecke, der Geschichtsschreiber des Historismus, durch seine Zuordnung des Kantischen Geschichtsbegriffs zu einer vormodernen, seit Herder überwundenen Denkweise nachträglich das gute Gewissen verschafft hat. Dilthey hat sich in seinem Versuch einer Grundlegung der Geisteswissenschaften nicht an Kant, sondern an Herders Schülern, an Schleiermacher und Ranke, der Neukantianismus hat sich am »Faktum der Geschichtswissenschaft« orientiert. Es wäre an der Zeit, die Akten des Streits zwischen Herder und Kant noch einmal einzusehen und das Urteil der Wirkungsgeschichte im Hinblick auf die so dringend erforderliche Revision der Grundlagen der historisch-philologischen Wissenschaften und unseres von ihnen geprägten geschichtlichen Bewußtseins zu überprüfen.

Manfred Riedel

I
Idee zu einer allgemeinen Geschichte in weltbürgerlicher Absicht.*

Was man sich auch in metaphysischer Absicht für einen Begriff von der *Freiheit des Willens* machen mag: so sind doch die *Erscheinungen* desselben, die menschlichen Handlungen, eben so wohl als jede andere Naturbegebenheit nach allgemeinen Naturgesetzen bestimmt. Die Geschichte, welche sich mit der Erzählung dieser Erscheinungen beschäftigt, so tief auch deren Ursachen verborgen sein mögen, läßt dennoch von sich hoffen: daß, wenn sie das Spiel der Freiheit des menschlichen Willens *im Großen* betrachtet, sie einen regelmäßigen Gang derselben entdecken könne; und daß auf die Art, was an einzelnen Subjekten verwickelt und regellos in die Augen fällt, an der ganzen Gattung doch als eine stetig fortgehende, obgleich langsame Entwickelung der ursprünglichen Anlagen derselben werde erkannt werden können. So scheinen die Ehen, die daher kommenden Geburten und das Sterben, da der freie Wille der Menschen auf sie so großen Einfluß hat, keiner Regel unterworfen zu sein, nach welcher man die Zahl derselben zum voraus durch Rechnung bestimmen könne; und doch beweisen die jährlichen Tafeln derselben in großen Ländern, daß sie eben so wohl nach beständigen Naturgesetzen geschehen, als die so unbeständigen Witterungen, deren Eräugnis man einzeln nicht vorher bestimmen kann, die aber im Ganzen nicht ermangeln den Wachstum der Pflanzen, den Lauf der Ströme und andere Naturanstalten in einem gleichförmigen, ununterbrochenen Gange zu erhalten. Einzelne Menschen und selbst ganze

---

* Eine Stelle unter den kurzen Anzeigen des zwölften Stücks der *Gothaischen Gel. Zeit. d. J.*, die ohne Zweifel aus meiner Unterredung mit einem durchreisenden Gelehrten genommen worden, nötigt mir diese Erläuterung ab, ohne die jene keinen begreiflichen Sinn haben würde.

Völker denken wenig daran, daß, indem sie, ein jedes nach seinem Sinne und einer oft wider den andern, ihre eigene Absicht verfolgen, sie unbemerkt an der Naturabsicht, die ihnen selbst unbekannt als, als an einem Leitfaden fortgehen und an derselben Beförderung arbeiten, an welcher, selbst wenn sie ihnen bekannt würde, ihnen doch wenig gelegen sein würde.

Da die Menschen in ihren Bestrebungen nicht bloß instinktmäßig wie Tiere und doch auch nicht wie vernünftige Weltbürger nach einem verabredeten Plane im Ganzen verfahren: so scheint auch keine planmäßige Geschichte (wie etwa von den Bienen oder den Bibern) von ihnen möglich zu sein. Man kann sich eines gewissen Unwillens nicht erwehren, wenn man ihr Tun und Lassen auf der großen Weltbühne aufgestellt sieht und bei hin und wieder anscheinender Weisheit im Einzelnen doch endlich alles im Großen aus Torheit, kindischer Eitelkeit, oft auch aus kindischer Bosheit und Zerstörungssucht zusammengewebt findet: wobei man am Ende nicht weiß, was man sich von unserer auf ihre Vorzüge so eingebildeten Gattung für einen Begriff machen soll. Es ist hier keine Auskunft für den Philosophen, als daß, da er bei Menschen und ihrem Spiele im Großen gar keine vernünftige *eigene Absicht* voraussetzen kann, er versuche, ob er nicht eine *Naturabsicht* in diesem widersinnigen Gange menschlicher Dinge entdecken könne; aus welcher von Geschöpfen, die ohne eigenen Plan verfahren, dennoch eine Geschichte nach einem bestimmten Plane der Natur möglich sei. – Wir wollen sehen, ob es uns gelingen werde, einen Leitfaden zu einer solchen Geschichte zu finden, und wollen es dann der Natur überlassen, den Mann hervorzubringen, der im Stande ist, sie darnach abzufassen. So brachte sie einen *Kepler* hervor, der die exzentrischen Bahnen der Planeten auf eine unerwartete Weise bestimmten Gesetzen unterwarf, und einen *Newton*, der diese Gesetze aus einer allgemeinen Naturursache erklärte.

Erster Satz.

Alle Naturanlagen eines Geschöpfes sind bestimmt, sich einmal vollständig und zweckmäßig auszuwickeln. Bei allen Tieren bestätigt dieses die äußere sowohl, als innere oder zergliedernde Beobachtung. Ein Organ, das nicht gebraucht werden soll, eine Anordnung, die ihren Zweck nicht erreicht, ist ein Widerspruch in der teleologischen Naturlehre. Denn wenn wir von jenem Grundsatze abgehen, so haben wir nicht mehr eine gesetzmäßige, sondern eine zwecklos spielende Natur; und das trostlose Ungefähr tritt an die Stelle des Leitfadens der Vernunft.

Zweiter Satz.

Am Menschen (als dem einzigen vernünftigen Geschöpf auf Erden) *sollten sich diejenigen Naturanlagen, die auf den Gebrauch seiner Vernunft abgezielt sind, nur in der Gattung, nicht aber im Individuum vollständig entwickeln.* Die Vernunft in einem Geschöpfe ist ein Vermögen, die Regeln und Absichten des Gebrauchs aller seiner Kräfte weit über den Naturinstinkt zu erweitern, und kennt keine Grenzen ihrer Entwürfe. Sie wirkt aber selbst nicht instinktmäßig, sondern bedarf Versuche, Übung und Unterricht, um von einer Stufe der Einsicht zur andern allmählich fortzuschreiten. Daher würde ein jeder Mensch unmäßig lange leben müssen, um zu lernen, wie er von allen seinen Naturanlagen einen vollständigen Gebrauch machen solle; oder wenn die Natur seine Lebensfrist nur kurz angesetzt hat (wie es wirklich geschehen ist), so bedarf sie einer vielleicht unabsehlichen Reihe von Zeugungen, deren eine der andern ihre Aufklärung überliefert, um endlich ihre Keime in unserer Gattung zu derjenigen Stufe der Entwickelung zu treiben, welche ihrer Absicht vollständig angemessen ist. Und dieser Zeitpunkt muß wenigstens in der Idee des Menschen das Ziel seiner Bestrebungen sein, weil sonst die Naturanlagen größtenteils als vergeblich und zwecklos angesehen werden müßten; welches alle praktische Prinzipien aufheben und dadurch die Natur, deren Weisheit in Beurteilung aller übrigen Anstalten sonst zum Grundsatze dienen muß, am Menschen allein eines kindischen Spiels verdächtig machen würde.

Dritter Satz.

Die Natur hat gewollt: daß der Mensch alles, was über die mechanische Anordnung seines tierischen Daseins geht, gänzlich aus sich selbst herausbringe und keiner anderen Glückseligkeit oder Vollkommenheit teilhaftig werde, als die er sich selbst frei von Instinkt, durch eigene Vernunft, verschafft hat. Die Natur tut nämlich nichts überflüssig und ist im Gebrauche der Mittel zu ihren Zwecken nicht verschwenderisch. Da sie dem Menschen Vernunft und darauf sich gründende Freiheit des Willens gab, so war das schon eine klare Anzeige ihrer Absicht in Ansehung seiner Ausstattung. Er sollte nämlich nun nicht durch Instinkt geleitet, oder durch anerschaffene Kenntnis versorgt und unterrichtet sein; er sollte vielmehr alles aus sich selbst herausbringen. Die Erfindung seiner Nahrungsmittel, seiner Bedeckung, seiner äußeren Sicherheit und Verteidigung (wozu sie ihm weder die Hörner des Stiers, noch die Klauen des Löwen, noch das Gebiß des Hundes, sondern bloß Hände gab), alle Ergötzlichkeit, die das Leben angenehm machen kann, selbst seine Einsicht und Klugheit und sogar die Gutartigkeit seines Willens sollten gänzlich sein eigen Werk sein. Sie scheint sich hier in ihrer größten Sparsamkeit selbst gefallen zu haben und ihre tierische Ausstattung so knapp, so genau auf das höchste Bedürfnis einer anfänglichen Existenz abgemessen zu haben, als wollte sie: der Mensch sollte, wenn er sich aus der größten Rohigkeit dereinst zur größten Geschicklichkeit, innerer Vollkommenheit der Denkungsart und (so viel es auf Erden möglich ist) dadurch zur Glückseligkeit empor gearbeitet haben würde; hievon das Verdienst ganz allein haben und es sich selbst nur verdanken dürfen; gleich als habe sie es mehr auf seine vernünftige *Selbstschätzung*, als auf ein Wohlbefinden angelegt. Denn in diesem Gange der menschlichen Angelegenheit ist ein ganzes Heer von Mühseligkeiten, die den Menschen erwarten. Es scheint aber der Natur darum gar nicht zu tun gewesen zu sein, daß er wohl lebe; sondern daß er sich so weit hervorarbeite, um sich durch sein Verhalten des Lebens und des Wohlbefindens würdig zu machen. Befremdend bleibt es immer hiebei: daß die ältern Generationen nur scheinen um der späteren willen ihr mühseliges Geschäfte zu treiben, um nämlich diesen eine Stufe zu bereiten, von der die diese das Bauwerk, welches die Natur zur Absicht hat, höher bringen könnten; und daß doch nur die spätesten das Glück haben sollen, in dem Gebäude zu wohnen, woran eine lange Reihe ihrer Vorfahren (zwar freilich ohne ihre Absicht) gearbeitet hatten, ohne doch selbst an dem Glück, das sie vorbereiteten, Anteil nehmen zu können. Allein so rätselhaft dieses auch ist, so notwendig ist es doch zugleich, wenn man einmal annimmt: eine Tiergattung soll Vernunft haben und als Klasse vernünftiger Wesen, die insgesamt sterben, deren Gattung aber unsterblich ist, dennoch zu einer Vollständigkeit der Entwickelung ihrer Anlagen gelangen.

Vierter Satz.

Das Mittel, dessen sich die Natur bedient, die Entwickelung aller ihrer Anlagen zu Stande zu bringen, ist der A n t - a g o n i s m derselben in der Gesellschaft, so fern dieser doch am Ende die Ursache einer gesetzmäßigen Ordnung derselben wird. Ich verstehe hier unter dem Antagonism die *ungesellige Geselligkeit* der Menschen, d. i. den Hang derselben in Gesellschaft zu treten, der doch mit einem durchgängigen Widerstande, welcher diese Gesellschaft beständig zu trennen droht, verbunden ist. Hiezu liegt die Anlage offenbar in der menschlichen Natur. Der Mensch hat eine Neigung sich zu *vergesellschaften*: weil er in einem solchen Zustande sich mehr als Mensch, d. i. die Entwickelung seiner Naturanlagen, fühlt. Er hat aber auch einen großen Hang sich zu *vereinzelnen* (isolieren): weil er in sich zugleich die ungesellige Eigenschaft antrifft, alles bloß nach seinem Sinne richten zu wollen, und daher allerwärts Widerstand erwartet, so wie er von sich selbst weiß, daß er seinerseits zum Widerstande gegen andere geneigt ist. Dieser Widerstand ist es nun, welcher alle Kräfte des Menschen erweckt, ihn dahin bringt seinen Hang zur Faulheit zu überwinden und, getrieben durch Ehrsucht, Herrschsucht oder Habsucht, sich einen Rang unter seinen Mitgenossen zu verschaffen, die er nicht wohl *leiden*, von denen er aber auch nicht *lassen* kann. Da geschehen nun die ersten wahren Schritte aus der Rohigkeit zur Kultur, die eigentlich in dem gesellschaftlichen Wert des Menschen besteht; da werden alle Talente nach und nach entwickelt, der Geschmack gebildet und selbst durch fortgesetzte Aufklärung der Anfang zur Gründung einer Denkungsart gemacht, welche die grobe Naturanlage zur sittlichen Unterscheidung mit der Zeit in bestimmte praktische Prinzipien und so eine *pathologisch*-abgedrungene Zusammenstimmung zu einer Gesellschaft endlich in ein *moralisches* Ganze verwandeln kann. Ohne jene an sich zwar eben nicht liebenswürdige Eigenschaften der Ungeselligkeit, woraus der Widerstand entspringt, den jeder bei seinen selbstsüchtigen Anmaßungen notwendig antreffen muß, würden in einem arkadischen Schäferleben bei vollkommener Eintracht, Genügsamkeit und Wechselliebe alle Talente auf ewig in ihren Keimen verborgen bleiben: die Menschen, gutartig wie die Schafe, die sie weiden, würden ihrem Dasein kaum einen größeren Wert verschaffen, als dieses ihr Hausvieh hat; sie würden das Leere der Schöpfung in Ansehung ihres Zwecks, als vernünftige Natur, nicht ausfüllen. Dank sei also der Natur für die Unvertragsamkeit, für die mißgünstig wetteifernde Eitelkeit, für die nicht zu befriedigende Begierde zum Haben oder auch zum Herrschen! Ohne sie würden alle vortreffliche Naturanlagen in der Menschheit ewig unentwickelt schlummern. Der Mensch will Eintracht; aber die Natur weiß besser, was für seine Gattung gut ist: sie will Zwietracht. Er will gemächlich und vergnügt leben; die Natur will aber, er soll aus der Lässigkeit und untätigen Genügsamkeit hinaus sich in Arbeit und Mühseligkeiten stürzen, um dagegen auch Mittel auszufinden, sich klüglich wiederum aus den letztern heraus zu ziehen. Die natürlichen Triebfedern dazu, die Quellen der Ungeselligkeit und des durchgängigen Widerstandes, woraus so viele Übel entspringen, die aber doch auch wieder zur neuen Anspannung der Kräfte, mithin zu mehrerer Entwickelung der Naturanlagen antreiben, verraten also wohl die Anordnung eines weisen Schöpfers; und nicht etwa die Hand eines bösartigen Geistes, der in seine herrliche Anstalt gepfuscht oder sie neidischer Weise verderbt habe.

Fünfter Satz.

Das größte Problem für die Menschengattung, zu dessen Auflösung die Natur ihn zwingt, ist die Erreichung einer allgemein das Recht verwaltenden b ü r g e r l i c h e n G e s e l l s c h a f t. Da nur in der Gesellschaft und zwar derjenigen, die die größte Freiheit, mithin einen durchgängigen Antagonism ihrer Glieder und doch die genauste Bestimmung und Sicherung der Grenzen dieser Freiheit hat, damit sie mit der Freiheit anderer bestehen könne, – da nur in ihr die höchste Absicht der Natur, nämlich die Entwickelung aller ihrer Anlagen, in der Menschheit erreicht werden kann, die Natur auch will, daß sie diesen so wie alle Zwecke ihrer Bestimmung sich selbst verschaffen solle: so muß eine Gesellschaft, in welcher *Freiheit unter äußeren Gesetzen* im größtmöglichen Grade mit unwiderstehlicher Gewalt verbunden angetroffen wird, d. i. eine vollkommen *gerechte bürgerliche Verfassung*, die höchste Aufgabe der Natur für die Menschengattung sein, weil die Natur nur vermittelst ·

der Auflösung und Vollziehung derselben ihre übrigen Absichten mit unserer Gattung erreichen kann. In diesen Zustand des Zwanges zu treten, zwingt den sonst für ungebundene Freiheit so sehr eingenommenen Menschen die Not; und zwar die größte unter allen, nämlich die, welche sich Menschen unter einander selbst zufügen, deren Neigungen es machen, daß sie in wilder Freiheit nicht lange neben einander bestehen können. Allein in einem solchen Gehege, als bürgerliche Vereinigung ist, tun eben dieselben Neigungen hernach die beste Wirkung: so wie Bäume in einem Walde eben dadurch, daß ein jeder dem andern Luft und Sonne zu benehmen sucht, einander nötigen beides über sich zu suchen und dadurch einen schönen geraden Wuchs bekommen; statt daß die, welche in Freiheit und von einander abgesondert ihre Äste nach Wohlgefallen treiben, krüppelig, schief und krumm wachsen. Alle Kultur und Kunst, welche die Menschheit ziert, die schönste gesellschaftliche Ordnung sind Früchte der Ungeselligkeit, die durch sich selbst genötigt wird sich zu disziplinieren und so durch abgedrungene Kunst die Keime der Natur vollständig zu entwickeln.

Sechster Satz.

Dieses Problem ist zugleich das schwerste und das, welches von der Menschengattung am spätesten aufgelöset wird. Die Schwierigkeit, welche auch die bloße Idee dieser Aufgabe schon vor Augen legt, ist diese: der Mensch ist ein *Tier, das,* wenn es unter andern seiner Gattung lebt, *einen Herrn nötig hat.* Denn er mißbraucht gewiß seine Freiheit in Ansehung anderer Seinesgleichen; und ob er gleich als vernünftiges Geschöpf ein Gesetz wünscht, welches der Freiheit Aller Schranken setze: so verleitet ihn doch seine selbstsüchtige tierische Neigung, wo er darf, sich selbst auszunehmen. Er bedarf also einen *Herrn,* der ihm den eigenen Willen breche und ihn nötige, einem allgemeingültigen Willen, dabei jeder frei sein kann, zu gehorchen. Wo nimmt er aber diesen Herrn her? Nirgend anders als aus der Menschengattung. Aber dieser ist eben so wohl ein Tier, das einen Herrn nötig hat. Er mag es also anfangen, wie er will; so ist nicht abzusehen, wie er sich ein Oberhaupt der öffentlichen Gerechtigkeit verschaffen könne, das selbst gerecht sei; er mag dieses nun in einer einzelnen Person, oder in einer Gesellschaft vieler dazu auserlesenen Personen suchen. Denn jeder derselben wird immer seine Freiheit mißbrauchen, wenn er keinen über sich hat, der nach den Gesetzen über ihn Gewalt ausübt. Das höchste Oberhaupt soll aber gerecht *für sich selbst* und doch ein *Mensch* sein. Diese Aufgabe ist daher die schwerste unter allen; ja ihre vollkommene Auflösung ist unmöglich: aus so krummem Holze, als woraus der Mensch gemacht ist, kann nichts ganz Gerades gezimmert werden. Nur die Annäherung zu dieser Idee ist uns von der Natur auferlegt*. Daß sie auch diejenige sei, welche am spätesten ins Werk gerichtet wird, folgt überdem auch daraus: daß hiezu richtige Begriffe von der Natur einer möglichen Verfassung, große durch viel Weltläufe geübte Erfahrenheit und über das alles ein zur Annehmung derselben vorbereiteter guter Wille erfordert wird; drei solche Stücke aber sich sehr schwer und, wenn es geschieht, nur sehr spät, nach viel vergeblichen Versuchen, einmal zusammen finden können.

Siebenter Satz.

Das Problem der Errichtung einer vollkommnen bürgerlichen Verfassung ist von dem Problem eines gesetzmäßigen

---

* Die Rolle des Menschen ist also sehr künstlich. Wie es mit den Einwohnern anderer Planeten und ihrer Natur beschaffen sei, wissen wir nicht; wenn wir aber diesen Auftrag der Natur gut ausrichten, so können wir uns wohl schmeicheln, daß wir unter unseren Nachbaren im Weltgebäude einen nicht geringen Rang behaupten dürften. Vielleicht mag bei diesen ein jedes Individuum seine Bestimmung in seinem Leben völlig erreichen. Bei uns ist es anders; nur die Gattung kann dieses hoffen.

ä u ß e r e n   S t a a t e n v e r h ä l t n i s s e s *abhängig und*
kann ohne das letztere nicht aufgelöset werden. Was hilft's,
an einer gesetzmäßigen bürgerlichen Verfassung unter einzelnen Menschen, d. i. an der Anordnung eines *gemeinen*
Wesens, zu arbeiten? Dieselbe Ungeselligkeit, welche die
Menschen hiezu nötigte, ist wieder die Ursache, daß ein
jedes gemeine Wesen in äußerem Verhältnisse, d. i. als ein
Staat in Beziehung auf Staaten, in ungebundener Freiheit
steht, und folglich einer von dem andern eben die Übel erwarten muß, die die einzelnen Menschen drückten und sie
zwangen in einen gesetzmäßigen bürgerlichen Zustand zu
treten. Die Natur hat also die Unvertragsamkeit der Menschen, selbst der großen Gesellschaften und Staatskörper
dieser Art Geschöpfe wieder zu einem Mittel gebraucht,
um in dem unvermeidlichen *Antagonism* derselben einen
Zustand der Ruhe und Sicherheit auszufinden; d. i. sie treibt
durch die Kriege, durch die überspannte und niemals nach-
lassende Zurüstung zu denselben, durch die Not, die dadurch endlich ein jeder Staat selbst mitten im Frieden innerlich fühlen muß, zu anfänglich unvollkommenen Versuchen,
endlich aber nach vielen Verwüstungen, Umkippungen und
selbst durchgängiger innerer Erschöpfung ihrer Kräfte zu
dem, was ihnen die Vernunft auch ohne so viel traurige
Erfahrung hätte sagen können, nämlich: aus dem gesetz-
losen Zustande der Wilden hinaus zu gehen und in einen
Völkerbund zu treten; wo jeder, auch der kleinste Staat
seine Sicherheit und Rechte nicht von eigener Macht, oder
eigener rechtlichen Beurteilung, sondern allein von diesem
großen Völkerbunde (Foedus Amphictyonum), von einer
vereinigten Macht und von der Entscheidung nach Gesetzen
des vereinigten Willens erwarten könnte. So schwärmerisch
diese Idee auch zu sein scheint und als eine solche an einem
Abbé *von St. Pierre* oder *Rousseau* verlacht worden (vielleicht, weil sie solche in der Ausführung zu nahe glaubten):
so ist es doch der unvermeidliche Ausgang der Not, worein
sich Menschen einander versetzen, die die Staaten zu eben

der Entschließung (so schwer es ihnen auch eingeht) zwingen muß, wozu der wilde Mensch eben so ungern gezwungen ward, nämlich: seine brutale Freiheit aufzugeben und in einer gesetzmäßigen Verfassung Ruhe und Sicherheit zu suchen. – Alle Kriege sind demnach so viel Versuche (zwar nicht in der Absicht der Menschen, aber doch in der Absicht der Natur), neue Verhältnisse der Staaten zu Stande zu bringen und durch Zerstörung, wenigstens Zerstückelung aller neue Körper zu bilden, die sich aber wieder entweder in sich selbst oder neben einander nicht erhalten können und daher neue, ähnliche Revolutionen erleiden müssen; bis endlich einmal teils durch die bestmögliche Anordnung der bürgerlichen Verfassung innerlich, teils durch eine gemeinschaftliche Verabredung und Gesetzgebung äußerlich ein Zustand errichtet wird, der, einem bürgerlichen gemeinen Wesen ähnlich, so wie ein *Automat* sich selbst erhalten kann.

Ob man es nun von einem *epikurischen* Zusammenlauf wirkender Ursachen erwarten solle, daß die Staaten, so wie die kleinen Stäubchen der Materie durch ihren ungefähren Zusammenstoß allerlei Bildungen versuchen, die durch neuen Anstoß wieder zerstört werden, bis endlich einmal *von ungefähr* eine solche Bildung gelingt, die sich in ihrer Form erhalten kann (ein Glückszufall, der sich wohl schwerlich jemals zutragen wird!); oder ob man vielmehr annehmen solle, die Natur verfolge hier einen regelmäßigen Gang, unsere Gattung von der unteren Stufe der Tierheit an allmählich bis zur höchsten Stufe der Menschheit und zwar durch eigene, obzwar dem Menschen abgedrungene Kunst zu führen, und entwickele in dieser scheinbarlich wilden Anordnung ganz regelmäßig jene ursprüngliche Anlagen; oder ob man lieber will, daß aus allen diesen Wirkungen und Gegenwirkungen der Menschen im Großen überall nichts, wenigstens nichts Kluges herauskomme, daß es bleiben werde, wie es von jeher gewesen ist, und man daher nicht voraus sagen könne, ob nicht die Zwietracht, die unse-

rer Gattung so natürlich ist, am Ende für uns eine Hölle
von Übeln in einem noch so gesitteten Zustande vorbereite,
indem sie vielleicht diesen Zustand selbst und alle bisherigen
Fortschritte in der Kultur durch barbarische Verwüstung
wieder vernichten werde (ein Schicksal, wofür man unter
der Regierung des blinden Ungefährs nicht stehen kann, mit
welcher gesetzlose Freiheit in der Tat einerlei ist, wenn man
ihr nicht einen ingeheim an Weisheit geknüpften Leitfaden
der Natur unterlegt!), das läuft ungefähr auf die Frage
hinaus: ob es wohl vernünftig sei, *Zweckmäßigkeit* der
Naturanstalt in Teilen und doch *Zwecklosigkeit* im Ganzen
anzunehmen. Was also der zwecklose Zustand der Wilden
tat, daß er nämlich alle Naturanlagen in unserer Gattung
zurück hielt, aber endlich durch die Übel, worin er diese
versetzte, sie nötigte, aus diesem Zustande hinaus und in
eine bürgerliche Verfassung zu treten, in welcher alle jene
Keime entwickelt werden können, das tut auch die barbarische Freiheit der schon gestifteten Staaten, nämlich: daß
durch die Verwendung aller Kräfte der gemeinen Wesen
auf Rüstungen gegen einander, durch die Verwüstungen, die
der Krieg anrichtet, noch mehr aber durch die Notwendigkeit sich beständig in Bereitschaft dazu zu erhalten zwar
die völlige Entwickelung der Naturanlagen in ihrem Fortgange gehemmt wird, dagegen aber auch die Übel, die daraus entspringen, unsere Gattung nötigen, zu dem an sich
heilsamen Widerstande vieler Staaten neben einander, der
aus ihrer Freiheit entspringt, ein Gesetz des Gleichgewichts
auszufinden und eine vereinigte Gewalt, die demselben
Nachdruck gibt, mithin einen weltbürgerlichen Zustand der
öffentlichen Staatssicherheit einzuführen, der nicht ohne alle
Gefahr sei, damit die Kräfte der Menschheit nicht einschla-
fen, aber doch auch nicht ohne ein Prinzip der *Gleichheit* ihrer
wechselseitigen *Wirkung und Gegenwirkung*, damit sie einander nicht zerstören. Ehe dieser letzte Schritt (nämlich die
Staatenverbindung) geschehen, also fast nur auf der Hälfte
ihrer Ausbildung, erduldet die menschliche Natur die här-

testen Übel unter dem betrüglichen Anschein äußerer Wohlfahrt; und *Rousseau* hatte so Unrecht nicht, wenn er den Zustand der Wilden vorzog, so bald man nämlich diese letzte Stufe, die unsere Gattung noch zu ersteigen hat, wegläßt. Wir sind im hohen Grade durch Kunst und Wissenschaft *kultiviert*. Wir sind *zivilisiert* bis zum Überlästigen zu allerlei gesellschaftlicher Artigkeit und Anständigkeit. Aber uns für schon *moralisiert* zu halten, daran fehlt noch sehr viel. Denn die Idee der Moralität gehört noch zur Kultur; der Gebrauch dieser Idee aber, welcher nur auf das Sittenähnliche in der Ehrliebe und der äußeren Anständigkeit hinausläuft, macht bloß die Zivilisierung aus. So lange aber Staaten alle ihre Kräfte auf ihre eiteln und gewaltsamen Erweiterungsabsichten verwenden und so die langsame Bemühung der inneren Bildung der Denkungsart ihrer Bürger unaufhörlich hemmen, ihnen selbst auch alle Unterstützung in dieser Absicht entziehen, ist nichts von dieser Art zu erwarten: weil dazu eine lange innere Bearbeitung jedes gemeinen Wesens zur Bildung seiner Bürger erfordert wird. Alles Gute aber, das nicht auf moralisch-gute Gesinnung gepfropft ist, ist nichts als lauter Schein und schimmerndes Elend. In diesem Zustande wird wohl das menschliche Geschlecht verbleiben, bis es sich auf die Art, wie ich gesagt habe, aus dem chaotischen Zustande seiner Staatsverhältnisse herausgearbeitet haben wird.

Achter Satz.

Man kann die Geschichte der Menschengattung im Großen als die Vollziehung eines verborgenen Plans der Natur ansehen, um eine innerlich- und zu diesem Zwecke *auch äußerlich-vollkommene Staatsverfassung zu Stande zu bringen, als den einzigen Zustand, in welchem sie alle ihre Anlagen in der Menschheit völlig entwickeln kann.* Der Satz ist eine Folgerung aus dem vorigen. Man sieht: die Philosophie könne auch ihren *Chiliasmus* haben; aber einen solchen, zu dessen Herbeiführung ihre Idee, obgleich nur sehr von weitem, selbst beförderlich werden kann, der also nichts weniger als schwärmerisch ist. Es kommt nur darauf an, ob die Erfahrung etwas von einem solchen Gange der Naturabsicht entdecke. Ich sage: *etwas Weniges;* denn dieser Kreislauf scheint so lange Zeit zu erfordern, bis er sich schließt, daß man aus dem kleinen Teil, den die Menschheit in dieser Absicht zurückgelegt hat, nur eben so unsicher die Gestalt ihrer Bahn und das Verhältnis der Teile zum Ganzen bestimmen kann, als aus allen bisherigen Himmelsbeobachtungen den Lauf, den unsere Sonne samt dem ganzen Heere ihrer Trabanten im großen Fixsternensystem nimmt; obgleich doch aus dem allgemeinen Grunde der systematischen Verfassung des Weltbaues und aus dem Wenigen, was man beobachtet hat, zuverlässig genug, um auf die Wirklichkeit eines solchen Kreislaufes zu schließen. Indessen bringt es die menschliche Natur so mit sich: selbst in Ansehung der allerentferntesten Epoche, die unsere Gattung treffen soll, nicht gleichgültig zu sein, wenn sie nur mit Sicherheit erwartet werden kann. Vornehmlich kann es in unserem Falle um desto weniger geschehen, da es scheint, wir könnten durch unsere eigene vernünftige Veranstaltung diesen für unsere Nachkommen so erfreulichen Zeitpunkt schneller herbeiführen. Um deswillen werden uns selbst die schwachen Spuren der Annäherung desselben sehr wichtig. Jetzt sind die Staaten schon in einem so künstlichen Verhältnisse gegen einander, daß keiner in der inneren Kultur nachlassen kann, ohne gegen die andern an Macht und Einfluß zu verlieren; also ist, wo nicht der Fortschritt, dennoch die Erhaltung dieses Zwecks der Natur selbst durch die ehrsüchtigen Absichten derselben ziemlich gesichert. Ferner: bürgerliche Freiheit kann jetzt auch nicht sehr wohl angetastet werden, ohne den Nachteil davon in allen Gewerben, vornehmlich dem Handel, dadurch aber auch die Abnahme der Kräfte des Staats im äußeren Verhältnisse zu fühlen. Diese Freiheit geht aber allmählich weiter. Wenn man den

Bürger hindert, seine Wohlfahrt auf alle ihm selbst beliebige Art, die nur mit der Freiheit anderer zusammen bestehen kann, zu suchen: so hemmt man die Lebhaftigkeit
des durchgängigen Betriebes und hiemit wiederum die
Kräfte des Ganzen. Daher wird die persönliche Einschränkung in seinem Tun und Lassen immer mehr aufgehoben,
die allgemeine Freiheit der Religion nachgegeben; und so
entspringt allmählich mit unterlaufendem Wahne und Gril-
len *Aufklärung,* als ein großes Gut, welches das menschliche Geschlecht sogar von der selbstsüchtigen Vergröße-
rungsabsicht seiner Beherrscher ziehen muß, wenn sie nur
ihren eigenen Vorteil verstehen. Diese Aufklärung aber und
mit ihr auch ein gewisser Herzensanteil, den der aufgeklärte
Mensch am Guten, das er vollkommen begreift, zu nehmen
nicht vermeiden kann, muß nach und nach bis zu den Thro-
nen hinauf gehen und selbst auf ihre Regierungsgrundsätze
Einfluß haben. Obgleich z. B. unsere Weltregierer zu öffentlichen Erziehungsanstalten und überhaupt zu allem, was
das Weltbeste betrifft, für jetzt kein Geld übrig haben,
weil alles auf den künftigen Krieg schon zum Voraus ver-
rechnet ist: so werden sie doch ihren eigenen Vorteil darin
finden, die obzwar schwachen und langsamen eigenen Bemühungen ihres Volks in diesem Stücke wenigstens nicht zu
hindern. Endlich wird selbst der Krieg allmählich nicht
allein ein so künstliches, im Ausgange von beiden Seiten so
unsicheres, sondern auch durch die Nachwehen, die der Staat
in einer immer anwachsenden Schuldenlast (einer neuen Erfindung) fühlt, deren Tilgung unabsehlich wird, ein so be-
denkliches Unternehmen, dabei der Einfluß, den jede Staats-
erschütterung in unserem durch seine Gewerbe so sehr ver-
ketteten Weltteil auf alle andere Staaten tut, so merklich:
daß sich diese, durch ihre eigene Gefahr gedrungen, obgleich
ohne gesetzliches Ansehen, zu Schiedsrichtern anbieten und
so alles von weitem zu einem künftigen großen Staatskörper anschicken, wovon die Vorwelt kein Beispiel aufzuzei-
gen hat. Obgleich dieser Staatskörper für jetzt nur noch

sehr im rohen Entwurfe dasteht, so fängt sich dennoch gleichsam schon ein Gefühl in allen Gliedern, deren jedem an der Erhaltung des Ganzen gelegen ist, an zu regen; und dieses gibt Hoffnung, daß nach manchen Revolutionen der Umbildung endlich das, was die Natur zur höchsten Absicht hat, ein allgemeiner *weltbürgerlicher Zustand*, als der Schoß, worin alle ursprüngliche Anlagen der Menschengattung entwickelt werden, dereinst einmal zu Stande kommen werde.

Neunter Satz.

Ein philosophischer Versuch, die allgemeine Weltgeschichte nach einem Plane der Natur, der auf die vollkommene bürgerliche Vereinigung in der Menschengattung abziele, zu bearbeiten, muß als möglich und selbst für diese Naturabsicht beförderlich angesehen werden. Es ist zwar ein befremdlicher und dem Anscheine nach ungereimter Anschlag, nach einer Idee, wie der Weltlauf gehen müßte, wenn er gewissen vernünftigen Zwecken angemessen sein sollte, eine *Geschichte* abfassen zu wollen; es scheint, in einer solchen Absicht könne nur ein *Roman* zu Stande kommen. Wenn man indessen annehmen darf: daß die Natur selbst im Spiele der menschlichen Freiheit nicht ohne Plan und Endabsicht verfahre, so könnte diese Idee doch wohl brauchbar werden; und ob wir gleich zu kurzsichtig sind, den geheimen Mechanism ihrer Veranstaltung durchzuschauen, so dürfte diese Idee uns doch zum Leitfaden dienen, ein sonst planloses *Aggregat* menschlicher Handlungen wenigstens im Großen als ein *System* darzustellen. Denn wenn man von der *griechischen* Geschichte – als derjenigen, wodurch uns jede andere ältere oder gleichzeitige aufbehalten worden, wenigstens beglaubigt werden muß* – anhebt; wenn man

---

* Nur ein *gelehrtes Publikum*, das von seinem Anfange an bis zu uns ununterbrochen fortgedauert hat, kann die alte Geschichte beglaubigen. Über dasselbe hinaus ist alles terra incognita; und die Geschichte der

derselben Einfluß auf die Bildung und Mißbildung des Staatskörpers des *römischen* Volks, das den griechischen Staat verschlang, und des letzteren Einfluß auf die *Barbaren*, die jenen wiederum zerstörten, bis auf unsere Zeit verfolgt; dabei aber die Staatengeschichte anderer Völker, so wie deren Kenntnis durch eben diese aufgeklärten Nationen allmählich zu uns gelangt ist, *episodisch* hinzutut: so wird man einen regelmäßigen Gang der Verbesserung der Staatsverfassung in unserem Weltteile (der wahrscheinlicher Weise allen anderen dereinst Gesetze geben wird) entdecken. Indem man ferner allenthalben nur auf die bürgerliche Verfassung und deren Gesetze und auf das Staatsverhältnis Acht hat, in so fern beide durch das Gute, welches sie enthielten, eine Zeitlang dazu dienten, Völker (mit ihnen auch Künste und Wissenschaften) empor zu heben und zu verherrlichen, durch das Fehlerhafte aber, das ihnen anhing, sie wiederum zu stürzen, so doch, daß immer ein Keim der Aufklärung übrig blieb, der, durch jede Revolution mehr entwickelt, eine folgende noch höhere Stufe der Verbesserung vorbereitete: so wird sich, wie ich glaube, ein Leitfaden entdecken, der nicht bloß zur Erklärung des so verworrenen Spiels menschlicher Dinge, oder zur politischen Wahrsagerkunst künftiger Staatsveränderungen dienen kann (ein Nutzen, den man schon sonst aus der Geschichte der Menschen, wenn man sie gleich als unzusammenhängende Wirkung einer regellosen Freiheit ansah, gezogen hat!); sondern es wird (was man, ohne einen Naturplan vorauszusetzen, nicht mit Grunde hoffen kann) eine tröstende Aussicht in

Völker, die außer demselben lebten, kann nur von der Zeit angefangen werden, da sie darin eintraten. Dies geschah mit dem *jüdischen* Volk zur Zeit der Ptolemäer durch die griechische Bibelübersetzung, ohne welche man ihren *isolierten* Nachrichten wenig Glauben beimessen würde. Von da (wenn dieser Anfang vorerst gehörig ausgemittelt worden) kann man aufwärts ihren Erzählungen nachgehen. Und so mit allen übrigen Völkern. Das erste Blatt im *Thukydides* (sagt *Hume*) ist der einzige Anfang aller wahren Geschichte.

die Zukunft eröffnet werden, in welcher die Menschengattung in weiter Ferne vorgestellt wird, wie sie sich endlich doch zu dem Zustande empor arbeitet, in welchem alle Keime, die die Natur in sie legte, völlig können entwickelt und ihre Bestimmung hier auf Erden kann erfüllt werden. Eine solche *Rechtfertigung* der Natur – oder besser *der Vorsehung* – ist kein unwichtiger Bewegungsgrund, einen besonderen Gesichtspunkt der Weltbetrachtung zu wählen. Denn was hilft's, die Herrlichkeit und Weisheit der Schöpfung im vernunftlosen Naturreiche zu preisen und der Betrachtung zu empfehlen, wenn der Teil des großen Schauplatzes der obersten Weisheit, der von allem diesem den Zweck enthält, – die Geschichte des menschlichen Geschlechts – ein unaufhörlicher Einwurf dagegen bleiben soll, dessen Anblick uns nötigt unsere Augen von ihm mit Unwillen wegzuwenden und, indem wir verzweifeln jemals darin eine vollendete vernünftige Absicht anzutreffen, uns dahin bringt, sie nur in einer andern Welt zu hoffen?

Daß ich mit dieser Idee einer Weltgeschichte, die gewissermaßen einen Leitfaden *a priori* hat, die Bearbeitung der eigentlichen bloß *empirisch* abgefaßten Historie verdrängen wollte: wäre Mißdeutung meiner Absicht; es ist nur ein Gedanke von dem, was ein philosophischer Kopf (der übrigens sehr geschichtskundig sein müßte) noch aus einem anderen Standpunkte versuchen könnte. Überdem muß die sonst rühmliche Umständlichkeit, mit der man jetzt die Geschichte seiner Zeit abfaßt, doch einen jeden natürlicher Weise auf die Bedenklichkeit bringen: wie es unsere späten Nachkommen anfangen werden, die Last von Geschichte, die wir ihnen nach einigen Jahrhunderten hinterlassen möchten, zu fassen. Ohne Zweifel werden sie die der ältesten Zeit, von der ihnen die Urkunden längst erloschen sein dürften, nur aus dem Gesichtspunkte dessen, was sie interessiert, nämlich desjenigen, was Völker und Regierungen in weltbürgerlicher Absicht geleistet oder geschadet haben, schätzen. Hierauf aber Rücksicht zu nehmen, imgleichen auf die Ehrbegierde

der Staatsoberhäupter sowohl als ihrer Diener, um sie auf
das einzige Mittel zu richten, das ihr rühmliches Andenken
auf die späteste Zeit bringen kann: das kann noch überdem
einen *kleinen* Bewegungsgrund zum Versuche einer solchen
philosophischen Geschichte abgeben.

II

Rezensionen von J. G. Herders ›Ideen zur Philosophie der Geschichte der Menschheit‹. Teil 1. 2.

I.

Ideen zur Philosophie der Geschichte der Menschheit von Joh. Gottfr. Herder. Quem te Deus esse iussit et humana qua parte locatus es in re disce. Erster Teil. S. 318. 4. Riga und Leipzig bei Hartknoch 1784.

Der Geist unsers sinnreichen und beredten Verfassers zeigt in dieser Schrift seine schon anerkannte Eigentümlichkeit. Sie dürfte also wohl eben so wenig, als manche andere aus seiner Feder geflossene nach dem gewöhnlichen Maßstabe beurteilt werden können. Es ist, als ob sein Genie nicht etwa bloß die Ideen aus dem weiten Felde der Wissenschaften und Künste sammelte, um sie mit andern der Mitteilung fähigen zu vermehren, sondern als verwandelte er sie (um ihm den Ausdruck abzuborgen) nach einem gewissen Gesetze der *Assimilation* auf eine ihm eigene Weise in seine spezifische Denkungsart, wodurch sie von denjenigen, dadurch sich andere Seelen nähren und wachsen (S. 292), merklich unterschieden und der Mitteilung weniger fähig werden. Daher möchte wohl, was ihm Philosophie der Geschichte der Menschheit heißt, etwas ganz Anderes sein, als was man gewöhnlich unter diesem Namen versteht: nicht etwa eine logische Pünktlichkeit in Bestimmung der Begriffe, oder sorgfältige Unterscheidung und Bewährung der Grundsätze, sondern ein sich nicht lange verweilender, viel umfassender Blick, eine in Auffindung von Analogien fertige Sagacität, im Gebrauche derselben aber kühne Einbildungskraft, verbunden mit der Geschicklichkeit, für seinen immer in dunkeler Ferne gehaltenen Gegenstand durch Gefühle und Empfindungen einzunehmen, die als Wirkungen von einem großen Gehalte der Gedanken, oder als vielbedeutende Winke mehr von sich vermuten lassen, als kalte Beurteilung wohl geradezu in denselben antreffen würde. Da indessen Freiheit im Denken (die hier in großem Maße angetroffen wird), von einem fruchtbaren Kopfe ausgeübt, immer Stoff zum Denken gibt, so wollen wir von den Ideen desselben, soweit es uns glücken will, die wichtigsten und ihm eigentümlichsten auszuheben suchen und in seinem eigenen Ausdrucke darstellen, zuletzt aber einige Anmerkungen über das Ganze hinzufügen.

Unser Verfasser hebt damit an, die Aussicht zu erweitern, um dem Menschen seine Stelle unter den übrigen Planetenbewohnern unserer Sonnenwelt anzuweisen, und schließt aus dem mittleren, nicht unvorteilhaften Stande des Weltkörpers, den er bewohnt, auf einen bloß »mittelmäßigen Erdverstand und eine noch viel zweideutigere Menschentugend, darauf er hier zu rechnen habe, die aber doch – da unsere Gedanken und Kräfte offenbar nur aus unserer Erdorganisation keimen und sich so lange zu verändern und verwandeln streben, bis sie etwa zur Reinigkeit und Feinheit gediehen sind, die diese unsere Schöpfung gewähren kann, und, wenn Analogie unsere Führerin sein darf, es auf anderen Sternen nicht anders sein werde – vermuten lassen, daß der Mensch mit den Bewohnern der letzteren Ein Ziel haben werde, um endlich nicht allein einen Wandelgang auf mehr als einen Stern anzutreten, sondern vielleicht gar zum Umgange mit allen zur Reife gekommenen Geschöpfen so vieler und verschiedener Schwesterwelten zu gelangen.« Von da geht die Betrachtung zu den Revolutionen, welche der Erzeugung der Menschen vorher gingen. »Ehe unsere Luft, unser Wasser, unsere Erde hervorgebracht werden konnte, waren mancherlei einander auflösende, niederschlagende Stamina nötig; und die vielfachen Gattungen der Erde, der Gesteine, der Kristallisationen, sogar der Organisation in Muscheln, Pflanzen, Tieren, zuletzt im Menschen, wie viel Auflösungen und Revolutionen des Einen in das Andere

41

setzten die nicht voraus? Er, der Sohn aller Elemente und Wesen, ihr auserlesenster Inbegriff und gleichsam die Blüte der Erdschöpfung, konnte nichts anders als das letzte Schoßkind der Natur sein, zu dessen Bildung und Empfang viel Entwickelungen und Revolutionen vorhergehen mußten.«

In der Kugelgestalt der Erde findet er einen Gegenstand des Erstaunens über die Einheit, die sie bei aller erdenklichen Mannigfaltigkeit veranlaßt. »Wer, der diese Figur je beherzigt hätte, wäre hingegangen, zu einem Wortglauben in Philosophie und Religion zu bekehren, oder dafür mit dumpfem, aber heiligem Eifer zu morden?« Eben so gibt ihm die Schiefe der Ekliptik Anlaß zur Betrachtung der Menschenbestimmung: »Unter unserer schräge gehenden Sonne ist alles Tun der Menschen Jahresperiode.« Die nähere Kenntnis des Luftkreises, selbst der Einfluß der Himmelskörper auf denselben, wenn er näher gekannt sein wird, scheint ihm auf die Geschichte der Menschheit einen großen Einfluß zu versprechen. In dem Abschnitt von der Verteilung des Landes und der Meere wird der Erdbau als ein Erklärungsgrund der Verschiedenheit der Völkergeschichte aufgeführt. »Asien ist so zusammenhängend an Sitten und Gebräuchen, als es dem Boden nach in einem fortgestreckt ist; das kleine Rote Meer scheidet dagegen schon die Sitten, der kleine Persische Meerbusen noch mehr; aber die vielen Seen, Gebirge und Flüsse von Amerika und das feste Land hatten nicht ohne Grund so große Ausbreitung im gemäßigten Himmelsstriche, und das Bauwerk des alten Kontinents ist mit Absicht auf den ersten Wohnsitz der Menschen anders als in der neuen Welt von der Natur eingerichtet worden.« Das zweite Buch beschäftigt sich mit den Organisationen auf der Erde und fängt von dem Granit an, auf den Licht, Wärme, eine grobe Luft und Wasser wirkten und vielleicht den Kiesel zur Kalkerde beförderten, in der sich die ersten Lebendigen des Meeres, die Schalengeschöpfe, bildeten. Die Vegetation nimmt ferner ihren Anfang. – Vergleichung der Ausbildung des Menschen mit der

der Pflanzen und der Geschlechtsliebe des erstern mit dem Blühen der letztern. Nutzen des Pflanzenreichs in Ansehung des Menschen. Tierreich. Veränderung der Tiere und des Menschen nach den Klimaten. Die der alten Welt sind unvollkommen. »Die Klassen der Geschöpfe erweitern sich, je mehr sie sich vom Menschen entfernen, je näher ihm, desto weniger werden ihrer. – In allen ist eine Hauptform, ein ähnlicher Knochenbau. – Diese Übergänge machen es nicht unwahrscheinlich, daß in den Seegeschöpfen, Pflanzen, ja vielleicht gar in den *tot genannten* Wesen eine und dieselbe Anlage der Organisation, nur unendlich roher und verworrner herrschen möge. Im Blick des ewigen Wesens, der alles in einem Zusammenhange sieht, hat vielleicht die Gestalt des Eisteilchens, wie es sich erzeugt, und der Schneeflocke, die sich in ihr bildet, noch immer ein analoges Verhältnis mit der Bildung des Embryo im Mutterleibe. – Der Mensch ist ein Mittelgeschöpf unter den Tieren, das ist, die ausgebreiteteste Form, in der sich *alle Züge aller Gattungen* um ihn her im feinsten Inbegriff sammeln. – Aus Luft und Wasser sehe ich gleichsam die Tiere aus Höhen und Tiefen zu Menschen kommen und Schritt vor Schritt sich seiner Gestalt nähern.« Dieses Buch schließt: »Freue dich deines Standes, o Mensch, und studiere dich, edles Mittelgeschöpf, in allem, was um dich lebt!«

Das dritte Buch vergleicht den Bau der Pflanzen und Tiere mit der Organisation der Menschen. Wir können ihm hier, da er die Betrachtungen der Naturbeschreiber zu seiner Absicht nutzt, nicht folgen; nur einige Resultate: »Durch solche und solche Organen erzeugt sich das Geschöpf aus dem toten Pflanzenleben lebendigen Reiz, und aus der Summe dieses, durch feine Kanäle geläutert, das Medium der Empfindung. Das Resultat der Reize wird *Trieb,* das Resultat der Empfindung *Gedanke,* ein ewiger Fortgang von organischer Schöpfung, *der in jedes lebendige Geschöpf gelegt ward.«* Der Verfasser rechnet nicht auf Keime, sondern eine organische Kraft, so bei Pflanzen als Tieren. Er sagt: »So wie die Pflanze selbst organisch Leben ist, ist auch der Polyp organisch Leben. Es sind daher viele organische Kräfte, die der Vegetation, der Muskelreize, der Empfindung. Je mehr und feinere Nerven, je größer das Gehirn, desto verständiger wird die Gattung. *Tierseele* ist die Summe aller in einer Organisation wirkenden Kräfte,« und der Instinkt nicht eine besondere Naturkraft, sondern die Richtung, die die Natur jenen sämtlichen Kräften durch ihre Temperatur gab. Je mehr das eine organische Principium der Natur, das wir jetzt *bildend* (im Stein), jetzt *treibend* (in Pflanzen), jetzt *empfindend*, jetzt *künstlich bauend* nennen und im Grunde nur eine und dieselbe organische Kraft ist, in mehr Werkzeuge und verschiedentliche Glieder verteilt ist, je mehr es in denselben eine eigene Welt hat, – desto mehr verschwindet der Instinkt, und ein eigner freier Gebrauch der Sinne und Glieder (wie etwa beim Menschen) fängt an. Endlich kommt der Autor zu dem wesentlichen Naturunterschiede des Menschen. »Der aufrechte Gang des Menschen ist ihm *einzig* natürlich, ja er ist die Organisation zum ganzen Beruf seiner Gattung und sein unterscheidender Charakter.«

Nicht weil er zur Vernunft bestimmt war, ward ihm zum Gebrauch seiner Gliedmaßen nach der Vernunft die aufrechte Stellung angewiesen, sondern er bekam Vernunft durch die aufrechte Stellung, als die natürliche Wirkung eben derselben Anstalt, die nötig war, um ihn bloß aufrecht gehen zu lassen. »Lasset uns bei diesem heiligen Kunstwerk, der Wohltat, durch die unser Geschlecht ein Menschengeschlecht ward, mit dankbaren Blicken verweilen, mit Verwunderung, weil wir sehen, welche neue Organisation von Kräften in der aufrechten Gestalt der Menschheit anfange, und wie allein durch sie der Mensch ein Mensch ward!«

Im vierten Buch führt der Hr. Verf. diesen Punkt weiter aus: »Was fehlt dem menschenähnlichen Geschöpfe (dem Affen), daß er kein Mensch ward,« – und wodurch ward dieser es? Durch die Formung des Kopfs *zur aufrechten*

Gestalt, durch innere und äußere Organisation zum perpendikulären Schwerpunkt; – der Affe hat alle Teile des Gehirns, die der Mensch hat; er hat sie aber nach der Gestalt seines Schädels in einer zurückgedrückten Lage, und diese hatte er, weil sein Kopf unter einem andern Winkel geformt und er nicht zum aufrechten Gange gemacht war. Sofort wirkten alle organische Kräfte anders, – »blick also gen Himmel, o Mensch, und erfreue dich schaudernd deines unermeßlichen Vorzugs, den der Schöpfer der Welt an ein so einfaches Principium, deine aufrechte Gestalt, knüpfte. – Über die Erde und Kräuter erhoben, herrscht der Geruch nicht mehr, sondern das Auge. – Mit dem aufgerichteten Gange wurde der Mensch ein Kunstgeschöpf, er bekam freie und künstliche Hände, – nur im aufrechten Gange findet wahre menschliche Sprache statt. – Theoretisch und praktisch ist Vernunft nichts als etwas *Vernommenes*, gelernte Proportion und Richtung der Ideen und Kräfte, zu welcher der Mensch nach seiner Organisation und Lebensweise gebildet worden.« Und nun Freiheit. »Der Mensch ist der erste Freigelassene der Schöpfung, er steht aufrecht.« Die Scham: »Sie mußte sich bei aufrechter Gestalt bald entwickeln.« Seine Natur ist keiner sonderlichen Varietät unterworfen. »Wodurch dieses? Durch seine aufrechte Gestalt, durch nichts anders. – Er ist zur Humanität gebildet; Friedlichkeit, Geschlechtsliebe, Sympathie, Mutterliebe, eine Sprosse der Humanität seiner aufgerichteten Bildung – die Regel der Gerechtigkeit und Wahrheit gründet sich auf die aufrechte Gestalt des Menschen selbst, diese bildet ihn auch zur Wohlanständigkeit; Religion ist die höchste Humanität. Das gebückte Tier empfindet dunkel; den Menschen erhob Gott, daß er, selbst ohne daß er es weiß und will, Ursachen der Dinge nachspähe und dich finde, du großer Zusammenhang aller Dinge. Religion aber bringt Hoffnung und Glaube an Unsterblichkeit hervor.« Von dieser letztern redet das fünfte Buch. »Vom Stein zu Kristallen, von diesen zu Metallen, von diesen zur Pflanzenschöpfung, von da zum Tier, endlich zum Menschen sahen wir die Form der Organisation steigen, mit ihr auch die Kräfte und Triebe des Geschöpfs vielartiger werden und sich endlich alle in der Gestalt des Menschen, so fern diese sie fassen konnte, vereinigen. –«

»Durch diese Reihe von Wesen bemerkten wir eine Ähnlichkeit der Hauptform, die sich immer mehr der Menschengestalt nahete – eben so sahen wir auch die Kräfte und Triebe sich ihm nähern. – Bei jedem Geschöpf war nach dem Zweck der Natur, den es zu befördern hatte, auch seine Lebensdauer eingerichtet. – Je organisierter ein Geschöpf ist, desto mehr ist sein Bau zusammengesetzt aus den niedrigen Reichen. Der Mensch ist ein Compendium der Welt: Kalk, Erde, Salze, Säuren, Öl und Wasser, Kräfte der Vegetation, der Reize, der Empfindung sind in ihm organisch vereinigt. – Hiedurch werden wir darauf gestoßen, auch ein *unsichtbares Reich der Kräfte* anzunehmen, das in eben demselben genauen Zusammenhange und Übergange steht, und eine aufsteigende Reihe von unsichtbaren Kräften, wie im sichtbaren Reiche der Schöpfung. – Dieses tut *alles* für die Unsterblichkeit der Seele und nicht diese allein, sondern für die Fortdauer aller wirkenden und lebendigen Kräfte der Weltschöpfung. Kraft kann nicht untergehen, das Werkzeug kann wohl zerrüttet werden. Was der Allbelebende ins Leben rief, das lebet; was wirkt, wirkt in seinem ewigen Zusammenhange ewig.« Diese Prinzipien werden nicht auseinander gesetzt, »weil hie dazu der Ort nicht ist.« Indessen »sehen wir in der Materie so viel geistähnliche Kräfte, daß ein völliger Gegensatz und Widerspruch dieser beiden allerdings sehr verschiedenen Wesen, des Geistes und der Materie, wo nicht selbst widersprechend, doch wenigstens ganz unerwiesen scheint.« – »Präformierte Keime hat kein Auge gesehen. Wenn man von einer Epigenesis redet, so spricht man uneigentlich, als ob die Glieder von *außen* zuwüchsen. Bildung (genesis) ist's, eine Wirkung *innerer Kräfte*, denen die Natur eine Masse vorbereitet hatte, die sie sich *zubilden,* in der sie sich sichtbar machen sollten. Nicht unsere vernünftige Seele ist's, die den Leib bildete, sondern der Finger der Gottheit, organische Kraft.« Nun heißt es: »1. Kraft und Organ sind zwar innigst verbunden, nicht aber eins und eben dasselbe. 2. Jede Kraft wirkt ihrem Organ harmonisch, denn sie hat sich dasselbe zur Offenbarung ihres Wesens nur zugebildet und sich assimiliert. 3. Wenn die Hülle wegfällt, so bleibt die Kraft, die voraus, obwohl in einem niedrigen Zustande und ebenfalls organisch, dennoch vor dieser Hülle schon existierte.« Darauf sagt der Verfasser zu den Materialisten: »Lasset es sein, daß unsere Seele mit allen Kräften der Materie, des Reizes, der Bewegung, des Lebens ursprünglich einerlei sei und nur auf einer höhern Stufe, in einer ausgebildetern feinern Organisation wirke; hat man denn je auch nur eine Kraft der Bewegung und des Reizes untergehen sehen, und sind diese niedern Kräfte mit ihren Organen Eins und dasselbe?« Von dem Zusammenhange desselben heißt es, daß er nur Fortschreitung sein könne. »Das Menschengeschlecht kann man als den großen Zusammenfluß niederer organischen Kräfte ansehen, die in ihm zur Bildung der Humanität keimen sollten.«

Daß die Menschen-Organisation in einem Reiche geistiger Kräfte geschehe, wird so gezeigt: »Der Gedanke ist ganz ein ander Ding, als was ihr der Sinn zuführt; alle Erfahrungen über ihren Ursprung sind Belege von Wirkung eines zwar organischen, aber dennoch eigenmächtigen, nach Gesetzen geistiger Verbindung wirkenden Wesens. 2. Wie der Leib durch Speise zunimmt, so der Geist durch Ideen; ja wir bemerken bei ihm eben die Gesetze der Assimilation, des Wachstums und der Hervorbringung. Kurz es wird in uns ein innerer geistiger Mensch gebildet, der seiner eigenen Natur ist und den Körper nur als Werkzeug braucht. – Das hellere Bewußtsein, dieser große Vorzug der menschlichen Seele, ist derselben auf eine geistige Weise durch die Humanität erst zugebildet worden u. s. w.«, mit einem Worte, wenn wir es recht verstehen: Die Seele ist aus geistigen nach und nach hinzu kommenden Kräften allererst geworden. – »Unsere Humanität ist nur Vorübung, die Knospe zu einer zukünftigen Blume. Die Natur wirft Schritt vor Schritt das Unedle weg, bauet dagegen das Geistige an, führet das Feine noch feiner aus, und so können wir von ihrer Künstlerhand hoffen, daß auch unsere Knospe der Humanität in jenem Dasein in ihrer eigentlichen, wahren, göttlichen Menschengestalt erscheinen werde.«

Den Beschluß macht der Satz: »Der jetzige Zustand des Menschen ist wahrscheinlich das verbindende Mittelglied zweier Welten. – Wenn der Mensch die Kette der Erdorganisationen als ihr höchstes und letztes Glied schließt, so fängt er auch eben dadurch die Kette einer höhern Gattung von Geschöpfen als ihr niedrigstes Glied an, und so ist er wahrscheinlich der Mittelring zwischen zwei in einander greifenden Systemen der Schöpfung. – Er stellet uns zwei Welten auf einmal dar; und das macht die anscheinende Duplizität seines Wesens. – Das Leben ist ein Kampf und die Blume der reinen, unsterblichen Humanität eine schwer errungene Krone. – Unsere Brüder der höhern Stufe lieben uns daher gewiß mehr, als wir sie suchen und lieben können; denn sie sehen unsern Zustand klärer, – und sie erziehen an uns vielleicht ihres Glücks Teilnehmer. – Es läßt sich nicht wohl vorstellen: daß der künftige Zustand dem jetzigen so ganz unmitteilbar sein sollte, als das Tier im Menschen gern glauben möchte, – so scheint ohne höhere Anleitung die Sprache und erste Wissenschaft unerklärlich. – Auch in spätern Zeiten sind die größten Wirkungen auf der Erde durch unerklärliche Umstände entstanden, – selbst Krankheiten waren oft Werkzeuge dazu, wenn das Organ für den gewöhnlichen Kreis des Erdlebens unbrauchbar geworden; so daß es natürlich scheint, daß die innere rastlose Kraft vielleicht Eindrücke empfange, deren eine ungestörte Organisation nicht fähig war. – Doch soll der Mensch sich nicht in seinen künftigen Zustand hineinschauen, sondern sich hineinglauben.« (Wie aber, wenn er einmal glaubt, daß er sich hineinschauen könne, kann man ihm verwehren, daß er nicht bisweilen von diesem Vermögen Gebrauch zu machen suche?) – »So viel ist gewiß, daß in jeder seiner Kräfte eine Unendlichkeit liegt; auch die Kräfte des Weltalls scheinen in der Seele verborgen, und sie bedarf nur einer Organisation, oder einer Reihe von Organisationen, diese in Tätigkeit und Übung setzen zu dürfen. – Wie also die Blume da stand und *in aufgerichteter Gestalt* das Reich der unterirdischen, noch unbelebten Schöpfung schloß, – so steht über allen zur Erde Gebückten (Tieren) der Mensch wieder *aufrecht* da. Mit erhabenem Blick und aufgehobenen Händen stehet er da, als ein Sohn des Hauses den Ruf seines Vaters erwartend.«

Beilage.

Die Idee und Endabsicht dieses ersten Teils (eines, wie es der Anschein gibt, auf viele Bände angelegten Werks) besteht in folgendem. Es soll mit Vermeidung aller metaphysischen Untersuchungen die geistige Natur der menschlichen Seele, ihre Beharrlichkeit und Fortschritte in der Vollkommenheit aus der Analogie mit den Naturbildungen der Materie vornehmlich in ihrer Organisation bewiesen werden. Zu diesem Behuf werden geistige Kräfte, zu welchen Materie nur den Bauzeug ausmacht, ein gewisses unsichtbares Reich der Schöpfung, angenommen, welches die belebende Kraft enthalte, die alles organisiert, und zwar so, daß das Schema der Vollkommenheit dieser Organisation der Mensch sei, welchem sich alle Erdgeschöpfe von der niedrigsten Stufe an nähern, bis endlich durch nichts als diese vollendete Organisation, deren Bedingung vornehmlich der aufrechte Gang des Tiers sei, der Mensch ward, dessen Tod nimmermehr den schon vorher umständlich an allen Arten von Geschöpfen gezeigten Fortgang und Steigerung der Organisationen endigen könne, sondern vielmehr einen Überschritt der Natur zu noch mehr verfeinerten Operationen erwarten lasse, um ihn dadurch zu künftigen noch höhern Stufen des Lebens und so fortan ins Unendliche zu fördern und zu erheben. Rezensent muß gestehen: daß er diese Schlußfolge aus der Analogie der Natur, wenn er gleich jene kontinuierliche Gradation ihrer Geschöpfe samt der Regel derselben, nämlich der Annäherung zum Menschen, einräumen wollte, doch nicht einsehe. Denn es sind da *verschiedene* Wesen, welche die mancherlei Stufen der immer vollkommneren Organisation besetzen. Also würde nach einer solchen Analogie nur geschlossen werden können: daß irgend *anderswo,* etwa in einem andern Planeten, wiederum Geschöpfe sein dürften, die die nächst höhere Stufe der Organisation über den Menschen behaupteten, nicht aber daß *dasselbe Individuum* hiezu gelange. Bei den aus Maden oder Raupen sich entwickelnden fliegenden Tierchen ist hier eine ganz eigene und von dem gewöhnlichen Verfahren der Natur verschiedene Anstalt, und doch auch da folgt die Palingenesie nicht auf den *Tod,* sondern nur auf den *Puppenzustand.* Dagegen hier gewiesen werden müßte: daß die Natur Tiere selbst nach ihrer Verwesung oder Verbrennung aus ihrer Asche in spezifisch vollkommenerer Organisation aufsteigen lasse, damit man nach der Analogie dieses auch vom Menschen, der hier in Asche verwandelt wird, schließen könne. Es ist also zwischen der Stufenerhebung eben desselben Menschen zu einer vollkommneren Organisation in einem andern Leben und der Stufenleiter, welche man sich unter ganz verschiedenen Arten und Individuen eines Naturreiches denken mag, nicht die mindeste Ähnlichkeit. Hier läßt uns die Natur nichts anders sehen, als daß sie die Individuen der völligen Zerstörung überlasse und nur die Art erhalte; dort aber verlangt man zu wissen, ob auch das Individuum vom Menschen seine Zerstörung hier auf Erden überleben werde, welches vielleicht aus moralischen, oder, wenn man will, metaphysischen Gründen, niemals aber nach irgend einer Analogie der sichtbaren Erzeugung geschlossen werden kann. Was nun aber jenes unsichtbare Reich wirksamer und selbstständiger Kräfte anlangt, so ist nicht wohl abzusehen, warum der Verfasser, nachdem er geglaubt hat aus den organischen Erzeugungen auf dessen Existenz sicher schließen zu können, nicht lieber das denkende Prinzip im Menschen dahin unmittelbar, als bloß geistige Natur, übergehen ließ, ohne solches durch das Bauwerk der Organisation aus dem Chaos herauszuheben; es müßte denn sein, daß er diese geistigen Kräfte für ganz etwas anders als die menschliche Seele hielt und diese nicht als besondere Substanz, sondern bloß als Effekt einer auf Materie einwirkenden und sie belebenden unsichtbaren allgemeinen Natur ansähe, welche Meinung wir doch ihm beizulegen billig Bedenken tragen. Allein was soll man überhaupt von der Hypothese unsichtbarer, die Organisation bewirkender Kräfte, mithin von dem Anschlage, das, *was man nicht begreift,* aus demjenigen erklären zu wollen, *was man noch weniger begreift,* denken? Von jenem können wir doch wenigstens die Gesetze durch Erfahrung kennen lernen, obgleich freilich die Ursachen derselben unbekannt bleiben; von diesem ist uns sogar alle Erfahrung benommen, und was kann der Philosoph nun hier zur Rechtfertigung seines Vorgebens anführen, als die bloße Verzweifelung den Aufschluß in irgend einer Kenntnis der Natur zu finden und den abgedrungenen Entschluß sie im fruchtbaren Felde der Dichtungskraft zu suchen? Auch ist dieses immer Metaphysik, ja sogar sehr dogmatische, so sehr sie auch unser Schriftsteller, weil es die Mode so will, von sich ablehnt.

Was indessen die Stufenleiter der Organisationen betrifft, so darf man es ihm nicht so sehr zum Vorwurf anrechnen, wenn sie zu seiner weit über diese Welt hinausreichenden Absicht nicht hat zulangen wollen; denn ihr Gebrauch in Ansehung der Naturreiche hier auf Erden führt eben so wohl auf nichts. Die Kleinheit der Unterschiede, wenn man die Gattungen ihrer *Ähnlichkeit* nach an einander paßt, ist bei so großer Mannigfaltigkeit eine notwendige Folge eben dieser Mannigfaltigkeit. Nur eine *Verwandtschaft* unter ihnen, da entweder eine Gattung aus der andern und alle aus einer einzigen Originalgattung oder etwa aus einem einzigen erzeugenden Mutterschoße entsprungen wären, würde auf *Ideen* führen, die aber so ungeheuer sind, daß die Vernunft vor ihnen zurückbebt, dergleichen man unserm Verf., ohne ungerecht zu sein, nicht beimessen darf. Was den Beitrag desselben zur vergleichenden Anatomie durch alle Tiergattungen bis herab zur Pflanze betrifft, so mögen die, so die Naturbeschreibung bearbeiten, selbst urteilen, wiefern die Anweisung, die er hier zu neuen Beobachtungen gibt, ihnen nutzen könne, und ob sie wohl überhaupt einigen Grund habe. Aber die Einheit der organischen Kraft (S. 141), die als selbstbildend in Ansehung der Mannigfaltigkeit aller organischen Geschöpfe und nachher nach Verschiedenheit dieser Organen durch sie auf verschiedene Art wirkend den ganzen Unterschied ihrer mancherlei Gattungen und Arten ausmache, ist eine Idee, die ganz außer dem Felde der beobachtenden Naturlehre liegt und zur bloß spekulativen Philosophie gehört, darin sie denn auch, wenn sie Eingang fände, große Verwüstungen unter den angenommenen Begriffen anrichten würde. Allein bestimmen zu wollen, welche Organisierung des Kopfs äußerlich in seiner Figur und innerlich in Ansehung seines Gehirns mit der Anlage zum aufrechten Gange notwendig verbunden sei, noch mehr aber, wie eine bloß auf diesen Zweck gerichtete Organisation den Grund des Vernunftvermögens enthalte, dessen das Tier dadurch teilhaftig wird, das übersteigt offenbar alle menschliche Vernunft, sie mag nun am physiologischen Leitfaden tappen, oder am metaphysischen fliegen wollen.

Durch diese Erinnerungen soll indessen diesem so gedankenvollen Werke nicht alles Verdienst benommen werden. Ein vorzügliches darin ist (um hier nicht so mancher eben so schön gesagten, als edel und wahr gedachten Reflexionen zu gedenken) der Mut, mit welchem sein Verfasser die alle Philosophie so oft verengenden Bedenklichkeiten seines Standes in Ansehung bloßer Versuche der Vernunft, wieweit sie für sich selbst wohl gelangen könne, zu überwinden gewußt hat, worin wir ihm viele Nachfolger wünschen. Überdem trägt die geheimnisvolle Dunkelheit, in welche die Natur selbst ihre Geschäfte der Organisation und der Klassenverteilung ihrer Geschöpfe einhüllte, einen Teil der Schuld wegen der Dunkelheit und Ungewißheit, die diesem ersten Teile einer philosophischen Menschengeschichte anhängen, der dazu angelegt war, um die äußersten Enden derselben, den Punkt, von dem sie anhob, und den, da sie sich über die Erdgeschichte hinaus im Unendlichen verliert, wo möglich an einander zu knüpfen; welcher Versuch zwar kühn, aber doch dem Forschungstriebe unserer Vernunft natürlich und selbst bei nicht völlig gelingender Ausführung nicht unrühmlich ist. Desto mehr aber ist zu wünschen, daß unser geistvoller Verfasser in der Fortsetzung des Werks, da er einen festen Boden vor sich finden wird, seinem lebhaften Genie einigen Zwang auflege, und daß Philosophie, deren Besorgung mehr im Beschneiden als Treiben üppiger Schößlinge besteht, ihn nicht durch Winke, sondern bestimmte Begriffe, nicht durch gemutmaßte, sondern beobachtete Gesetze, nicht vermittelst einer, es sei durch Metaphysik, oder durch Gefühle, beflügelten Einbildungskraft, sondern durch eine im Entwurfe ausgebreitete, aber in der Ausübung behutsame Vernunft zur Vollendung seines Unternehmens leiten möge.

II.

Erinnerungen des Rezensenten der Herderschen Ideen zu einer Philosophie der Geschichte der Menschheit (Nro. 4) und Beil. der Allg. Lit.-Zeit. über ein im Februar des Teutschen Merkur gegen diese Rezension gerichtetes Schreiben.

Im Februar des T. M., Seite 148, tritt unter dem Namen eines Pfarrers ein Verteidiger des Buchs des Herrn Herder gegen den vermeintlichen Angriff in unserer A.L.-Z. auf. Es wäre unbillig den Namen eines geachteten Autors in den Streit zwischen Rezensenten und Antirezensenten mit zu verwickeln; daher wollen wir hier nur unsere Verfahrungsart in Bekanntmachung und Beurteilung gedachten Werks als den Maximen der Sorgfalt, Unparteilichkeit und Mäßigung, die diese Zeitung sich zur Richtschnur genommen hat, gemäß rechtfertigen. Der Pfarrer zankt in seinem Schreiben viel mit einem Metaphysiker, den er in Gedanken hat, und der, wie er ihn sich vorstellt, für alle Belehrung durch Erfahrungswege, oder, wo diese die Sache nicht vollenden, für Schlüsse nach der Analogie der Natur gänzlich verdorben ist und alles seinem Leisten scholastischer unfruchtbarer Abstraktionen anpassen will. Der Rezensent kann sich diesen Zank recht wohl gefallen lassen, denn er ist hierin mit dem Pfarrer völlig einerlei Meinung, und die Rezension ist selbst der beste Beweis davon. Da er aber die Materialien zu einer Anthropologie ziemlich zu kennen glaubt, imgleichen auch etwas von der Methode ihres Gebrauchs, um eine Geschichte der Menschheit im Ganzen ihrer Bestimmung zu versuchen: so ist er überzeugt, daß sie weder in der Metaphysik, noch im Naturalienkabinett durch Vergleichung des Skeletts des Menschen mit dem von andern Tiergattungen aufgesucht werden müssen; am wenigsten aber die letztere gar auf seine Bestimmung für eine andere Welt führe; sondern daß sie allein in seinen *Handlungen* gefunden werden können, dadurch er seinen Charakter offenbart; auch ist er überredet, daß Herr Herder nicht einmal die Absicht gehabt habe, im ersten Teile seines Werks (der nur eine Aufstellung des Menschen als Tiers im allgemeinen Natursystem und also einen Prodromus der künftigen Ideen enthält) die wirklichen Materialien zur Menschengeschichte zu liefern, sondern nur Gedanken, die den Physiologen aufmerksam machen können, seine Nachforschungen, die er gemeiniglich nur auf die mechanische Absicht des tierischen Baues richtet, wo möglich weiter und bis zu der für den Gebrauch der Vernunft an diesem Geschöpfe zweckmäßigen Organisation auszudehnen; wiewohl er ihnen hierin mehr Gewicht, als sie je bekommen können, beigelegt hat. Auch ist nicht nötig, daß der, so der letzteren Meinung ist, (wie der Pfarrer S. 161 fordert) beweise: daß die menschliche Vernunft bei *einer andern Form* der Organisation auch nur *möglich* wäre, denn das kann eben so wenig jemals eingesehen werden, als daß sie bei der gegenwärtigen Form *allein* möglich sei. Der vernünftige Gebrauch der Erfahrung hat auch seine Grenzen. Diese kann zwar lehren, daß etwas so oder so beschaffen sei, niemals aber daß es *gar nicht anders sein könne*; auch kann keine Analogie diese unermeßliche Kluft zwischen dem Zufälligen und Notwendigen ausfüllen. In der Rezension wurde gesagt: »Die Kleinheit der Unterschiede, wenn man die Gattungen ihrer *Ähnlichkeit* nach an einander paßt, ist bei so großer Mannigfaltigkeit eine notwendige Folge eben dieser Mannigfaltigkeit. Nur eine *Verwandtschaft* unter ihnen, da entweder eine Gattung aus der andern oder alle aus einer einzigen Originalgattung und etwa aus einem einzigen erzeugenden Mutterschoße entsprungen wären, würde auf *Ideen* führen, die aber so ungeheuer sind, daß *die Vernunft* vor ihnen *zurück*bebt, dergleichen man unserm Verfasser, ohne ungerecht zu sein, nicht beimessen darf.« Diese Worte verführten den Pfarrer zu glauben, als sei in der Rezension des Werks *metaphysische Orthodoxie*, mithin Intoleranz anzutreffen; und er setzt hinzu: »*Die gesunde ihrer Freiheit überlassene Vernunft bebt auch vor keiner Idee zurück.*« Es ist aber nichts von allem dem zu fürchten, was er wähnt. Es ist bloß der *Horror vacui* der allgemeinen Menschenvernunft, nämlich *da zurück zu beben*, wo man auf eine Idee stößt, bei der sich *gar nichts denken läßt*, und in dieser Absicht möchte wohl der ontologische Codex dem theologischen und zwar gerade der Toleranz wegen zum Kanon dienen. Der Pfarrer findet überdem das dem Buche beigelegte Verdienst der *Freiheit im Denken* viel zu gemein für einen so berühmten Verfasser. Ohne Zweifel meint er, es sei daselbst von der *äußeren* Freiheit die Rede, die, weil sie von Ort und Zeit abhängt, in der Tat gar kein Verdienst ist. Allein die Rezension hatte jene *innere* Freiheit, nämlich die von den Fesseln gewohnter und durch die allgemeine Meinung bestärkter Begriffe und Denkungsarten, vor Augen; eine Freiheit, die *so gar nicht* gemein ist, daß selbst die, so sich bloß zur Philosophie bekennen, nur selten sich zu ihr haben empor arbeiten können. Was er an der Rezension tadelt: »*daß sie Stellen, welche die Resultate ausdrücken, nicht aber zugleich die, so sie vorbereiten, aushebt,*« möchte wohl ein unvermeidliches Übel für die ganze Autorschaft sein, welches bei allem dem immer doch noch erträglicher ist, als mit Aushebung einer oder andern Stelle bloß überhaupt zu rühmen, oder zu verurteilen. Es bleibt also bei dem mit aller billigen Achtung und selbst mit Teilnehmung an dem *Ruhme*, noch mehr aber an dem *Nachruhme* des Verfassers gefällten Urteile über das gedachte Werk, welches mithin ganz anders lautet als das, was der Pfarrer ihm S. 161 (nicht sehr gewissenhaft) unterschiebt, *daß das Buch nicht geleistet habe, was sein Titel versprach.* Denn der Titel versprach gar nicht, schon im ersten Bande, der nur allgemeine physiologische Vorübungen enthält, das zu leisten, was von den folgenden (die, so viel man urteilen kann, die eigentliche Anthropologie enthalten werden) erwartet wird, und die Erinnerung war nicht überflüssig: in dieser die Freiheit einzuschränken, die in jenen wohl Nachsicht verdienen möchte. Übrigens kommt es jetzt nur auf den Verfasser selbst an, dasjenige zu leisten, was der Titel versprach, welches man denn auch von seinen Talenten und seiner Gelehrsamkeit zu hoffen Ursache hat.

III.

Riga und Leipzig bei Hartknoch. Ideen zur Philosophie der Geschichte der Menschheit von Johann Gottfried Herder. Zweiter Teil. 344 S. 8°. 1785.

Dieser Teil, der bis zum zehnten Buche fortrückt, beschreibt zuerst in sechs Abschnitten des sechsten Buchs die Organisation der Völker in der Nähe des Nordpols und um den asiatischen Rücken der Erde, des Erdstrichs schön gebildeter Völker und der afrikanischen Nationen, der Menschen in den Inseln des heißen Erdstrichs und der Amerikaner. Der Verfasser beschließt die Beschreibung mit dem Wunsche einer Sammlung von neuen Abbildungen der Nationen, wozu Niebuhr, Parkinson, Cook, Höst, Georgi u. a. schon Anfänge geliefert haben. »Es wäre ein schönes Geschenk, wenn Jemand, der es kann, die hie und da zerstreueten treuen Gemälde der Verschiedenheit unsers Geschlechts sammelte und damit den Grund zu einer *sprechenden Naturlehre und Physiognomik der Menschheit legte.* Philosophischer könnte die Kunst schwerlich angewendet werden und eine anthropologische Karte, wie *Zimmermann* eine zoologische versucht hat, auf der nichts angedeutet werden müßte, als was Diversität der Menschheit ist, diese aber auch in allen Erscheinungen und Rücksichten, eine solche würde das philanthropische Werk krönen.«
Das siebente Buch betrachtet vorerst die Sätze, daß bei so verschiedenen Formen dennoch das Menschengeschlecht überall nur eine Gattung sei, und daß dies eine Geschlecht sich überall auf der Erde klimatisiert habe. Hiernächst werden die Wirkungen des Klima auf die Bildung des Menschen an Körper und Seele beleuchtet. Der Verfasser bemerkt scharf-

sinnig, daß noch viele Vorarbeiten fehlen, ehe wir an eine physiologisch-pathologische, geschweige an eine Klimatologie aller menschlichen Denk- und Empfindungskräfte kommen können, und daß es unmöglich sei, das Chaos von Ursachen und Folgen, welches hier Höhe und Tiefe des Erdstrichs, Beschaffenheit desselben und seiner Produkte, Speisen und Getränke, Lebensweise, Arbeiten, Kleidung, gewohnte Stellungen sogar, Vergnügen und Künste nebst andern Umständen zusammen ausmachen, zu einer Welt zu ordnen, in der jedem Dinge, jeder einzelnen Gegend sein Recht geschehe, und keines zu viel oder zu wenig erhalte. Mit rühmlicher Bescheidenheit kündigt er daher auch die S. 99 folgenden allgemeinen Anmerkungen S. 92 nur als Probleme an. Sie sind unter folgenden Hauptsätzen enthalten. 1. Durch allerlei Ursachen wird auf der Erde eine klimatische Gemeinschaft befördert, die zum Leben der Lebendigen gehört. 2. Das bewohnbare Land unsrer Erde ist in Gegenden zusammengedrängt, wo die meisten lebendigen Wesen in der ihnen genügsamsten Form wirken; diese Lage der Weltteile hat Einfluß auf ihrer aller Klima. 3. Durch den Bau der Erde an die Gebirge ward nicht nur für das große Mancherlei der Lebendigen das Klima derselben zahllos verändert, sondern auch die Ausbreitung des Menschengeschlechts verhütet, wie sie verhütet werden kann. Im vierten Abschnitt dieses Buchs behauptet der Verfasser, die genetische Kraft sei die Mutter aller Bildungen auf der Erde, der das Klima nur freundlich oder feindlich zuwirke, und beschließt mit einigen Anmerkungen über den *Zwist der Genesis* und *des Klima*, wo er unter andern auch eine *physisch-geographische Geschichte der Abstammung und Verartung unsers Geschlechts nach Klimaten und Zeiten* wünscht.

Im *achten Buche* verfolgt Hr. H. den Gebrauch der menschlichen Sinne, die Einbildungskraft des Menschen, seinen praktischen Verstand, seine Triebe und Glückseligkeit und erläutert den Einfluß der Tradition, der Meinungen, der

Übung und Gewohnheit durch Beispiele verschiedener Nationen.

Das *neunte* beschäftigt sich mit der Abhängigkeit des Menschen von andern in der Entwickelung seiner Fähigkeiten, mit der Sprache als Mittel zur Bildung der Menschen, mit der Erfindung der Künste und Wissenschaften durch Nachahmung, Vernunft und Sprache, mit den Regierungen als festgestellten Ordnungen unter den Menschen meistens aus ererbten Traditionen: und schließt mit Bemerkungen über die Religion und die älteste Tradition.

Das *zehnte* enthält größtenteils das Resultat der Gedanken, die der Verf. schon anderwärts vorgetragen; indem es außer den Betrachtungen über den ersten Wohnsitz der Menschen und die asiatischen Traditionen über die Schöpfung der Erde und des Menschengeschlechts das Wesentlichste der Hypothese über die mosaische Schöpfungsgeschichte aus der Schrift: *Älteste Urkunde des Menschengeschlechts* wiederholt.

Diese trockne Anzeige soll auch bei diesem Teile nur Ankündigung des Inhalts, nicht Darstellung des Geistes von diesem Werke sein; sie soll einladen, es zu lesen, nicht die Lektüre desselben ersetzen oder unnötig machen.

Das sechste und siebente Buch enthalten fast größtenteils nur Auszüge aus Völkerbeschreibungen; freilich mit geschickter Wahl ausgesucht, meisterhaft disponiert und allerwärts mit eignen sinnreichen Beurteilungen begleitet; aber eben darum desto weniger eines ausführlichen Auszugs fähig. Es gehört auch hier nicht zu unsrer Absicht, so manche schöne Stellen voll dichterischer Beredsamkeit auszuheben oder zu zergliedern, die jedem Leser von Empfindung sich selbst anpreisen werden. Aber eben so wenig wollen wir hier untersuchen, ob nicht der poetische Geist, der den Ausdruck belebt, auch zuweilen in die Philosophie des Verfassers eingedrungen; ob nicht hie und da Synonymen für Erklärungen und Allegorien für Wahrheiten gelten; ob nicht statt nachbarlicher Übergänge aus dem Gebiete der philosophischen in den Bezirk der poetischen Sprache zuweilen die Grenzen und Besitzungen von beiden völlig verrückt seien; und ob an manchen Orten das Gewebe von kühnen Metaphern, poetischen Bildern, mythologischen Anspielungen nicht eher dazu diene, den Körper der Gedanken wie unter einer *Vertugade* zu verstecken, als ihn wie unter einem durchscheinenden Gewande angenehm hervorschimmern zu lassen. Wir überlassen es Kritikern der schönen philosophischen Schreibart, oder der letzten Hand des Verfassers selbst, z. B. zu untersuchen, ob's nicht etwa besser gesagt sei: *nicht nur Tag und Nacht und Wechsel der Jahreszeiten verändern das Klima*, als S. 99: »Nicht nur Tag und Nacht und der *Reihentanz* abwechselnder Jahreszeiten verändern das Klima«; ob S. 100 an eine naturhistorische Beschreibung dieser Veränderungen folgendes in einer dithyrambischen Ode ungezweifelt schöne Bild sich passend anschließe: »Um den Thron Jupiters tanzen ihre (der Erde) *Horen* einen Reihentanz, und was sich unter ihren Füßen bildet, ist zwar nur eine unvollkommne Vollkommenheit, weil alles auf die Vereinigung verschiedenartiger Dinge gebauet ist, aber durch eine innere Liebe und Vermählung mit einander wird allenthalben das Kind der Natur geboren, sinnliche Regelmäßigkeit und Schönheit«; oder ob nicht für den Übergang von Bemerkungen der Reisebeschreiber über die Organisation verschiedner Völker und über das Klima zu einer Sammlung daraus abgezogner Gemeinsätze folgende Wendung, mit der das achte Buch anhebt, zu *episch* sei: »Wie einem, der von den Wellen des Meeres eine Schifffahrt in die Luft tun soll, so ist mir, da ich jetzt nach den Bildungen und Naturkräften der Menschheit auf ihren Geist komme und die veränderlichen Eigenschaften desselben auf unserm weiten Erdenrunde aus fremden, mangelhaften und zum Teil unsichern Nachrichten zu erforschen wage.« Auch untersuchen wir nicht, ob nicht der Strom seiner Beredsamkeit ihn hie oder da in Widersprüche verwickele, ob z. B., wenn S. 248 angeführt wird, daß Erfinder oft mehr den

Nutzen ihres Fundes der Nachwelt überlassen mußten, als für sich selbst erfanden, nicht hier ein neues Beispiel zur Bestätigung des Satzes liege, daß die Naturanlagen des Menschen, die sich auf den Gebrauch seiner Vernunft beziehn, nur in der Gattung, nicht aber im Individuum vollständig entwickelt werden sollten, welchem Satze er doch mit einigen daraus fließenden, wiewohl nicht ganz richtig gefaßten, S. 206 beinahe eine *Beleidigung der Naturmajestät* (welches andere in Prosa Gotteslästerung nennen) schuld zu geben geneigt ist; dies alles müssen wir hier, der Schranken, die uns gesetzt sind, eingedenk, unberührt lassen.

Eines hätte Rezensent sowohl unserm Verf. als jedem andern philosophischen Unternehmer einer allgemeinen Naturgeschichte des Menschen gewünscht: nämlich daß ein historisch-kritischer Kopf ihnen insgesamt vorgearbeitet hätte, der aus der unermeßlichen Menge von Völkerbeschreibungen oder Reiseerzählungen und allen ihren mutmaßlich zur menschlichen Natur gehörigen Nachrichten vornehmlich diejenigen ausgehoben hätte, darin sie einander widersprechen, und sie (doch mit beigefügten Erinnerungen wegen der Glaubwürdigkeit jedes Erzählers) neben einander gestellt hätte; denn so würde niemand sich so dreist auf einseitige Nachrichten fußen, ohne vorher die Berichte anderer genau abgewogen zu haben. Jetzt aber kann man aus einer Menge von Länderbeschreibungen, wenn man will, beweisen, daß Amerikaner, Tibetaner und andere echte mongolische Völker keinen Bart haben, aber auch, wem es besser gefällt, daß sie insgesamt von Natur bärtig sind und sich diesen nur ausrupfen; daß Amerikaner und Neger eine in Geistesanlagen unter die übrigen Glieder der Menschengattung gesunkene Rasse sind, andererseits aber nach eben so scheinbaren Nachrichten, daß sie hierin, was ihre Naturanlage betrifft, jedem andern Weltbewohner gleich zu schätzen sind, mithin dem Philosophen die Wahl bleibe, ob er Naturverschiedenheiten annehmen, oder alles nach dem Grundsatze tout comme chez nous beurteilen will, dadurch denn alle seine über eine so wankende Grundlage errichtete Systeme den Anschein baufälliger Hypothesen bekommen müssen. Der Einteilung der Menschengattung in *Rassen* ist unser Verfasser nicht günstig, vornehmlich derjenigen nicht, welche sich auf anerbende Farben gründet, vermutlich weil der Begriff einer Rasse ihm noch nicht deutlich bestimmt ist. In des siebenten Buches dritter Nummer nennt er die Ursache der klimatischen Verschiedenheit der Menschen eine *genetische* Kraft. Rez. macht sich von der Bedeutung dieses Ausdrucks im Sinne des Verf. diesen Begriff. Er will einerseits das Evolutionssystem, andererseits aber auch den bloß mechanischen Einfluß äußerer Ursachen als untaugliche Erläuterungsgründe abweisen und nimmt ein innerlich nach Verschiedenheit der äußeren Umstände *sich selbst* diesen angemessen modifizierendes Lebensprinzip als die Ursache derselben an, worin ihm Rezensent völlig beitritt, nur mit dem Vorbehalt, daß, wenn die *von innen* organisierende Ursache durch ihre Natur etwa nur auf eine gewisse Zahl und Grad von Verschiedenheiten der Ausbildung ihres Geschöpfs eingeschränkt wäre (nach deren Ausrichtung sie nicht weiter frei wäre, um bei veränderten Umständen nach einem anderen Typus zu bilden), man diese Naturbestimmung der bildenden Natur auch wohl Keime oder ursprüngliche Anlagen nennen könnte, ohne darum die erstern als uranfänglich eingelegte und sich nur gelegentlich auseinander faltende Maschinen und Knospen (wie im Evolutionssystem) anzusehen, sondern wie bloße, weiter nicht erklärliche Einschränkungen eines sich selbst bildenden Vermögens, welches letztere wir eben so wenig erklären oder begreiflich machen können.

Mit dem *achten Buche* fängt ein neuer Gedankengang an, der bis zum Schlusse dieses Teils fortwährt und den Ursprung der Bildung des Menschen als eines vernünftigen und sittlichen Geschöpfs, mithin den Anfang aller Kultur enthält, welcher nach dem Sinn des Verfassers nicht in dem eigenen Vermögen der Menschengattung, sondern gänzlich außer ihm in einer Belehrung und Unterweisung von an-

dern Naturen zu suchen sei, von da anhebend alles Fortschreiten in der Kultur nichts als weitere Mitteilung und
zufälliges Wuchern mit einer ursprünglichen Tradition sei,
welcher und nicht ihm selbst der Mensch alle seine Annäherung zur Weisheit zuzuschreiben habe. Da Rezensent, wenn
er einen Fuß außerhalb der Natur und dem Erkenntnisweg
der Vernunft setzt, sich nicht weiter zu helfen weiß, da er
in gelehrter Sprachforschung und Kenntnis oder Beurteilung
alter Urkunden gar nicht bewandert ist, mithin die daselbst
erzählten und dadurch zugleich bewährten Facta philoso-
phisch zu nutzen gar nicht versteht: so bescheidet er sich
von selbst, daß er hier kein Urteil habe. Indessen läßt sich
von der weitläuftigen Belesenheit und von der besondern
Gabe des Verfassers, zerstreute Data unter einen Gesichtspunkt zu fassen, wahrscheinlich zum voraus vermuten, daß
wir wenigstens über den Gang menschlicher Dinge, so fern
er dazu dienen kann, den Charakter der Gattung und wo
möglich selbst gewisse klassische Verschiedenheiten derselben
näher kennen zu lernen, viel Schönes werden zu lesen bekommen, welches auch für denjenigen, der über den ersten
Anfang aller menschlichen Kultur anderer Meinung wäre,
belehrend sein kann. Der Verfasser drückt die Grundlage
der seinigen (S. 338–339 samt der Anmerkung) kürzlich so
aus: »Diese (mosaische) lehrende Geschichte erzählt: daß die
ersten geschaffenen Menschen mit den unterweisenden Elohim im Umgange gewesen, daß sie unter Anleitung derselben durch Kenntnis der Tiere sich Sprache und herrschende Vernunft erworben, und da der Mensch ihnen auch
auf eine verbotene Art in Erkenntnis des Bösen gleich werden wollen, er diese mit seinem Schaden erlangt und von
nun an einen anderen Ort eingenommen, eine neue, künst-
lichere Lebensart angefangen habe. Wollte die Gottheit also,
daß der Mensch Vernunft und Vorsicht übte: so mußte sie
sich seiner auch mit Vernunft und Vorsicht annehmen. –
Wie nun aber die *Elohim* sich der Menschen angenommen,
d. i. sie gelehrt, gewarnt und unterrichtet haben? Wenn es

nicht eben so kühn ist hierüber zu fragen, als zu antworten: so soll uns an einem anderen Ort die Tradition selbst darüber Aufschluß geben.«

In einer unbefahrenen Wüste muß einem Denker gleich Reisenden frei stehen, seinen Weg nach Gutdünken zu wählen; man muß abwarten, wie es ihm gelingt, und ob er, nachdem er sein Ziel erreicht hat, wohlbehalten wieder zu Hause, d. i. im Sitze der Vernunft, zur rechten Zeit eintreffe und sich also auch Nachfolger versprechen könne. Um deswillen hat Rezensent über den eigenen von dem Verfasser eingeschlagenen Gedankenweg nichts zu sagen, nur glaubt er berechtigt zu sein, einige auf diesem Wege von ihm angefochtene Sätze in Schutz zu nehmen, weil ihm jene Freiheit, sich seine Bahn selbst vorzuzeichnen, auch zustehen muß. Es heißt nämlich S. 260: »Ein zwar *leichter,* aber *böser* Grundsatz wäre es zur Philosophie der Menschengeschichte: der Mensch sei ein Tier, das einen Herrn nötig habe und von diesem Herren oder der Verbindung derselben das Glück seiner Endbestimmung erwarte.« Leicht mag er immer sein, darum weil ihn die Erfahrung aller Zeiten und an allen Völkern bestätigt, aber böse? S. 205 wird gesagt: »Gütig dachte die Vorsehung, daß sie den Kunstendzwecken großer Gesellschaften die leichtere Glückseligkeit einzelner Menschen vorzog und jene kostbare Staatsmaschinen, so viel sie konnte, für die Zeit sparte.« Ganz recht, aber allererst die Glückseligkeit eines Tiers, dann die eines Kindes, eines Jünglings, endlich die eines Mannes. In allen Epochen der Menschheit, so wie auch zu derselben Zeit in allen Ständen findet eine Glückseligkeit statt, die gerade den Begriffen und der Gewohnheit des Geschöpfs an die Umstände, darin es geboren und erwachsen ist, angemessen ist; ja es ist sogar, was diesen Punkt betrifft, nicht einmal eine Vergleichung des Grades derselben und ein Vorzug einer Menschenklasse oder einer Generation vor der andern anzugeben möglich. Wie, wenn aber nicht dieses Schattenbild der Glückseligkeit, welches sich ein jeder selbst macht, sondern die dadurch ins Spiel gesetzte immer fortgehende und wachsende Tätigkeit und Kultur, deren größtmöglicher Grad nur das Produkt einer nach Begriffen des Menschenrechts geordneten Staatsverfassung, folglich ein Werk der Menschen selbst sein kann, der eigentliche Zweck der Vorsehung wäre? so würde nach S. 206 »jeder einzelne Mensch das Maß seiner Glückseligkeit in sich haben«, ohne im Genusse derselben irgend einem der nachfolgenden Glieder nachzustehen; was aber den Wert nicht ihres Zustandes, wenn sie existieren, sondern ihrer Existenz selber, d. i. warum sie eigentlich daseien, betrifft, so würde sich nur hier allein eine weise Absicht im Ganzen offenbaren. Meint der Herr Verfasser wohl: daß, wenn die glücklichen Einwohner von Otaheite, niemals von gesittetern Nationen besucht, in ihrer ruhigen Indolenz auch Tausende von Jahrhunderten durch zu leben bestimmt wären, man eine befriedigende Antwort auf die Frage geben könnte, warum sie denn gar existieren und ob es nicht eben so gut gewesen wäre, daß diese Insel mit glücklichen Schafen und Rindern, als mit im bloßen Genusse glücklichen Menschen besetzt gewesen wäre? Jener Grundsatz ist also nicht so *böse*, als der Herr Verfasser meint. – Es mag ihn wohl ein *böser Mann* gesagt haben. – Ein zweiter in Schutz zu nehmender Satz wäre dieser. S. 212 heißt es: »Wenn jemand sagte: daß nicht der einzelne Mensch, sondern das Geschlecht erzogen werde, so spräche er für mich unverständlich, da Geschlecht und Gattung nur allgemeine Begriffe sind, außer in so fern sie in einzelnen Wesen existieren. – Als wenn ich von der Tierheit, der Steinheit, der Metallheit im Allgemeinen spräche und sie mit den herrlichsten, aber in einzelnen Individuen einander widersprechenden Attributen auszierte! – Auf diesem Wege der Averroischen Philosophie soll unsere Philosophie der Geschichte nicht wandeln«. Freilich, wer da sagte: Kein einziges Pferd hat Hörner, aber die Pferdegattung ist doch gehörnt, der würde eine platte Ungereimtheit sagen. Denn Gattung bedeutet alsdann nichts weiter, als das Merkmal, worin gerade alle Individuen unter einander übereinstimmen müssen. Wenn aber Menschengattung das *Ganze* einer ins Unendliche (Unbestimmbare) gehenden Reihe von Zeugungen bedeutet (wie dieser Sinn denn ganz gewöhnlich ist), und es wird angenommen, daß diese Reihe der Linie ihrer Bestimmung, die ihr zur Seite läuft, sich unaufhörlich nähere, so ist es kein Widerspruch zu sagen: daß sie in allen ihren Teilen dieser asymptotisch sei und doch im Ganzen mit ihr zusammen komme, mit anderen Worten, daß kein Glied aller Zeugungen des Menschengeschlechts, sondern nur die Gattung ihre Bestimmung völlig erreiche. Der Mathematiker kann hierüber Erläuterung geben; der Philosoph würde sagen: die Bestimmung des menschlichen Geschlechts im Ganzen ist *unaufhörliches Fortschreiten,* und die Vollendung derselben ist eine bloße, aber in aller Absicht sehr nützliche Idee von dem Ziele, worauf wir der Absicht der Vorsehung gemäß unsere Bestrebungen zu richten haben. Doch diese Irrung in der angeführten polemischen Stelle ist nur eine Kleinigkeit. Wichtiger ist der Schluß derselben: »Auf diesem Wege der Averroischen Philosophie (heißt es) soll unsere Philosophie der Geschichte nicht wandeln.« Daraus läßt sich schließen, daß unser Verfasser, dem so oft alles, was man bisher für Philosophie ausgegeben, mißfällig gewesen, nun einmal nicht in einer unfruchtbaren Worterklärung, sondern durch Tat und Beispiel in diesem ausführlichen Werke ein Muster der echten Art zu philosophieren der Welt darlegen werde.

III

Mutmaßlicher Anfang der Menschengeschichte.

Im *Fortgange* einer Geschichte Mutmaßungen *einzustreuen*, um Lücken in den Nachrichten auszufüllen, ist wohl erlaubt: weil das Vorhergehende als entfernte Ursache und das Nachfolgende als Wirkung eine ziemlich sichere Leitung zur Entdeckung der Mittelursachen abgeben kann, um den Übergang begreiflich zu machen. Allein eine Geschichte ganz und gar aus Mutmaßungen *entstehen* zu lassen, scheint nicht viel besser, als den Entwurf zu einem Roman zu machen. Auch würde sie nicht den Namen einer *mutmaßlichen Geschichte*, sondern einer bloßen *Erdichtung* führen können. – Gleichwohl kann das, was im Fortgange der Geschichte menschlicher Handlungen nicht gewagt werden darf, doch wohl über den *ersten Anfang* derselben, so fern ihn die *Natur* macht, durch Mutmaßung versucht werden. Denn dieser darf nicht erdichtet, sondern kann von der Erfahrung hergenommen werden, wenn man voraussetzt, daß diese im ersten Anfange nicht besser oder schlechter gewesen, als wir sie jetzt antreffen: eine Voraussetzung, die der Analogie der Natur gemäß ist und nichts Gewagtes bei sich führt. Eine Geschichte der ersten Entwickelung der Freiheit aus ihrer ursprünglichen Anlage in der Natur des Menschen ist daher ganz etwas anderes, als die Geschichte der Freiheit in ihrem Fortgange, die nur auf Nachrichten gegründet werden kann.

Gleichwohl, da Mutmaßungen ihre Ansprüche auf Beistimmung nicht zu hoch treiben dürfen, sondern sich allenfalls nur als eine der Einbildungskraft in Begleitung der Vernunft zur Erholung und Gesundheit des Gemüts vergönnte Bewegung, nicht aber für ein ernsthaftes Geschäft ankündigen müssen: so können sie sich auch nicht mit derjenigen Geschichte messen, die über eben dieselbe Begebenheit als wirkliche Nachricht aufgestellt und geglaubt wird, deren

Prüfung auf ganz andern Gründen, als bloßer Naturphilosophie beruht. Eben darum, und da ich hier eine bloße Lustreise wage, darf ich mir wohl die Gunst versprechen, daß es mir erlaubt sei, mich einer heiligen Urkunde dazu als Karte zu bedienen und mir zugleich einzubilden, als ob mein Zug, den ich auf den Flügeln der Einbildungskraft, obgleich nicht ohne einen durch Vernunft an Erfahrung geknüpften Leitfaden, tue, gerade dieselbe Linie treffe, die jene historisch vorgezeichnet enthält. Der Leser wird die Blätter jener Urkunde (1. *Mose* Kap. II–VI) aufschlagen und Schritt vor Schritt nachsehen, ob der Weg, den Philosophie nach Begriffen nimmt, mit dem, welchen die Geschichte angibt, zusammentreffe.

Will man nicht in Mutmaßungen schwärmen, so muß der Anfang von dem gemacht werden, was keiner Ableitung aus vorhergehenden Naturursachen durch menschliche Vernunft fähig ist, also: mit der *Existenz des Menschen*; und zwar in seiner *ausgebildeten Größe*, weil er der mütterlichen Beihilfe entbehren muß; in einem *Paare*, damit er seine Art fortpflanze; und auch nur *einem einzigen* Paare, damit nicht sofort der Krieg entspringe, wenn die Menschen einander nahe und doch einander fremd wären, oder auch damit die Natur nicht beschuldigt werde, sie habe durch die Verschiedenheit der Abstammung es an der schicklichsten Veranstaltung zur Geselligkeit, als dem größten Zwecke der menschlichen Bestimmung, fehlen lassen; denn die Einheit der Familie, woraus alle Menschen abstammen sollten, war ohne Zweifel hiezu die beste Anordnung. Ich setze dieses Paar in einen wider den Anfall der Raubtiere gesicherten und mit allen Mitteln der Nahrung von der Natur reichlich versehenen Platz, also gleichsam in einen *Garten* unter einem jederzeit milden Himmelsstriche. Und was noch mehr ist, ich betrachte es nur, nachdem es schon einen mächtigen Schritt in der Geschicklichkeit getan hat, sich seiner Kräfte zu bedienen, und fange also nicht von der gänzlichen Rohigkeit seiner Natur an; denn es könnten der Mutmaßungen für den Leser leicht zu viel, der Wahrscheinlichkeiten aber zu wenig werden, wenn ich diese Lücke, die vermutlich einen großen Zeitraum begreift, auszufüllen unternehmen wollte. Der erste Mensch konnte also *stehen* und *gehen*; er konnte *sprechen* (1. B. *Mose* Kap. II, V. 20),* ja *reden,* d. i. nach zusammenhängenden Begriffen sprechen (V. 23), mithin *denken.* Lauter Geschicklichkeiten, die er alle selbst erwerben mußte (denn wären sie anerschaffen, so würden sie auch anerben, welches aber der Erfahrung widerstreitet); mit denen ich ihn aber jetzt schon als versehen annehme, um bloß die Entwickelung des Sittlichen in seinem Tun und Lassen, welches jene Geschicklichkeit notwendig voraussetzt, in Betrachtung zu ziehen.

Der Instinkt, diese *Stimme Gottes,* der alle Tiere gehorchen, mußte den Neuling anfänglich allein leiten. Dieser erlaubte ihm einige Dinge zur Nahrung, andere verbot er ihm (III, 2. 3). – Es ist aber nicht nötig, einen besondern jetzt verlorenen Instinkt zu diesem Behuf anzunehmen; es konnte bloß der Sinn des Geruchs und dessen Verwandtschaft mit dem Organ des Geschmacks, dieses letzteren bekannte Sympathie aber mit den Werkzeugen der Verdauung und also gleichsam das Vermögen der Vorempfindung der Tauglichkeit oder Untauglichkeit einer Speise zum Genusse, dergleichen man auch noch jetzt wahrnimmt, gewesen sein. Sogar darf man diesen Sinn im ersten Paare nicht schärfer, als er jetzt ist, annehmen; denn es ist bekannt genug, welcher Unterschied in der Wahrnehmungskraft zwischen den bloß mit ihren Sinnen und den zugleich mit ihren Gedanken

* *Der Trieb sich mitzuteilen* muß den Menschen, der noch allein ist, gegen lebende Wesen außer ihm, vornehmlich diejenigen, die einen Laut geben, welchen er nachahmen und der nachher zum Namen dienen kann, zuerst zur Kundmachung seiner Existenz bewogen haben. Eine ähnliche Wirkung dieses Triebes sieht man auch noch an Kindern und an gedankenlosen Leuten, die durch Schnarren, Schreien, Pfeifen, Singen und andere lärmende Unterhaltungen (oft auch dergleichen Andachten) den denkenden Teil des gemeinen Wesens stören. Denn ich sehe keinen andern Bewegungsgrund hiezu, als daß sie ihre Existenz weit und breit um sich kund machen wollen.

beschäftigten, dadurch aber von ihren Empfindungen abgewandten Menschen angetroffen werde.

So lange der unerfahrne Mensch diesem Rufe der Natur gehorchte, so befand er sich gut dabei. Allein die *Vernunft* fing bald an sich zu regen und suchte durch Vergleichung des Genossenen mit dem, was ihm ein anderer Sinn als der, woran der Instinkt gebunden war, etwa der Sinn des Gesichts, als dem sonst Genossenen ähnlich vorstellte, seine Kenntnis der Nahrungsmittel über die Schranken des Instinkts zu erweitern (III, 6). Dieser Versuch hätte zufälligerweise noch gut genug ausfallen können, obgleich der Instinkt nicht anriet, wenn er nur nicht widersprach. Allein es ist eine Eigenschaft der Vernunft, daß sie Begierden mit Beihilfe der Einbildungskraft nicht allein *ohne* einen darauf gerichteten Naturtrieb, sondern sogar *wider* denselben erkünsteln kann, welche im Anfange den Namen der *Lüsternheit* bekommen, wodurch aber nach und nach ein ganzer Schwarm entbehrlicher, ja sogar naturwidriger Neigungen unter der Benennung der *Üppigkeit* ausgeheckt wird. Die Veranlassung, von dem Naturtriebe abtrünnig zu werden, durfte nur eine Kleinigkeit sein; allein der Erfolg des ersten Versuchs, nämlich sich seiner Vernunft als eines Vermögens bewußt zu werden, das sich über die Schranken, worin alle Tiere gehalten werden, erweitern kann, war sehr wichtig und für die Lebensart entscheidend. Wenn es also auch nur eine Frucht gewesen wäre, deren Anblick durch die Ähnlichkeit mit anderen annehmlichen, die man sonst gekostet hatte, zum Versuche einladete; wenn dazu noch etwa das Beispiel eines Tieres kam, dessen Natur ein solcher Genuß angemessen, so wie er im Gegenteil dem Menschen nachteilig war, daß folglich in diesem ein sich dawider setzender natürlicher Instinkt war: so konnte dieses schon der Vernunft die erste Veranlassung geben, mit der Stimme der Natur zu chikanieren (III, 1) und trotz ihrem Widerspruch den ersten Versuch von einer freien Wahl zu machen, der als der erste wahrscheinlicherweise nicht der Erwartung gemäß ausfiel. Der Schade mochte nun gleich so unbedeutend gewesen sein, als man will, so gingen dem Menschen hierüber doch die Augen auf (V. 7). Er entdeckte in sich ein Vermögen, sich selbst eine Lebensweise auszuwählen und nicht gleich anderen Tieren an eine einzige gebunden zu sein. Auf das augenblickliche Wohlgefallen, das ihm dieser bemerkte Vorzug erwecken mochte, mußte doch sofort Angst und Bangigkeit folgen: wie er, der noch kein Ding nach seinen verborgenen Eigenschaften und entfernten Wirkungen kannte, mit seinem neu entdeckten Vermögen zu Werke gehen sollte. Er stand gleichsam am Rande eines Abgrundes; denn aus einzelnen Gegenständen seiner Begierde, die ihm bisher der Instinkt angewiesen hatte, war ihm eine Unendlichkeit derselben eröffnet, in deren Wahl er sich noch gar nicht zu finden wußte; und aus diesem einmal gekosteten Stande der Freiheit war es ihm gleichwohl jetzt unmöglich, in den der Dienstbarkeit (unter der Herrschaft des Instinkts) wieder zurück zu kehren.

Nächst dem Instinkt zur Nahrung, durch welchen die Natur jedes Individuum erhält, ist der *Instinkt zum Geschlecht*, wodurch sie für die Erhaltung jeder Art sorgt, der vorzüglichste. Die einmal rege gewordene Vernunft säumte nun nicht, ihren Einfluß auch an diesem zu beweisen. Der Mensch fand bald: daß der Reiz des Geschlechts, der bei den Tieren bloß auf einem vorübergehenden, größtenteils periodischen Antriebe beruht, für ihn der Verlängerung und sogar Vermehrung durch die Einbildungskraft fähig sei, welche ihr Geschäft zwar mit mehr Mäßigung, aber zugleich dauerhafter und gleichförmiger treibt, je mehr der Gegenstand *den Sinnen entzogen* wird, und daß dadurch der Überdruß verhütet werde, den die Sättigung einer bloß tierischen Begierde bei sich führt. Das Feigenblatt (V. 7) war also das Produkt einer weit größeren Äußerung der Vernunft, als sie in der ersteren Stufe ihrer Entwickelung bewiesen hatte. Denn eine Neigung dadurch inniglicher und dauerhafter zu machen, daß man ihren Gegenstand den

Sinnen entzieht, zeigt schon das Bewußtsein einiger Herrschaft der Vernunft über Antriebe und nicht bloß, wie der erstere Schritt ein Vermögen ihnen im kleineren oder größeren Umfange Dienste zu leisten. *Weigerung* war das Kunststück, um von bloß empfundenen zu idealischen Reizen, von der bloß tierischen Begierde allmählich zur Liebe und mit dieser vom Gefühl des bloß Angenehmen zum Geschmack für Schönheit anfänglich nur an Menschen, dann aber auch an der Natur überzuführen. Die *Sittsamkeit*, eine Neigung durch guten Anstand (Verhehlung dessen, was Geringschätzung erregen könnte) Andern Achtung gegen uns einzuflößen, als die eigentliche Grundlage aller wahren Geselligkeit, gab überdem den ersten Wink zur Ausbildung des Menschen als eines sittlichen Geschöpfs. – Ein kleiner Anfang, der aber Epoche macht, indem er der Denkungsart eine ganz neue Richtung gibt, ist wichtiger, als die ganze unabsehliche Reihe von darauf folgenden Erweiterungen der Kultur.

Der dritte Schritt der Vernunft, nachdem sie sich in die ersten unmittelbar empfundenen Bedürfnisse gemischt hatte, war die überlegte *Erwartung des Künftigen*. Dieses Vermögen, nicht bloß den gegenwärtigen Lebensaugenblick zu genießen, sondern die kommende, oft sehr entfernte Zeit sich gegenwärtig zu machen, ist das entscheidendste Kennzeichen des menschlichen Vorzuges, um seiner Bestimmung gemäß sich zu entfernten Zwecken vorzubereiten, – aber auch zugleich der unversiegendste Quell von Sorgen und Bekümmernissen, die die ungewisse Zukunft erregt, und welcher alle Tiere überhoben sind (V. 13–19). Der Mann, der sich und eine Gattin samt künftigen Kindern zu ernähren hatte, sah die immer wachsende Mühseligkeit seiner Arbeit; das Weib sah die Beschwerlichkeiten, denen die Natur ihr Geschlecht unterworfen hatte, und noch obenein diejenigen, welche der mächtigere Mann ihr auferlegen würde, voraus. Beide sahen nach einem mühseligen Leben noch im Hintergrunde des Gemäldes das, was zwar alle Tiere unvermeidlich trifft, ohne sie doch zu bekümmern, nämlich den Tod, mit Furcht voraus und schienen sich den Gebrauch der Vernunft, die ihnen alle diese Übel verursacht, zu verweisen und zum Verbrechen zu machen. In ihrer Nachkommenschaft zu leben, die es vielleicht besser haben, oder auch wohl als Glieder einer Familie ihre Beschwerden erleichtern könnten, war vielleicht die einzige tröstende Aussicht, die sie aufrichtete (V. 16–20).

Der vierte und letzte Schritt, den die den Menschen über die Gesellschaft mit Tieren gänzlich erhebende Vernunft tat, war: daß er (wiewohl nur dunkel) begriff, er sei eigentlich der *Zweck der Natur,* und nichts, was auf Erden lebt, könne hierin einen Mitwerber gegen ihn abgeben. Das erstemal, daß er zum Schafe sagte: *den Pelz, den du trägst, hat dir die Natur nicht für dich, sondern für mich gegeben,* ihm ihn abzog und sich selbst anlegte (V. 21): ward er eines Vorrechtes inne, welches er vermöge seiner Natur über alle Tiere hatte, die er nun nicht mehr als seine Mitgenossen an der Schöpfung, sondern als seinem Willen überlassene Mittel und Werkzeuge zu Erreichung seiner beliebigen Absichten ansah. Diese Vorstellung schließt (wiewohl dunkel) den Gedanken des Gegensatzes ein: daß er so etwas zu keinem *Menschen* sagen dürfe, sondern diesen als gleichen Teilnehmer an den Geschenken der Natur anzusehen habe; eine Vorbereitung von weitem zu den Einschränkungen, die die Vernunft künftig dem Willen in Ansehung seines Mitmenschen auferlegen sollte, und welche weit mehr als Zuneigung und Liebe zu Errichtung der Gesellschaft notwendig ist.

Und so war der Mensch in eine *Gleichheit mit allen vernünftigen Wesen,* von welchem Range sie auch sein mögen, getreten (III, 22): nämlich in Ansehung des Anspruchs *selbst Zweck zu sein,* von jedem anderen auch als ein solcher geschätzt und von keinem bloß als Mittel zu anderen Zwecken gebraucht zu werden. Hierin und nicht in der Vernunft, wie sie bloß als ein Werkzeug zu Befriedigung der mancherlei Neigungen betrachtet wird, steckt der Grund der so unbeschränkten Gleichheit des Menschen selbst mit höheren

Wesen, die ihm an Naturgaben sonst über alle Vergleichung vorgehen möchten, deren keines aber darum ein Recht hat, über ihn nach bloßem Belieben zu schalten und zu walten. Dieser Schritt ist daher zugleich mit *Entlassung* desselben aus dem Mutterschoße der Natur verbunden: eine Veränderung, die zwar ehrend, aber zugleich sehr gefahrvoll ist, indem sie ihn aus dem harmlosen und sicheren Zustande der Kindespflege, gleichsam aus einem Garten, der ihn ohne seine Mühe versorgte, heraustrieb (V. 23) und ihn in die weite Welt stieß, wo so viel Sorgen, Mühe und unbekannte Übel auf ihn warten. Künftig wird ihm die Mühseligkeit des Lebens öfter den Wunsch nach einem Paradiese, dem Geschöpfe seiner Einbildungskraft, wo er in ruhiger Untätigkeit und beständigem Frieden sein Dasein verträumen oder verändeln könne, ablocken. Aber es lagert sich zwischen ihm und jenem eingebildeten Sitz der Wonne die rastlose und zur Entwickelung der in ihn gelegten Fähigkeiten unwiderstehlich treibende Vernunft und erlaubt es nicht, in den Stand der Rohigkeit und Einfalt zurück zu kehren, aus dem sie ihn gezogen hatte (V. 24). Sie treibt ihn an, die Mühe, die er haßt, dennoch geduldig über sich zu nehmen, dem Flitterwerk, das er verachtet, nachzulaufen und den Tod selbst, vor dem ihn grauet, über alle jene Kleinigkeiten, deren Verlust er noch mehr scheuet, zu vergessen.

Anmerkung.

Aus dieser Darstellung der ersten Menschengeschichte ergibt sich: daß der Ausgang des Menschen aus dem ihm durch die Vernunft als erster Aufenthalt seiner Gattung vorgestellten Paradiese nicht anders, als der Übergang aus der Rohigkeit eines bloß tierischen Geschöpfes in die Menschheit, aus dem Gängelwagen des Instinkts zur Leitung der Vernunft, mit einem Worte, aus der Vormundschaft der Natur in den Stand der Freiheit gewesen sei. Ob der Mensch durch diese

Veränderung gewonnen oder verloren habe, kann nun nicht mehr die Frage sein, wenn man auf die Bestimmung seiner Gattung sieht, die in nichts als im *Fortschreiten* zur Vollkommenheit besteht, so fehlerhaft auch die ersten selbst in einer langen Reihe ihrer Glieder nach einander folgenden Versuche, zu diesem Ziele durchzudringen, ausfallen mögen. – Indessen ist dieser Gang, der für die Gattung ein *Fortschritt* vom Schlechteren zum Besseren ist, nicht eben das Nämliche für das Individuum. Ehe die Vernunft erwachte, war noch kein Gebot oder Verbot und also noch keine Übertretung; als sie aber ihr Geschäft anfing und, schwach wie sie ist, mit der Tierheit und deren ganzen Stärke ins Gemenge kam, so mußten Übel und, was ärger ist, bei kultivierterer Vernunft Laster entspringen, die dem Stande der Unwissenheit, mithin der Unschuld ganz fremd waren. Der erste Schritt also aus diesem Stande war auf der sittlichen Seite ein *Fall*; auf der physischen waren eine Menge nie gekannter Übel des Lebens die Folge dieses Falls, mithin Strafe. Die Geschichte der *Natur* fängt also vom Guten an, denn sie ist das *Werk Gottes*; die Geschichte der *Freiheit* vom Bösen, denn sie ist *Menschenwerk*. Für das Individuum, welches im Gebrauche seiner Freiheit bloß auf sich selbst sieht, war bei einer solchen Veränderung Verlust; für die Natur, die ihren Zweck mit dem Menschen auf die Gattung richtet, war sie Gewinn. Jenes hat daher Ursache, alle Übel, die es erduldet, und alles Böse, das es verübt, seiner eigenen Schuld zuzuschreiben, zugleich aber auch als ein Glied des Ganzen (einer Gattung) die Weisheit und Zweckmäßigkeit der Anordnung zu bewundern und zu preisen. – Auf diese Weise kann man auch die so oft gemißdeuteten, dem Scheine nach einander widerstreitenden Behauptungen des berühmten J. J. *Rousseau* unter sich und mit der Vernunft in Einstimmung bringen. In seiner Schrift *über den Einfluß der Wissenschaften* und der *über die Ungleichheit der Menschen* zeigt er ganz richtig den unvermeidlichen Widerstreit der Kultur mit der Natur des menschlichen Geschlechts, als einer

physischen Gattung, in welcher jedes Individuum seine Bestimmung ganz erreichen sollte; in seinem *Emil* aber, seinem
gesellschaftlichen Kontrakte und anderen Schriften sucht er
wieder das schwerere Problem aufzulösen: wie die Kultur
fortgehen müsse, um die Anlagen der Menschheit als einer
sittlichen Gattung zu ihrer Bestimmung gehörig zu entwickeln, so daß diese jener als Naturgattung nicht mehr
widerstreite. Aus welchem Widerstreit (da die Kultur nach
wahren Prinzipien *der Erziehung* zum Menschen und Bürger zugleich vielleicht noch nicht recht angefangen, viel
weniger vollendet ist) alle wahre Übel entspringen, die das
menschliche Leben drücken, und alle Laster, die es verun-
ehren*; indessen daß die Anreize zu den letzteren, denen
man desfalls Schuld gibt, an sich gut und als Naturanlagen
zweckmäßig sind, diese Anlagen aber, da sie auf den bloßen

---

* Um nur einige Beispiele dieses Widerstreits zwischen der Bestrebung
der Menschheit zu ihrer sittlichen Bestimmung einerseits und der un-
veränderlichen Befolgung der für den rohen und tierischen Zustand in
ihrer Natur gelegten Gesetze andererseits beizubringen, führe ich folgendes an.
Die Epoche der Mündigkeit, d. i. des Triebes sowohl als Vermögens,
seine Art zu erzeugen, hat die Natur auf das Alter von etwa 16 bis
17 Jahren festgesetzt: ein Alter, in welchem der Jüngling im rohen
Naturstande buchstäblich ein Mann wird; denn er hat alsdann das Vermögen sich selbst zu erhalten, seine Art zu erzeugen und diese auch
samt seinem Weibe zu erhalten. Die Einfalt der Bedürfnisse macht ihm
dieses leicht. Im kultivierten Zustande hingegen gehören zum letzteren
viele Erwerbmittel sowohl an Geschicklichkeit, als auch an günstigen
äußern Umständen, so daß diese Epoche bürgerlich wenigstens im
Durchschnitte um 10 Jahre weiter hinausgerückt wird. Die Natur hat
indessen ihren Zeitpunkt der Reife nicht zugleich mit dem Fortschritte
der gesellschaftlichen Verfeinerung verändert, sondern befolgt hartnäckig ihr Gesetz, welches sie auf die Erhaltung der Menschengattung
als Tiergattung gestellt hat. Hieraus entspringt nun dem Naturzwecke
durch die Sitten und diesen durch jenen ein unvermeidlicher Abbruch.
Denn der Naturmensch ist in einem gewissen Alter schon Mann, wenn
der bürgerliche Mensch (der doch nicht aufhört Naturmensch zu sein)
nur Jüngling, ja wohl gar nur Kind ist; denn so kann man denjenigen
wohl nennen, der seiner Jahre wegen (im bürgerlichen Zustande) sich
nicht einmal selbst, viel weniger seine Art erhalten kann, ob er gleich
den Trieb und das Vermögen, mithin den Ruf der Natur für sich hat,

Naturzustand gestellt waren, durch die fortgehende Kultur Abbruch leiden und dieser dagegen Abbruch tun, bis vollkommene Kunst wieder Natur wird: als welches das letzte Ziel der sittlichen Bestimmung der Menschengattung ist.

Beschluß der Geschichte.

Der Anfang der folgenden Periode war: daß der Mensch aus dem Zeitabschnitte der Gemächlichkeit und des Friedens in den der *Arbeit und der Zwietracht*, als das Vorspiel der Vereinigung in Gesellschaft, überging. Hier müssen wir wiederum einen großen Sprung tun und ihn auf einmal in den Besitz gezähmter Tiere und der Gewächse, die er selbst durch Säen oder Pflanzen zu seiner Nahrung vervielfälti-

sie zu erzeugen. Denn die Natur hat gewiß nicht Instinkte und Vermögen in lebende Geschöpfe gelegt, damit sie solche bekämpfen und unterdrücken sollten. Also war die Anlage derselben auf den gesitteten Zustand gar nicht gestellt, sondern bloß auf die Erhaltung der Menschengattung als Tiergattung; und der zivilisierte Zustand kommt also mit dem letzteren in unvermeidlichen Widerstreit, den nur eine vollkommene bürgerliche Verfassung (das äußerste Ziel der Kultur) heben könnte, da jetzt jener Zwischenraum gewöhnlicherweise mit Lastern und ihrer Folge, dem mannigfaltigen menschlichen Elende, besetzt wird.

Ein anderes Beispiel zum Beweise der Wahrheit des Satzes: daß die Natur in uns zwei Anlagen zu zwei verschiedenen Zwecken, nämlich der Menschheit als Tiergattung und eben derselben als sittlicher Gattung, gegründet habe, ist das: Ars longa, vita brevis des Hippokrates. Wissenschaften und Künste könnten durch einen Kopf, der für sie gemacht ist, wenn er einmal zur rechten Reife des Urteils durch lange Übung und erworbene Erkenntnis gelangt ist, viel weiter gebracht werden, als ganze Generationen von Gelehrten nach einander es leisten mögen, wenn jener nur mit der nämlichen jugendlichen Kraft des Geistes die Zeit, die diesen Generationen zusammen verliehen ist, durchlebte. Nun hat die Natur ihre Entschließung wegen der Lebensdauer des Menschen offenbar aus einem anderen Gesichtspunkte, als dem der Beförderung der Wissenschaften genommen. Denn wenn der glücklichste Kopf am Rande der größten Entdeckungen steht, die er von seiner Geschicklichkeit und Erfahrenheit hoffen darf, so tritt das Alter ein; er wird stumpf und muß es einer zweiten Generation (die wieder vom ABC anfängt und die ganze Strecke, die schon zurückgelegt war, nochmals

gen konnte, versetzen (IV, 2), obwohl es mit dem Übergange aus dem wilden Jägerleben in den ersten und aus dem unsteten Wurzelgraben oder Fruchtsammeln in den zweiten Zustand langsam genug zugegangen sein mag. Hier mußte nun der Zwist zwischen bis dahin friedlich neben einander lebenden Menschen schon anfangen, dessen Folge die Trennung derer von verschiedener Lebensart und ihre Zerstreuung auf der Erde war. Das *Hirtenleben* ist nicht allein gemächlich, sondern gibt auch, weil es in einem weit und breit unbewohnten Boden an Futter nicht mangeln kann, den sichersten Unterhalt. Dagegen ist der *Ackerbau* oder die Pflanzung sehr mühsam, vom Unbestande der Witterung abhängend, mithin unsicher, erfordert auch bleibende Behausung, Eigentum des Bodens und hinreichende Gewalt, ihn zu verteidigen; der Hirte aber haßt dieses Eigentum, welches seine Freiheit der Weiden einschränkt. Was das erste betrifft, so konnte der Ackersmann den Hirten als vom Himmel mehr begünstigt zu beneiden scheinen

durchwandern muß) überlassen, noch eine Spanne im Fortschritte der Kultur hinzuzutun. Der Gang der Menschengattung zur Erreichung ihrer ganzen Bestimmung scheint daher unaufhörlich unterbrochen und in kontinuierlicher Gefahr zu sein, in die alte Rohigkeit zurückzufallen; und der griechische Philosoph klagte nicht ganz ohne Grund: *es ist schade, daß man alsdann sterben muß, wenn man eben angefangen hat einzusehen, wie man eigentlich hätte leben sollen.*
Ein drittes Beispiel mag die *Ungleichheit* unter den Menschen und zwar nicht die der Naturgaben oder Glücksgüter, sondern des allgemeinen *Menschenrechts* derselben sein: eine Ungleichheit, über die *Rousseau* mit vieler Wahrheit klagt, die aber von der Kultur nicht abzusondern ist, so lange sie gleichsam planlos fortgeht (welches eine lange Zeit hindurch gleichfalls unvermeidlich ist), und zu welcher die Natur den Menschen gewiß nicht bestimmt hatte, da sie ihm Freiheit gab und Vernunft, diese Freiheit durch nichts als ihre eigene allgemeine und zwar äußere Gesetzmäßigkeit, welche das *bürgerliche Recht* heißt, einzuschränken. Der Mensch sollte sich aus der Rohigkeit seiner Naturanlagen selbst herausarbeiten und, indem er sich über sie erhebt, dennoch Acht haben, daß er nicht wider sie verstoße; eine Geschicklichkeit, die er nur spät und nach vielen mißlingenden Versuchen erwarten kann, binnen welcher Zwischenzeit die Menschheit unter den Übeln seufzt, die sie sich aus Unerfahrenheit selbst antut.

(V. 4); in der Tat aber wurde ihm der letztere, so lange er in seiner Nachbarschaft blieb, sehr lästig; denn das weidende Vieh schont seine Pflanzungen nicht. Da es nun jenem nach dem Schaden, den er angerichtet hat, ein Leichtes ist, sich mit seiner Herde weit weg zu machen und sich aller Schadloshaltung zu entziehen, weil er nichts hinterläßt, was er nicht eben so gut allenthalben wieder fände: so war es wohl der Ackersmann, der gegen solche Beeinträchtigungen, die der andere nicht für unerlaubt hielt, Gewalt brauchen und (da die Veranlassung dazu niemals ganz aufhören konnte), wenn er nicht der Früchte seines langen Fleißes verlustig gehen wollte, sich endlich so weit, als es ihm möglich war, von denen, die das Hirtenleben trieben, *entfernen* mußte (V. 16). Diese Scheidung macht die dritte Epoche.

Ein Boden, von dessen Bearbeitung und Bepflanzung (vornehmlich mit Bäumen) der Unterhalt abhängt, erfordert bleibende Behausungen; und die Verteidigung desselben gegen alle Verletzungen bedarf einer Menge einander Beistand leistender Menschen. Mithin konnten die Menschen bei dieser Lebensart sich nicht mehr familienweise zerstreuen, sondern mußten zusammen halten und Dorfschaften (uneigentlich *Städte* genannt) errichten, um ihr Eigentum gegen wilde Jäger oder Horden herumschweifender Hirten zu schützen. Die ersten Bedürfnisse des Lebens, deren Anschaffung eine *verschiedene Lebensart* erfordert (V. 20), konnten nun gegen einander *vertauscht* werden. Daraus mußte *Kultur* entspringen und der Anfang der *Kunst,* des Zeitvertreibes sowohl als des Fleißes (V. 21. 22); was aber das Vornehmste ist, auch einige Anstalt zur bürgerlichen Verfassung und öffentlicher Gerechtigkeit, zuerst freilich nur in Ansehung der größten Gewalttätigkeiten, deren Rächung nun nicht mehr wie im wilden Zustande Einzelnen, sondern einer gesetzmäßigen Macht, die das Ganze zusammenhielt, d. i. einer Art von Regierung überlassen war, über welche selbst keine Ausübung der Gewalt statt fand (V. 23, 24). – Von dieser ersten und rohen Anlage konnte sich nun nach und nach alle menschliche Kunst, unter welcher die der *Geselligkeit und bürgerlichen Sicherheit* die ersprießlichste ist, allmählich entwickeln, das menschliche Geschlecht sich vermehren und aus einem Mittelpunkte wie Bienenstöcke durch Aussendung schon gebildeter Kolonisten überall verbreiten. Mit dieser Epoche fing auch die *Ungleichheit* unter Menschen, diese reiche Quelle so vieles Bösen, aber auch alles Guten, an und nahm fernerhin zu.

So lange nun noch die nomadischen Hirtenvölker, welche allein Gott für ihren Herrn erkennen, die Städtebewohner und Ackerleute, welche einen Menschen (Obrigkeit) zum Herrn haben (VI, 4)*, umschwärmten und als abgesagte Feinde alles Landeigentums diese anfeindeten und von diesen wieder gehaßt wurden, war zwar kontinuierlicher Krieg zwischen beiden, wenigstens unaufhörliche Kriegsgefahr, und beiderseitige Völker konnten daher im Inneren wenigstens des unschätzbaren Guts der Freiheit froh werden – (denn Kriegsgefahr ist auch noch jetzt das einzige, was den Despotismus mäßigt: weil Reichtum dazu erfordert wird, daß ein Staat jetzt eine Macht sei, ohne *Freiheit* aber keine Betriebsamkeit, die Reichtum hervorbringen könnte, statt findet. In einem armen Volke muß an dessen Stelle große Teilnehmung an der Erhaltung des gemeinen Wesens angetroffen werden, welche wiederum nicht anders, als wenn es sich darin frei fühlt, möglich ist). – Mit der Zeit aber mußte denn doch der anhebende Luxus der Städtebewohner, vornehmlich aber die Kunst zu gefallen, wodurch die städtischen Weiber die schmutzigen Dirnen der Wüsten verdunkelten, eine mächtige Lockspeise für jene Hirten sein (V. 2), in Verbindung mit diesen zu treten und sich in das glän-

---

* Die arabischen *Beduinen* nennen sich noch Kinder eines ehemaligen *Schechs*, des Stifters ihres Stammes (als *Beni Haled* u. d. gl.). Dieser ist keinesweges *Herr* über sie und kann nach seinem Kopfe keine Gewalt an ihnen ausüben. Denn in einem Hirtenvolke, da niemand liegendes Eigentum hat, welches er zurücklassen müßte, kann jede Familie, der es da mißfällt, sich sehr leicht vom Stamme absondern, um einen andern zu verstärken.

zende Elend der Städte ziehen zu lassen. Da denn durch Zusammenschmelzung zweier sonst einander feindseligen Völkerschaften mit dem Ende aller Kriegsgefahr zugleich das Ende aller Freiheit, also der Despotismus mächtiger Tyrannen einerseits, bei kaum noch angefangener Kultur aber seelenlose Üppigkeit in verworfenster Sklaverei, mit allen Lastern des rohen Zustandes vermischt, andrerseits das menschliche Geschlecht von dem ihm durch die Natur vorgezeichneten Fortgange der Ausbildung seiner Anlagen zum Guten unwiderstehlich abbrachte; und es dadurch selbst seiner Existenz, als einer über die Erde zu herrschen, nicht viehisch zu genießen und sklavisch zu dienen bestimmten Gattung, unwürdig machte (V. 17).

Schluß-Anmerkung.

Der denkende Mensch fühlt einen Kummer, der wohl gar Sittenverderbnis werden kann, von welchem der Gedankenlose nichts weiß: nämlich Unzufriedenheit mit der Vorsehung, die den Weltlauf im Ganzen regiert, wenn er die Übel überschlägt, die das menschliche Geschlecht so sehr und (wie es scheint) ohne Hoffnung eines Bessern drücken. Es ist aber von der größten Wichtigkeit: *mit der Vorsehung zufrieden zu sein* (ob sie uns gleich auf unserer Erdenwelt eine so mühsame Bahn vorgezeichnet hat): teils um unter den Mühseligkeiten immer noch Mut zu fassen, teils um, indem wir die Schuld davon aufs Schicksal schieben, nicht unsere eigene, die vielleicht die einzige Ursache aller dieser Übel sein mag, darüber aus dem Auge zu setzen und in der Selbstbesserung die Hilfe dagegen zu versäumen.

Man muß gestehen: daß die größten Übel, welche gesittete Völker drücken, uns vom *Kriege* und zwar nicht so sehr von dem, der wirklich oder gewesen ist, als von der nie nachlassenden und sogar unaufhörlich vermehrten *Zurüstung* zum künftigen zugezogen werden. Hiezu werden alle Kräfte des Staats, alle Früchte seiner Kultur, die zu einer noch größeren Kultur gebraucht werden könnten, verwandt; der Freiheit wird an so viel Orten mächtiger Abbruch getan und die mütterliche Vorsorge des Staats für einzelne Glieder in eine unerbittliche Härte der Forderungen verwandelt, indes diese doch auch durch die Besorgnis äußerer Gefahr gerechtfertigt wird. Allein würde wohl diese Kultur, würde die enge Verbindung der Stände des gemeinen Wesens zur wechselseitigen Beförderung ihres Wohlstandes, würde die Bevölkerung, ja sogar der Grad der Freiheit, der, obgleich unter sehr einschränkenden Gesetzen, noch übrig ist, wohl angetroffen werden, wenn jener immer gefürchtete Krieg selbst den Oberhäuptern der Staaten diese *Achtung für die Menschheit* nicht abnötigte? Man sehe nur *Sina* an, welches seiner Lage nach wohl etwa einmal einen unvorhergesehenen Überfall, aber keinen mächtigen Feind zu fürchten hat, und in welchem daher alle Spur von Freiheit vertilgt ist. – Auf der Stufe der Kultur also, worauf das menschliche Geschlecht noch steht, ist der Krieg ein unentbehrliches Mittel, diese noch weiter zu bringen; und nur nach einer (Gott weiß wann) vollendeten Kultur würde ein immerwährender Friede für uns heilsam und auch durch jene allein möglich sein. Also sind wir, was diesen Punkt betrifft, an den Übeln doch wohl selbst schuld, über die wir so bittere Klagen erheben; und die heilige Urkunde hat ganz recht, die Zusammenschmelzung der Völker in eine Gesellschaft und ihre völlige Befreiung von äußerer Gefahr, da ihre Kultur kaum angefangen hatte, als eine Hemmung aller ferneren Kultur und eine Versenkung in unheilbares Verderbnis vorzustellen.

Die zweite Unzufriedenheit der Menschen trifft die Ordnung der Natur in Ansehung der *Kürze des Lebens*. Man muß sich zwar nur schlecht auf die Schätzung des Werts desselben verstehen, wenn man noch wünschen kann, daß es länger währen solle, als es wirklich dauret; denn das wäre doch nur eine Verlängerung eines mit lauter Mühseligkeiten beständig ringenden Spiels. Aber man mag es einer kindischen Urteilskraft allenfalls nicht verdenken, daß sie den Tod fürchtet, ohne das Leben zu lieben, und, indem es ihr schwer wird, ihr Dasein jeden einzelnen Tag mit leidlicher Zufriedenheit durchzubringen, dennoch der Tage niemals genug hat, diese Plage zu wiederholen. Wenn man aber nur bedenkt, wie viel Sorge um die Mittel zur Hinbringung eines so kurzen Lebens uns quält, wie viel Ungerechtigkeit auf Hoffnung eines künftigen, obzwar so wenig daurenden Genusses ausgeübt wird, so muß man vernünftiger Weise glauben: daß, wenn die Menschen in eine Lebensdauer von 800 und mehr Jahren hinaussehen könnten, der Vater vor seinem Sohne, ein Bruder vor dem anderen, oder ein Freund neben dem anderen kaum seines Lebens mehr sicher sein würde, und daß die Laster eines so lange lebenden Menschengeschlechts zu einer Höhe steigen müßten, wodurch sie keines bessern Schicksals würdig sein würden, als in einer allgemeinen Überschwemmung von der Erde vertilgt zu werden (V. 12. 13).

Der *dritte* Wunsch, oder vielmehr die leere Sehnsucht (denn man ist sich bewußt, daß das Gewünschte uns niemals zu Teil werden kann) ist das Schattenbild des von Dichtern so gepriesenen *goldenen Zeitalters*: wo eine Entledigung von allem eingebildeten Bedürfnisse, das uns die Üppigkeit aufladet, sein soll, eine Genügsamkeit mit dem bloßen Bedarf der Natur, eine durchgängige Gleichheit der Menschen, ein immerwährender Friede unter ihnen, mit einem Worte der reine Genuß eines sorgenfreien, in Faulheit verträumten oder mit kindischem Spiel vertändelten Lebens: – eine Sehnsucht, die die Robinsone und die Reisen nach den Südseeinseln so reizend macht, überhaupt aber den Überdruß beweiset, den der denkende Mensch am zivilisierten Leben fühlt, wenn er dessen Wert lediglich im *Genusse* sucht und das Gegengewicht der Faulheit dabei in Anschlag bringt, wenn etwa die Vernunft ihn erinnert, dem Leben durch *Handlungen* einen Wert zu geben. Die Nichtigkeit dieses Wunsches zur Rückkehr in jene Zeit der Einfalt und Unschuld wird hinreichend gezeigt, wenn man durch die obige Vorstellung des ursprünglichen Zustandes belehrt wird: der Mensch könne sich darin nicht erhalten, darum weil er ihm nicht genügt; noch weniger sei er geneigt, jemals wieder in denselben zurückzukehren; so daß er also den gegenwärtigen Zustand der Mühseligkeiten doch immer sich selbst und seiner eigenen Wahl beizumessen habe.

Es ist also dem Menschen eine solche Darstellung seiner Geschichte ersprießlich und dienlich zur Lehre und zur Besserung, die ihm zeigt: daß er der Vorsehung wegen der Übel, die ihn drücken, keine Schuld geben müsse; daß er seine eigene Vergehung auch nicht einem ursprünglichen Verbrechen seiner Stammeltern zuzuschreiben berechtigt sei, wodurch etwa ein Hang zu ähnlichen Übertretungen in der Nachkommenschaft erblich geworden wäre (denn willkürliche Handlungen können nichts Anerbendes bei sich führen); sondern daß er das von jenen Geschehene mit vollem Rechte als von ihm selbst getan anerkennen und sich also von allen Übeln, die aus dem Mißbrauche seiner Vernunft entspringen, die Schuld gänzlich selbst beizumessen habe, indem er sich sehr wohl bewußt werden kann, er würde sich in denselben Umständen gerade eben so verhalten und den ersten Gebrauch der Vernunft damit gemacht haben, sie (selbst wider den Wink der Natur) zu mißbrauchen. Die eigentlichen physischen Übel, wenn jener Punkt wegen der moralischen berichtigt ist, können alsdann in der Gegenrechnung von Verdienst und Schuld schwerlich einen Überschuß zu unserem Vorteil austragen.

Und so ist der Ausschlag einer durch Philosophie versuchten ältesten Menschengeschichte: Zufriedenheit mit der Vorsehung und dem Gange menschlicher Dinge im Ganzen, der nicht vom Guten anhebend zum Bösen fortgeht, sondern sich vom Schlechtern zum Besseren allmählich entwickelt; zu welchem Fortschritte denn ein jeder an seinem Teile, so viel in seinen Kräften steht, beizutragen durch die Natur selbst berufen ist.

IV
Über den Gebrauch teleologischer Prinzipien
in der Philosophie.

Wenn man unter *Natur* den Inbegriff von allem versteht, was nach Gesetzen bestimmt existiert, die Welt (als eigentlich sogenannte Natur) mit ihrer obersten Ursache zusammengenommen, so kann es die Naturforschung (die im ersten Falle Physik, im zweiten Metaphysik heißt) auf zwei Wegen versuchen, entweder auf dem bloß *theoretischen*, oder auf dem *teleologischen* Wege, auf dem letztern aber, als *Physik*, nur solche Zwecke, die uns durch Erfahrung bekannt werden können, als *Metaphysik* dagegen ihrem Berufe angemessen nur einen Zweck, der durch reine Vernunft fest steht, zu ihrer Absicht gebrauchen. Ich habe anderwärts gezeigt, daß die Vernunft in der Metaphysik auf dem theoretischen Naturwege (in Ansehung der Erkenntnis Gottes) ihre *ganze* Absicht nicht nach Wunsch erreichen könne, und ihr also nur noch der teleologische übrig sei; so doch, daß nicht die Naturzwecke, die nur auf Beweisgründen der Erfahrung beruhen, sondern ein a priori durch reine praktische Vernunft bestimmt gegebener Zweck (in der Idee des höchsten Guts) den Mangel der unzulänglichen Theorie ergänzen müsse. Eine ähnliche Befugnis, ja Bedürfnis, von einem teleologischen Prinzip auszugehen, wo uns die Theorie verläßt, habe ich in einem kleinen Versuche über die Menschenrassen zu beweisen gesucht. Beide Fälle aber enthalten eine Forderung, der der Verstand sich ungern unterwirft, und die Anlaß genug zum Mißverstande geben kann.

Mit Recht ruft die Vernunft in aller Naturuntersuchung zuerst nach Theorie und nur später nach Zweckbestimmung. Den Mangel der erstern kann keine Teleologie noch praktische Zweckmäßigkeit ersetzen. Wir bleiben immer unwissend in Ansehung der wirkenden Ursachen, wenn wir gleich

die Angemessenheit unserer Voraussetzung mit Endursachen,
es sei der Natur oder unsers Willens, noch so einleuchtend
machen können. Am meisten scheint diese Klage da gegründet zu sein, wo (wie in jenem metaphysischen Falle) sogar
praktische Gesetze vorangehen müssen, um den Zweck
allererst anzugeben, dem zum Behuf ich den Begriff einer
Ursache zu bestimmen gedenke, der auf solche Art die
Natur des Gegenstandes gar nichts anzugehen, sondern bloß
eine Beschäftigung mit unsern eignen Absichten und Bedürfnissen zu sein scheint.

Es hält allemal schwer, sich in Prinzipien zu einigen, in solchen Fällen, wo die Vernunft ein doppeltes, sich wechselseitig einschränkendes Interesse hat. Aber es ist sogar schwer
sich über die Prinzipien dieser Art auch nur zu verstehen,
weil sie die Methode zu denken vor der Bestimmung des
Objekts betreffen, und einander widerstreitende Ansprüche
der Vernunft den Gesichtspunkt zweideutig machen, aus
dem man seinen Gegenstand zu betrachten hat. In der
gegenwärtigen Zeitschrift sind zwei meiner Versuche über
zweierlei sehr verschiedene Gegenstände und von sehr un-
gleicher Erheblichkeit einer scharfsinnigen Prüfung unterworfen worden. In einer bin ich *nicht verstanden* worden,
ob ich es zwar erwartete, in der andern aber über alle Erwartung *wohl verstanden* worden; beides von Männern
von vorzüglichem Talente, jugendlicher Kraft und auf-
blühendem Ruhme. In jener geriet ich in Verdacht, als
wollte ich eine Frage der *physischen* Naturforschung durch
Urkunden der Religion beantworten: in der andern wurde
ich von dem Verdachte befreiet, als wollte ich durch den
Beweis der Unzulänglichkeit einer *metaphysischen* Naturforschung der Religion Abbruch tun. In beiden gründet sich
die Schwierigkeit verstanden zu werden auf der noch nicht
genug ins Licht gestellten Befugnis, sich, wo theoretische
Erkenntnisquellen nicht zulangen, des teleologischen Prinzips bedienen zu dürfen, doch mit einer solchen Beschränkung seines Gebrauchs, daß der theoretisch-spekulativen

Nachforschung das Recht des *Vortritts* gesichert wird, um zuerst ihr ganzes Vermögen daran zu versuchen (wobei in der metaphysischen von der reinen Vernunft mit Recht gefordert wird, daß sie dieses und überhaupt ihre Anmaßung über irgend etwas zu entscheiden vorher rechtfertige, dabei aber ihren *Vermögenszustand* vollständig aufdecke, um auf Zutrauen rechnen zu dürfen), ingleichen daß im Fortgange diese Freiheit ihr jederzeit unbenommen bleibe. Ein großer Teil der Mißhelligkeit beruht hier auf der Besorgnis des Abbruchs, womit die Freiheit des Vernunftgebrauchs bedroht werde; wenn diese gehoben wird, so glaube ich die Hindernisse der Einhelligkeit leicht wegräumen zu können.

Wider eine in der *Berl. M. S.* November 1785 eingerückte Erläuterung meiner vorlängst geäußerten Meinung über den Begriff und den Ursprung der *Menschenrassen* trägt der Herr Geheimerat Georg Forster im Teutschen Merkur Oktober und November 1786 Einwürfe vor, die, wie mich dünkt, bloß aus dem Mißverstande des Prinzips, wovon ich ausgehe, herrühren. Zwar findet es der berühmte Mann gleich anfangs mißlich, vorher ein *Prinzip* festzusetzen, nach welchem sich der Naturforscher sogar *im Suchen* und Beobachten solle leiten lassen, und vornehmlich ein solches, was die Beobachtung auf eine dadurch zu befördernde *Naturgeschichte* zum Unterschiede von der bloßen *Naturbeschreibung* richtete, so wie diese Unterscheidung selbst unstatthaft. Allein diese Mißhelligkeit läßt sich leicht heben.

Was die erste Bedenklichkeit betrifft, so ist wohl ungezweifelt gewiß, daß durch bloßes empirisches Herumtappen ohne ein leitendes Prinzip, wornach man zu suchen habe, nichts Zweckmäßiges jemals würde gefunden werden; denn Erfahrung *methodisch* anstellen, heißt allein *beobachten*. Ich danke für den bloß empirischen Reisenden und seine Erzählung, vornehmlich wenn es um eine zusammenhängende Erkenntnis zu tun ist, daraus die Vernunft etwas

zum Behuf einer Theorie machen soll. Gemeiniglich antwortet er, wenn man wonach frägt: ich hätte das wohl bemerken können, wenn ich gewußt hätte, daß man darnach
fragen würde. Folgt doch Herr F. selbst der Leitung des
Linnéischen Prinzips der Beharrlichkeit des Charakters der
Befruchtungsteile an Gewächsen, ohne welches die systematische *Naturbeschreibung* des Pflanzenreichs nicht so rühm-
lich würde geordnet und erweitert worden sein. Daß manche
so unvorsichtig sind, ihre Ideen in die Beobachtung selbst
hineinzutragen, (und, wie es auch wohl dem großen Natur-
kenner selbst widerfuhr, die Ähnlichkeit jener Charaktere
gewissen Beispielen zufolge für eine Anzeige der Ähnlichkeit der Kräfte der Pflanzen zu halten), ist leider sehr
wahr, so wie die Lektion für *rasche Vernünftler* (die uns
beide vermutlich nichts angeht) ganz wohl gegründet; allein
dieser Mißbrauch kann die Gültigkeit der Regel doch nicht
aufheben.

Was aber den bezweifelten, ja gar schlechthin verworfenen
Unterschied zwischen Naturbeschreibung und Naturgeschichte betrifft, so würde, wenn man unter der letzteren
eine *Erzählung* von Naturbegebenheiten, wohin keine
menschliche Vernunft reicht, z. B. das erste Entstehen der
Pflanzen und Tiere, verstehen wollte, eine solche freilich,
wie Hr. F. sagt, eine Wissenschaft für Götter, die gegenwärtig, oder selbst Urheber waren, und nicht für Menschen
sein. Allein nur den Zusammenhang gewisser jetziger Be-
schaffenheiten der Naturdinge mit ihren Ursachen in der
ältern Zeit nach Wirkungsgesetzen, die wir nicht erdichten,
sondern aus den Kräften der Natur, wie sie sich uns jetzt
darbietet, ableiten, nur bloß so weit zurück verfolgen, als es
die Analogie erlaubt, das wäre *Naturgeschichte* und zwar
eine solche, die nicht allein möglich, sondern auch z. B. in
den Erdtheorien (worunter des berühmten *Linné* seine auch
ihren Platz findet) von gründlichen Naturforschern häufig
genug versucht worden ist, sie mögen nun viel oder wenig
damit ausgerichtet haben. Auch gehört selbst des Herrn

F. Mutmaßung vom ersten Ursprunge des *Negers* gewiß nicht zur Naturbeschreibung, sondern nur zur Naturgeschichte. Dieser Unterschied ist in der Sachen Beschaffenheit gelegen, und ich verlange dadurch nichts Neues, sondern bloß die sorgfältige Absonderung des einen Geschäftes vom andern, weil sie ganz *heterogen* sind, und, wenn die eine (die Naturbeschreibung) als Wissenschaft in der ganzen Pracht eines großen Systems erscheint, die andere (die Naturgeschichte) nur Bruchstücke, oder wankende Hypothesen aufzeigen kann. Durch diese Absonderung und Darstellung der zweiten, als einer eigenen, wenn gleich für jetzt (vielleicht auch auf immer) mehr im Schattenrisse als im Werk ausführbaren Wissenschaft (in welcher für die meisten Fragen ein Vacat angezeichnet gefunden werden möchte), hoffe ich das zu bewirken, daß man sich nicht mit vermeintlicher Einsicht auf die eine etwas zu gute tue, was eigentlich bloß der andern angehört, und den Umfang der wirklichen Erkenntnisse in der Naturgeschichte (denn einige derselben besitzt man), zugleich auch die in der Vernunft selbst liegende Schranken derselben samt den Prinzipien, wonach sie auf die bestmögliche Art zu erweitern wäre, bestimmter kennen lerne. Man muß mir diese Peinlichkeit zu gute halten, da ich so manches Unheil aus der Sorglosigkeit, die Grenzen der Wissenschaften in einander laufen zu lassen, in anderen Fällen erfahren und nicht eben zu jedermanns Wohlgefallen angezeigt habe; überdem hiebei völlig überzeugt worden bin, daß durch die bloße Scheidung des Ungleichartigen, welches man vorher im Gemenge genommen hatte, den Wissenschaften oft ein ganz neues Licht aufgehe, wobei zwar manche Armseligkeit aufgedeckt wird, die sich vorher hinter fremdartigen Kenntnissen verstecken konnte, aber auch viele echte Quellen der Erkenntnis eröffnet werden, wo man sie gar nicht hätte vermuten sollen. Die größte Schwierigkeit bei dieser vermeintlichen Neuerung liegt bloß im Namen. Das Wort *Geschichte* in der Bedeutung, da es einerlei mit dem griechischen Historia

(Erzählung, Beschreibung) ausdrückt, ist schon zu sehr und zu lange im Gebrauche, als daß man sich leicht gefallen lassen sollte, ihm eine andere Bedeutung, welche die Naturforschung des Ursprungs bezeichnen kann, zuzugestehen; zumal da es auch nicht ohne Schwierigkeit ist, ihm in der letzteren einen andern anpassenden technischen Ausdruck auszufinden*. Doch die Sprachschwierigkeit im Unterscheiden kann den Unterschied der Sachen nicht aufheben. Vermutlich ist eben dergleichen Mißhelligkeit wegen einer, obwohl unvermeidlichen Abweichung von *klassischen* Ausdrücken auch bei dem Begriffe einer *Rasse* die Ursache der Veruneinigung über die Sache selbst gewesen. Es ist uns hier widerfahren, was *Sterne* bei Gelegenheit eines physiognomischen Streits, der nach seinen launichten Einfällen alle Fakultäten der straßburgischen Universität in Aufruhr versetzte, sagt: Die Logiker würden die Sache entschieden haben, *wären sie nur nicht auf eine Definition gestoßen*. Was ist eine *Rasse*? Das Wort steht gar nicht in einem System der Naturbeschreibung, vermutlich ist also auch das Ding selber überall nicht in der Natur. Allein der *Begriff*, den dieser Ausdruck bezeichnet, ist doch in der Vernunft eines jeden Beobachters der Natur gar wohl gegründet, der zu einer sich vererbenden Eigentümlichkeit verschiedener vermischt zeugenden Tiere, die nicht in dem Begriffe ihrer Gattung liegt, eine Gemeinschaft der Ursache und zwar einer in dem Stamme der Gattung selbst ursprünglich gelegenen Ursache denkt. Daß dieses Wort nicht in der Naturbeschreibung (sondern an dessen Statt das der Varietät) vorkommt, kann ihn nicht abhalten, es in Absicht auf Naturgeschichte nötig zu finden. Nur muß er es freilich zu diesem Behuf deutlich bestimmen; und dieses wollen wir hier versuchen.

Der Name einer *Rasse*, als *radikaler* Eigentümlichkeit, die auf einen gemeinschaftlichen Abstamm Anzeige gibt und

---

* Ich würde für die Naturbeschreibung das Wort *Physiographie*, für Naturgeschichte aber *Physiogonie* in Vorschlag bringen.

zugleich mehrere solche beharrliche forterbende Charaktere nicht allein derselben Tiergattung, sondern auch desselben Stammes zuläßt, ist nicht unschicklich ausgedacht. Ich würde ihn durch *Abartung* (progenies *classifica*) übersetzen, um eine Rasse von der *Ausartung* (degeneratio s. progenies *specifica*)* zu unterscheiden, die man nicht einräumen kann, weil sie dem Gesetz der Natur (in der Erhaltung ihrer Spezies in unveränderlicher Form) zuwider läuft. Das Wort progenies zeigt an, daß es nicht ursprüngliche, durch so vielerlei *Stämme* als Spezies derselben Gattung ausgeteilte, sondern sich allererst in der Folge der Zeugungen entwickelnde Charaktere, mithin nicht verschiedene *Arten,* sondern *Abartungen,* aber doch so bestimmt und beharrlich sind, daß sie zu einem Klassenunterschiede berechtigen.

Nach diesen Vorbegriffen würde die *Menschengattung* (nach dem allgemeinen Kennzeichen derselben in der Naturbeschreibung genommen) in einem System der Naturgeschichte in S t a m m (oder Stämme), R a s s e n oder Abartungen (progenies classificae) und verschiedenen M e n s c h e n - s c h l a g (varietates nativae) abgeteilt werden können, welche letztere nicht unausbleibliche, nach einem anzugebenden Gesetze sich vererbende, also auch nicht zu einer Klasseneinteilung hinreichende Kennzeichen enthalten. Alles dieses ist aber so lange bloße Idee von der Art, wie die größte Mannigfaltigkeit in der Zeugung mit der größten

---

* Die Benennungen der classes und ordines drücken ganz unzweideutig eine bloß *logische* Absonderung aus, die die *Vernunft* unter ihren Begriffen zum Behuf der bloßen *Vergleichung* macht: genera und species aber können auch die *physische* Absonderung bedeuten, die die *Natur* selbst unter ihren Geschöpfen in Ansehung ihrer *Erzeugung* macht. Der Charakter der Rasse kann also hinreichen, um Geschöpfe danach zu klassifizieren, aber nicht um eine besondere *Spezies* daraus zu machen, weil diese auch eine absonderliche Abstammung bedeuten könnte, welche wir unter dem Namen einer Rasse nicht verstanden wissen wollen. Es versteht sich von selbst, daß wir hier das Wort Klasse nicht in der ausgedehnten Bedeutung nehmen, als es im *Linnéischen* System genommen wird; wir brauchen es aber auch zur Einteilung in ganz anderer Absicht.

Einheit der Abstammung von der Vernunft zu vereinigen sei. Ob es wirklich eine solche Verwandtschaft in der Menschengattung gebe, müssen die Beobachtungen, welche die Einheit der Abstammung kenntlich machen, entscheiden. Und hier sieht man deutlich: daß man durch ein bestimmtes Prinzip geleitet werden müsse, um bloß zu *beobachten*, d. i. auf dasjenige Acht zu geben, was Anzeige auf die Abstammung, nicht bloß die Charakteren-Ähnlichkeit geben könne, weil wir es alsdann mit einer Aufgabe der Naturgeschichte, nicht der Naturbeschreibung und bloß methodischen Benennung zu tun haben. Hat jemand nicht nach jenem Prinzip seine Nachforschung angestellt, so muß er noch einmal suchen; denn von selbst wird sich ihm das nicht darbieten, was er bedarf, um, ob es eine reale oder bloße Nominalverwandtschaft unter den Geschöpfen gebe, auszumachen.

Von der Verschiedenheit des ursprünglichen Stammes kann es keine sichere Kennzeichen geben, als die Unmöglichkeit durch Vermischung zweier erblich verschiedenen Menschenabteilungen fruchtbare Nachkommenschaft zu gewinnen. Gelingt dieses aber, so ist die noch so große Verschiedenheit der Gestalt keine Hindernis eine gemeinschaftliche Abstammung derselben wenigstens möglich zu finden; denn so wie sie sich unerachtet dieser Verschiedenheit doch durch Zeugung in ein Produkt, das beider Charaktere enthält, *vereinigen* können: so haben sie sich aus einem Stamme, der die Anlagen zur Entwicklung beider Charaktere ursprünglich in sich verbarg, durch Zeugung in so viel Rassen *teilen* können; und die Vernunft wird ohne Not nicht von zwei Prinzipien ausgehen, wenn sie mit einem auslangen kann. Das sichere Kennzeichen erblicher Eigentümlichkeiten aber, als der Merkmale eben so vieler Rassen, ist schon angeführt worden. Jetzt ist noch etwas von den erblichen *Varietäten* anzumerken, welche zur Benennung eines oder andern Menschenschlags (Familien- und Volksschlags) Anlaß geben.

Eine Varietät ist die erbliche Eigentümlichkeit, die nicht klassifisch ist, weil sie sich nicht unausbleiblich fortpflanzt;

denn eine solche Beharrlichkeit des erblichen Charakters wird erfordert, um selbst für die Naturbeschreibung nur zur Klasseneinteilung zu berechtigen. Eine Gestalt, die in der Fortpflanzung *nur bisweilen* den Charakter der nächsten Eltern und zwar mehrenteils nur einseitig (Vater oder Mutter nachartend) reproduziert, ist kein Merkmal, daran man den Abstamm von beiden Eltern kennen kann, z. B. den Unterschied der Blonden und Brunetten. Eben so ist die Rasse oder Abartung eine *unausbleibliche* erbliche Eigentümlichkeit, die zwar zur Klasseneinteilung berechtigt, aber doch nicht spezifisch ist, weil die unausbleiblich halbschlächtige Nachartung (also das *Zusammenschmelzen* der Charaktere ihrer Unterscheidung) es wenigstens nicht als unmöglich urteilen läßt, ihre angeerbte Verschiedenheit auch in ihrem Stamme uranfänglich, als in bloßen Anlagen *vereinigt* und nur in der Fortpflanzung allmählich entwickelt und *geschieden*, anzusehen. Denn man kann ein Tiergeschlecht nicht zu einer besondern Spezies machen, wenn es mit einem anderen zu einem und demselben Zeugungssystem der Natur gehört. Also würde in der Naturgeschichte Gattung und Spezies einerlei, nämlich die nicht mit einem gemeinschaftlichen Abstamme vereinbare Erbeigentümlichkeit, bedeuten. Diejenige aber, die damit zusammen bestehen kann, ist entweder notwendig erblich, oder nicht. Im erstern Fall macht es den Charakter der *Rasse*, im andern der *Varietät* aus.

Von dem, was in der Menschengattung *Varietät* genannt werden kann, merke ich hier nun an, daß man auch in Ansehung dieser der Natur nicht als in voller Freiheit bildend, sondern eben sowohl, als bei den Rassen-Charakteren, sie nur als entwickelnd und auf dieselbe durch ursprüngliche Anlagen vorausbestimmt anzusehen habe: weil auch in *dieser* Zweckmäßigkeit und derselben gemäße Abgemessenheit angetroffen wird, die kein Werk des Zufalls sein kann. Was schon Lord *Shaftsbury* anmerkte, nämlich, daß in jedem Menschengesichte eine gewisse Originalität (gleichsam ein wirkliches Dessin) angetroffen werde, welche das

Individuum als zu besonderen Zwecken, die es nicht mit anderen gemein hat, bestimmt auszeichnet, obzwar diese Zeichen zu entziffern über unser Vermögen geht, das kann ein jeder Porträtmaler, der über seine Kunst denkt, bestätigen. Man sieht einem nach dem Leben gemalten und wohlausgedrückten Bilde die Wahrheit an, d. i. daß es nicht aus der Einbildung genommen ist. Worin besteht aber diese Wahrheit? Ohne Zweifel in einer bestimmten Proportion eines der vielen Teile des Gesichts zu allen anderen, um einen individuellen Charakter, der einen dunkel vorgestellten Zweck enthält, auszudrücken. Kein Teil des Gesichts, wenn er uns auch unproportioniert scheint, kann in der Schilderei mit Beibehaltung der übrigen abgeändert werden, ohne dem Kennerauge, ob er gleich das Original nicht gesehen hat, in Vergleichung mit dem von der Natur kopierten Porträt, sofort merklich zu machen, welches von beiden die lautere Natur und welches Erdichtung enthalte. Die Varietät unter Menschen von eben derselben Rasse ist aller Wahrscheinlichkeit nach eben so zweckmäßig in dem ursprünglichen Stamme belegen gewesen, um die größte Mannigfaltigkeit zum Behuf unendlich verschiedener Zwecke, als der Rassenunterschied, um die Tauglichkeit zu weniger, aber wesentlichern Zwecken zu gründen und in der Folge zu entwickeln; wobei doch der Unterschied obwaltet, daß die letztern Anlagen, nachdem sie sich einmal entwickelt haben (welches schon in der ältesten Zeit geschehen sein muß), keine neue Formen dieser Art weiter entstehen, noch auch die alte erlöschen lassen; dagegen die erstere wenigstens unserer Kenntnis nach eine an neuen Charakteren (äußeren sowohl als innern) unerschöpfliche Natur anzuzeigen scheinen.

In Ansehung der Varietäten scheint die Natur die *Zusammenschmelzung* zu verhüten, weil sie ihrem Zwecke, nämlich der Mannigfaltigkeit der Charaktere, entgegen ist; dagegen sie, was die Rassenunterschiede betrifft, dieselbe (nämlich Zusammenschmelzung) wenigstens verstattet, wenn gleich nicht begünstigt, weil dadurch das Geschöpf für mehrere Klimate tauglich wird, obgleich keinem derselben in dem Grade angemessen, als die erste Anartung an dasselbe es gemacht hatte. Denn was die gemeine Meinung betrifft, nach welcher Kinder (von unserer Klasse der Weißen) die Kennzeichen, die zur Varietät gehören (als Statur, Gesichtsbildung, Hautfarbe, selbst manche Gebrechen, innere sowohl als äußere) von ihren Eltern auf die Halbscheid ererben sollen (wie man sagt: das hat das Kind vom Vater, das hat es von der Mutter), so kann ich nach genauer Aufmerksamkeit auf den Familienschlag ihr nicht beitreten. Sie arten, wenn gleich nicht Vater oder Mutter nach, doch entweder in des einen oder der andern Familie unvermischt ein; und obzwar der Abscheu wider die Vermischungen der zu nahe Verwandten wohl großenteils moralische Ursachen haben, ingleichen die Unfruchtbarkeit derselben nicht genug bewiesen sein mag: so gibt doch seine weite Ausbreitung selbst bis zu rohen Völkern Anlaß zur Vermutung, daß der Grund dazu auf entfernte Art in der Natur selbst gelegen sei, welche nicht will, daß immer die alten Formen wieder reproduziert werden, sondern alle Mannigfaltigkeit herausgebracht werden soll, die sie in die ursprüngliche Keime des Menschenstamms gelegt hatte. Ein gewisser Grad der Gleichförmigkeit, der sich in einem Familien- oder sogar Volksschlage hervorfindet, darf auch nicht der halbschlächtigen Anartung ihrer Charaktere (welche meiner Meinung nach in Ansehung der Varietäten gar nicht statt findet) zugeschrieben werden. Denn das Übergewicht der Zeugungskraft des einen oder andern Teils verehlichter Personen, da bisweilen fast alle Kinder in den väterlichen, oder alle in den mütterlichen Stamm einschlagen, kann bei der anfänglich großen Verschiedenheit der Charaktere durch Wirkung und Gegenwirkung, nämlich dadurch daß die Nachartungen auf der einen Seite immer seltener werden, die Mannigfaltigkeit vermindern und eine gewisse Gleichförmigkeit (die nur fremden Augen sichtbar ist) hervorbringen. Doch das ist nur meine beiläufige Meinung, die ich dem beliebigen Urteile des Lesers preisgebe. Wichtiger ist, daß bei andern Tieren fast alles, was man an ihnen Varietät nennen möchte (wie die Größe, die Hautbeschaffenheit etc.), halbschlächtig anartet, und dieses, wenn man den Menschen wie billig nach der Analogie mit Tieren (in Absicht auf die Fortpflanzung) betrachtet, einen Einwurf wider meinen Unterschied der Rassen von Varietäten zu enthalten scheint. Um hierüber zu urteilen, muß man schon einen höheren Standpunkt der Erklärung dieser Natureinrichtung nehmen, nämlich den, daß vernunftlose Tiere, deren Existenz bloß als Mittel einen Wert haben kann, darum zu verschiedenem Gebrauche verschiedentlich schon in der Anlage (wie die verschiedenen Hunderassen, die nach *Buffon* von dem gemeinschaftlichen Stamme des Schäferhundes abzuleiten sind) ausgerüstet sein mußten; dagegen die größere Einhelligkeit des Zwecks in der Menschengattung so große Verschiedenheit anartender Naturformen nicht erheischte; die notwendig anartende also nur auf die Erhaltung der Spezies in einigen wenigen von einander vorzüglich unterschiedenen Klimaten angelegt sein durften. Jedoch da ich nur den Begriff der *Rassen* habe verteidigen wollen, so habe ich nicht nötig, mich wegen des Erklärungsgrundes der Varietäten zu verbürgen.

Nach Aufhebung dieser Sprachuneinigkeit, die öfters an einem Zwiste mehr schuld ist, als die in Prinzipien, hoffe ich nun weniger Hindernis wider die Behauptung meiner Erklärungsart anzutreffen. Herr F. ist darin mit mir einstimmig, daß er wenigstens eine erbliche Eigentümlichkeit unter den verschiedenen Menschengestalten, nämlich die der *Neger* und der übrigen Menschen, groß genug findet, um sie nicht für bloßes Naturspiel und Wirkung zufälliger Eindrücke zu halten, sondern dazu ursprünglich dem Stamme einverleibte Anlagen und spezifische Natureinrichtung fordert. Diese Einhelligkeit unserer Begriffe ist schon wichtig und macht auch in Ansehung der beiderseitigen Erklärungsprinzipien Annäherung möglich; anstatt daß die gemeine seichte Vorstellungsart alle Unterschiede unserer Gattung auf gleichen Fuß, nämlich den des Zufalls, zu nehmen und sie noch immer entstehen und vergehen zu lassen, wie äußere Umstände es fügen, alle Untersuchungen dieser Art für überflüssig und hiemit selbst die Beharrlichkeit der Spezies in derselben zweckmäßigen Form für nichtig erklärt. Zwei Verschiedenheiten unserer Begriffe bleiben nur noch, die aber nicht so weit aus einander sind, um eine nie beizulegende Mißhelligkeit notwendig zu machen: die e r s t e ist, daß gedachte erbliche Eigentümlichkeiten, nämlich die der *Neger* zum Unterschiede von allen andern Menschen, die einzigen sind, welche für ursprünglich eingepflanzt gehalten zu werden verdienen sollen; da ich hingegen noch mehrere (die der *Indier* und *Amerikaner,* zu der der *Weißen* hinzugezählt) zur vollständigen klassifischen Einteilung eben sowohl berechtigt zu sein urteile: die z w e i t e Abweichung, welche aber nicht sowohl die Beobachtung (Naturbeschreibung) als die anzunehmende Theorie (Naturgeschichte) betrifft, ist: daß Hr. F. zum Behuf der Erklärung dieser Charaktere zwei ursprüngliche Stämme nötig findet; da nach meiner Meinung (der ich sie mit Hrn. F. gleichfalls für ursprüngliche Charaktere halte) es möglich und dabei der philosophischen Erklärungsart angemessener ist, sie als Entwickelung in einem Stamme eingepflanzter zweckmäßiger erster Anlagen anzusehen; welches denn auch keine so große Zwistigkeit ist, daß die Vernunft sich nicht hierüber ebenfalls die Hand böte, wenn man bedenkt, daß der physische erste Ursprung organischer Wesen uns beiden und überhaupt der Menschenvernunft unergründlich bleibt, eben so wohl als das halbschlächtige Anarten in der Fortpflanzung derselben. Da das System der gleich anfangs getrennten und in zweierlei Stämmen isolierten, gleichwohl aber nachher in der Vermischung der vorher abgesonderten einträchtig wieder zusammenschmelzenden Keime nicht die mindeste Erleichterung für die Begreiflichkeit durch Vernunft mehr verschafft, als das der in einem und demselben

Stamme ursprünglich eingepflanzten verschiedenen, sich in der Folge *zweckmäßig für die erste allgemeine Bevölkerung* entwickelnden Keime; und die letztere Hypothese dabei doch den Vorzug der Ersparnis verschiedener Lokalschöpfungen bei sich führt; da ohnedem an Ersparnis *teleologischer* Erklärungsgründe, um sie durch physische zu ersetzen, bei organisierten Wesen in dem, was die Erhaltung ihrer Art angeht, gar nicht zu denken ist, und die letztere Erklärungsart also der Naturforschung keine neue Last auflegt über die, welche sie ohnedem niemals los werden kann, nämlich hierin lediglich *dem Prinzip der Zwecke* zu folgen; da auch Hr. F. eigentlich nur durch die Entdeckungen seines Freundes, des berühmten und philosophischen Zergliederers Hrn. *Sömmering,* bestimmt worden, den Unterschied der Neger von andern Menschen erheblicher zu finden, als es denen wohl gefallen möchte, die gern alle erbliche Charaktere in einander verwischen und sie als bloße zufällige Schattierungen ansehen möchten, und dieser vortreffliche Mann sich für die vollkommene Zweckmäßigkeit der Negerbildung in Betreff seines Mutterlandes erklärt*, indessen daß doch in dem Knochenbau des Kopfs eine begreiflichere Angemessenheit mit seinem Boden eben nicht abzusehen ist, als in der Organisation der Haut, diesem großen Absonderungswerkzeuge alles dessen, was aus dem Blute abgeführt werden soll, – folglich er *diese* von der ganzen übrigen ausgezeichneten Natureinrichtung derselben (wovon die

---

* *Sömmering* über die körperliche Verschiedenheit des Negers vom Europäer. S. 79. »Man findet am Bau des Negers Eigenschaften, die ihn für sein Klima zum vollkommensten, vielleicht zum vollkommenern Geschöpf, als den Europäer machen.« Der vortreffliche Mann bezweifelt (in derselben Schrift § 44) D. *Schott's* Meinung von der zu besserer Herauslassung schädlicher Materien geschickter organisierten Haut der Negern. Allein wenn man *Lind's* (von den Krankheiten der Europäer etc.) Nachrichten über die Schädlichkeit der durch sumpfichte Waldungen phlogistizierten Luft um den Gambiastrom, welche den englischen Matrosen so geschwinde tödlich wird, in der gleichwohl die Neger als in ihrem Elemente leben, damit verbindet, so bekommt jene Meinung doch viele Wahrscheinlichkeit.

Hautbeschaffenheit ein wichtiges Stück ist) zu verstehen scheint und *jene* nur zum deutlichsten Wahrzeichen derselben für den Anatomiker aufstellt: so wird Hr. F. hoffentlich, wenn bewiesen ist, daß es noch andere sich eben so beharrlich vererbende, nach den Abstufungen des Klima gar nicht in einander fließende, sondern scharf abgeschnittene Eigentümlichkeiten in weniger Zahl gibt, ob sie gleich ins Fach der Zergliederungskunst nicht einschlagen, – nicht abgeneigt sein, ihnen einen gleichen Anspruch auf besondere ursprüngliche, zweckmäßig dem Stamme eingepflanzte Keime zuzugestehen. Ob aber der Stämme darum mehrere, oder nur Ein gemeinschaftlicher anzunehmen nötig sei, darüber würden wir hoffentlich zuletzt noch wohl einig werden können.

Es würden also nur die Schwierigkeiten zu heben sein, die Hrn. F. abhalten, meiner Meinung nicht sowohl in Ansehung des Prinzips, als vielmehr der Schwierigkeit es allen Fällen der Anwendung gehörig anzupassen, beizutreten. In dem ersten Abschnitte seiner Abhandlung, Oktober 1786, S. 70, führt Hr. F. eine Farbenleiter der Haut durch von den Bewohnern des nördlichen Europa über Spanien, Ägypten, Arabien, Abyssinien bis zum Äquator, von da aber wieder in umgekehrter Abstufung mit der Fortrückung in die temperierte südliche Zone über die Länder der Kaffern und Hottentotten (seiner Meinung nach) mit einer dem Klima der Länder so proportionierten Gradfolge der braunen bis ins Schwarze und wiederum zurück (wobei er, wiewohl ohne Beweis, annimmt, daß aus Nigritien hervorgegangene Kolonien, die sich gegen die Spitze von Afrika gezogen, allmählich bloß durch die Wirkung des Klima in Kaffern und Hottentotten verwandelt sind), daß es ihn Wunder nimmt, wie man noch hierüber hat wegsehen können. Man muß sich aber billig noch mehr wundern, wie man über das bestimmt genug und mit Grunde allein für entscheidend zu haltende Kennzeichen der unausbleiblichen halbschlächtigen Zeugung, darauf hier doch alles ankommt, hat wegsehen können. Denn weder der nordlichste Europäer in der Vermischung mit denen von spanischem Blute, noch der Mauritanier oder Araber (vermutlich auch der ihm nahe verwandte Habessinier) in Vermischung mit circassischen Weibern sind diesem Gesetze im mindesten unterworfen. Man hat auch nicht Ursache ihre Farbe, nachdem das, was die Sonne ihres Landes jedem Individuum der letzteren eindrückt, bei Seite gesetzt worden, für etwas anderes als die Brünette unter dem weißen Menschenschlag zu urteilen. Was aber das Negerähnliche der Kaffern und im mindern Grade der Hottentotten in demselben Weltteile betrifft, welche vermutlich den Versuch der halbschlächtigen Zeugung bestehen würden: so ist im höchsten Grade wahrscheinlich, daß diese nichts anders als Bastarderzeugungen eines Negervolks mit den von der ältesten Zeit her diese Küste besuchenden Arabern sein mögen. Denn woher findet sich nicht dergleichen angebliche Farbenleiter auch auf der Westküste von Afrika, wo vielmehr die Natur vom brunetten Araber oder Mauritanier zu den schwärzesten Negern am Senegal einen plötzlichen Sprung macht, ohne vorher die Mittelstraße der Kaffern durchgegangen zu sein? Hiemit fällt auch der Seite 74 vorgeschlagene und zum voraus entschiedene Probeversuch weg, der die Verwerflichkeit meines Prinzips beweisen soll, nämlich daß der schwarzbraune Habessinier, mit einer Kafferin vermischt, der Farbe nach keinen Mittelschlag geben würde, weil beider Farbe einerlei, nämlich schwarzbraun, ist. Denn nimmt Hr. F. an, daß die braune Farbe des Habessiniers in der Tiefe, wie sie die Kaffern haben, ihm angeboren sei und zwar so, daß sie in vermischter Zeugung mit einer Weißen notwendig eine Mittelfarbe geben müßte: so würde der Versuch freilich so ausschlagen, wie Hr. F. will; er würde aber auch nichts gegen mich beweisen, weil die Verschiedenheit der Rassen doch nicht nach dem beurteilt wird, was an ihnen einerlei, sondern was an ihnen verschieden ist. Man würde nur sagen können, daß es auch tiefbraune Rassen gäbe, die sich vom

Neger oder seinem Abstamme *in andern Merkmalen* (zum Beispiel dem Knochenbau) unterscheiden; denn in Ansehung deren allein würde die Zeugung einen Blendling geben, und meine Farbenliste würde nur um Eine vermehrt werden. Ist aber die tiefe Farbe, die der in seinem Lande erwachsene Habessinier an sich trägt, nicht angeerbt, sondern nur etwa wie die eines Spaniers, der in demselben Lande von klein auf erzogen wäre: so würde seine Naturfarbe ohne Zweifel mit der der Kaffern einen Mittelschlag der Zeugung geben, der aber, weil der zufällige Anstrich durch die Sonne hinzukommt, verdeckt werden und ein gleichartiger Schlag (der Farbe nach) zu sein scheinen würde. Also beweiset dieser projektierte Versuch nichts wider die Tauglichkeit der notwendig-erblichen Hautfarbe zu einer Rassenunterscheidung, sondern nur die Schwierigkeit, dieselbe, so fern sie angeboren ist, an Orten richtig bestimmen zu können, wo die Sonne sie noch mit zufälliger Schminke überdeckt, und bestätigt die Rechtmäßigkeit meiner Forderung, *Zeugungen* von denselben Eltern *im Auslande* zu diesem Behuf vorzuziehen.

Von den letzteren haben wir nun ein entscheidendes Beispiel an der indischen Hautfarbe eines seit einigen Jahrhunderten in unsern nordischen Ländern sich fortpflanzenden Völkchens, nämlich den *Zigeunern.* Daß sie ein *indisches* Volk sind, beweiset ihre Sprache unabhängig von ihrer Hautfarbe. Aber diese zu erhalten ist die Natur so hartnäckig geblieben, daß, ob man zwar ihre Anwesenheit in Europa bis auf zwölf Generationen zurück verfolgen kann, sie noch immer so vollständig zum Vorschein kommt, daß, wenn sie in Indien aufwüchsen, zwischen ihnen und den dortigen Landeseingebornen allem Vermuten nach gar kein Unterschied angetroffen werden würde. Hier nun zu sagen, daß man noch 12 mal 12 Generationen warten müsse, bis die nordische Luft ihre anerbende Farbe völlig ausgebleicht haben würde, hieße den Nachforscher mit dilatorischen Antworten hinhalten und Ausflüchte suchen. Ihre Farbe aber für bloße Varietät ausgeben, wie etwa die des brünetten Spaniers gegen den Dänen heißt das Gepräge der Natur bezweifeln. Denn sie zeugen mit unseren alten Eingebornen unausbleiblich halbschlächtige Kinder, welchem Gesetze die Rasse der Weißen in Ansehung keiner einzigen ihrer charakteristischen Varietäten unterworfen ist.

Aber Seite 155–156 tritt das wichtigste Gegenargument auf, wodurch im Falle, daß es gegründet wäre, bewiesen werden würde, daß, wenn man mir auch meine *ursprünglichen Anlagen* einräumte, die Angemessenheit der Menschen zu ihren Mutterländern *bei ihrer Verbreitung* über die Erdfläche damit doch nicht bestehen könne. Es ließe sich, sagt Hr. F., allenfalls noch verteidigen, daß *gerade diejenigen* Menschen, *deren Anlage* sich *für dieses* oder jenes *Klima* paßt, da oder dort durch eine weise Fügung der Vorsehung geboren würden: aber, fährt er fort, wie ist denn eben diese Vorsehung so kurzsichtig geworden, nicht auf eine *zweite Verpflanzung* zu denken, wo jener Keim, der nur für Ein Klima taugte, ganz zwecklos geworden wäre.

Was den ersten Punkt betrifft, so erinnere man sich, daß ich jene erste Anlagen nicht als *unter verschiedene* Menschen *verteilt* – denn sonst wären es so viel verschiedene *Stämme* geworden, – sondern im ersten Menschenpaare als *vereinigt* angenommen hatte; und so paßten ihre Abkömmlinge, an denen noch die *ganze* ursprüngliche Anlage für alle künftige Abartungen ungeschieden ist, zu allen Klimaten (in Potentia), nämlich so, daß sich derjenige Keim, der sie demjenigen Erdstriche, in welchen sie oder ihre frühe Nachkommen geraten würden, angemessen machen würde, daselbst entwickeln könnte. Also bedurfte es nicht einer besonderen weisen Fügung, sie in solche Örter zu bringen, wo ihre Anlagen paßten; sondern wo sie zufälliger Weise hinkamen und lange Zeit ihre Generation fortsetzten, da entwickelte sich der für diese Erdgegend in ihrer Organisation befindliche, sie einem solchen Klima angemessen machende Keim.

Die Entwickelung der Anlagen richtete sich nach den Örtern, und nicht, wie es Hr. F. mißversteht, mußten etwa die Örter nach den schon entwickelten Anlagen ausgesucht werden. Dieses alles versteht sich aber nur von der ältesten Zeit, welche lange gnug (zur allmählichen Erdbevölkerung) gewährt haben mag, um allererst einem Volke, das eine bleibende Stelle hatte, die zur Entwickelung seiner derselben angemessenen Anlagen erforderliche Einflüsse des Klima und Bodens zu verschaffen. Aber nun fährt er fort: Wie ist nun derselbe Verstand, der hier so richtig ausrechnete, welche Länder und welche Keime zusammen treffen sollten (sie *mußten* nach dem Vorigen *immer* zusammentreffen, wenn man auch will, daß sie nicht ein Verstand, sondern nur dieselbe Natur, die die Organisation der Tiere so durchgängig zweckmäßig innerlich eingerichtet hatte, auch für ihre Erhaltung eben so sorgfältig ausgerüstet habe), auf einmal so kurzsichtig geworden, daß er nicht auch den Fall *einer zweiten Verpflanzung* vorausgesehen? Dadurch wird ja die angeborne Eigentümlichkeit, die nur für Ein Klima taugt, gänzlich zwecklos usw.

Was nun diesen zweiten Punkt des Einwurfs betrifft, so räume ich ein, daß jener Verstand, oder, wenn man lieber will, jene von selbst zweckmäßig wirkende Natur nach schon entwickelten Keimen auf Verpflanzung in der Tat gar nicht Rücksicht getragen, ohne doch deshalb der Unweisheit und Kurzsichtigkeit beschuldigt werden zu dürfen. Sie hat vielmehr durch ihre veranstaltete Angemessenheit zum Klima die Verwechselung desselben, vornehmlich des warmen mit dem kältern, verhindert. Denn eben diese übele Anpassung des neuen Himmelsstrichs zu dem schon angearteten Naturell der Bewohner des alten hält sie von selbst davon ab. Und wo haben Indier oder Neger sich in nordlichen Gegenden auszubreiten gesucht? – Die aber dahin vertrieben sind, haben in ihrer Nachkommenschaft (wie die kreolischen *Neger* oder *Indier* unter dem Namen der Zigeu-

ner) niemals einen zu ansässigen Landanbauern oder Hand-
arbeitern tauglichen Schlag abgeben wollen*.

Aber eben das, was Hr. F. für eine unüberwindliche Schwierigkeit gegen mein Prinzip hält, wirft in einer gewissen
Anwendung das vorteilhafteste Licht auf dieselbe und löset
Schwierigkeiten, wider die keine andere Theorie etwas vermag. Ich nehme an, daß so viele Generationen von der Zeit
des Anfangs der Menschengattung über die allmähliche Entwickelung der zur völligen Anartung an ein Klima in ihr
befindlichen Anlagen erforderlich gewesen, daß darüber die
großenteils durch gewaltsame Naturrevolutionen erzwunge-
gene Verbreitung derselben über den beträchtlichsten Teil
der Erde, mit kümmerlicher Vermehrung der Art, hat geschehen können. Wenn nun auch durch diese Ursachen ein
Völkchen der alten Welt aus südlichern Gegenden in die
nordlichern getrieben worden: so muß die Anartung – die,
um den vorigen angemessen zu werden, vielleicht noch nicht
vollendet war, – allmählich in Stillstand gesetzt, dagegen

---

* Die letztere Bemerkung wird hier nicht als beweisend angeführt, ist
aber doch nicht unerheblich. In Hrn. *Sprengels* Beiträgen, 5tem Teile,
S. 287–292, führt ein sachkundiger Mann gegen Ramsays Wunsch, alle
Negersklaven als *freie* Arbeiter zu brauchen, an: daß unter den vielen
tausend freigelassenen Negern, die man in Amerika und in England antrifft, er kein Beispiel kenne, daß irgend einer die Geschäfte treibe, was
man eigentlich *Arbeit* nennen kann, vielmehr daß sie ein leichtes Handwerk, welches sie vormals als Sklaven zu treiben gezwungen waren, als-
bald aufgeben, wenn sie in Freiheit kommen, um dafür Höker, elende
Gastwirte, Livereibediente, auf den Fischzug oder Jagd Ausgehende, mit
einem Worte Umtreiber zu werden. Eben das findet man auch an den
Zigeunern unter uns. Derselbe Verfasser bemerkt hiebei: daß nicht etwa
das nordliche Klima sie zur Arbeit ungeneigt mache; denn sie halten,
wenn sie hinter dem Wagen ihrer Herrschaften, oder in den ärgsten
Winternächten in den kalten Eingängen der Theater (in England) warten
müssen, doch lieber aus, als Dreschen, Graben, Lasten tragen u. s. w.
Sollte man hieraus nicht schließen: daß es außer dem *Vermögen* zu
arbeiten noch einen unmittelbaren, von aller Anlockung unabhängigen
Trieb zur Tätigkeit (vornehmlich der anhaltenden, die man Emsigkeit
nennt) gebe, der mit gewissen Naturanlagen besonders verwebt ist, und
daß Indier sowohl als Neger nicht mehr von diesem Antriebe in andere
Klimaten mitbringen und vererben, als sie für ihre Erhaltung in ihrem

einer entgegengesetzten Entwickelung der Anlagen, nämlich für das nordliche Klima, Platz gemacht haben. Setzet nun, dieser Menschenschlag hätte sich nordostwärts immer weiter bis nach Amerika herübergezogen – eine Meinung, die ge- ständlich die größte Wahrscheinlichkeit hat –, so wären, ehe er sich in diesem Weltteile wiederum beträchtlich nach Süden verbreiten konnte, seine Naturanlagen schon so weit ent- wickelt, als es möglich ist, und diese Entwickelung, nun als vollendet, müßte alle fernere Anartung an ein neues Klima unmöglich gemacht haben. Nun wäre also eine Rasse ge- gründet, die bei ihrem Fortrücken nach Süden für alle Kli- maten immer einerlei, in der Tat also keinem gehörig ange- messen ist, weil die südliche Anartung vor ihrem Ausgange in der Hälfte ihrer Entwickelung unterbrochen, durch die ans nordliche Klima abgewechselt und so der beharrliche Zustand dieses Menschenhaufens gegründet worden. In der Tat versichert *Don Ulloa* (ein vorzüglich wichtiger Zeuge, der die Einwohner von Amerika in beiden Hemisphären

alten Mutterlande bedurften und von der Natur empfangen hatten, und daß diese innere Anlage eben so wenig erlösche, als die äußerlich sicht- bare. Die weit mindern Bedürfnisse aber in jenen Ländern und die wenige Mühe, die es erfordert, sich auch nur diese zu verschaffen, er- fordern keine größern Anlagen zur Tätigkeit. – Hier will ich noch etwas aus *Marsdens* gründlicher Beschreibung von Sumatra (Siehe Spren- gels Beiträge, 6ter Teil, S. 198–199) anführen. »Die Farbe ihrer (der *Rejangs*) Haut ist gewöhnlich *gelb* ohne die Beimischung von Rot, wel- che die Kupferfarbe hervorbringt. Sie sind beinahe durchgängig etwas heller von Farbe als die Mestizen in andern Gegenden von Indien. – Die weiße Farbe der Einwohner von Sumatra in *Vergleichung mit an- dern Völkern eben des Himmelsstrichs* ist meines Erachtens ein starker Beweis, daß die Farbe der Haut keinesweges unmittelbar von dem Klima abhängt. (Eben das sagt er von dort gebornen Kindern der Europäer und Negern in der zweiten Generation und vermutet, daß die dunklere Farbe der Europäer, die sich hier lange aufgehalten haben, eine Folge der vielen Gallenkrankheiten sei, denen dort alle ausgesetzt sind.) – Hier muß ich noch bemerken, daß die Hände der Eingebornen und der Mestizen unerachtet des heißen Klimas gewöhnlich kalt sind« (ein wichtiger Umstand, der Anzeige gibt, daß die eigentümliche Haut- beschaffenheit von keinen oberflächlichen äußeren Ursachen herrühren müsse).

kannte) die charakteristische Gestalt der Bewohner dieses
Weltteils durchgängig sehr ähnlich befunden zu haben (was
die Farbe betrifft, so beschreibt sie einer der neuern See-
reisenden, dessen Namen ich jetzt nicht mit Sicherheit nennen kann, wie *Eisenrost,* mit *Öl* vermischt). Daß aber ihr
Naturell zu keiner *völligen* Angemessenheit mit irgend
einem Klima gelangt ist, läßt sich auch daraus abnehmen,
daß schwerlich ein anderer Grund angegeben werden kann,
warum diese Rasse, zu schwach für schwere Arbeit, zu
gleichgültig für emsige und unfähig zu aller Kultur, wozu
sich doch in der Naheit Beispiel und Aufmunterung genug
findet, noch tief unter dem Neger selbst steht, welcher doch
die niedrigste unter allen übrigen Stufen einnimmt, die wir
als Rassenverschiedenheiten genannt haben.

Nun halte man alle andere mögliche Hypothesen an dies
Phänomen! Wenn man nicht die von Hrn. F. schon in Vorschlag gebrachte besondere Schöpfung des Negers mit einer
zweiten, nämlich des Amerikaners, vermehren will, so bleibt
keine andere Antwort übrig, als daß Amerika zu *kalt,* oder
zu *neu* sei, um die Abartung der Neger oder gelben Indier
jemals hervorzubringen, oder in so kurzer Zeit, als es bevölkert ist, schon hervorgebracht zu haben. Die erste Behauptung ist, was das heiße Klima dieses Weltteils betrifft,
jetzt genugsam widerlegt; und was die *zweite* betrifft, daß
nämlich, wenn man nur noch einige Jahrtausende zu warten
Geduld hätte, sich die Neger (wenigstens der erblichen
Hautfarbe nach) wohl dereinst hier auch durch den allmählichen Sonneneinfluß hervorfinden würden: so müßte man
erst gewiß sein, daß Sonne und Luft solche Einpfropfungen
verrichten können, um sich durch einen so ins Weite gestellten, immer nach Belieben weiter hinaus zu rückenden, bloß
vermuteten Erfolg nur gegen *Einwürfe* zu verteidigen; wie
viel weniger kann, da jenes selbst noch gar sehr bezweifelt
wird, eine bloß beliebige Vermutung den *Tatsachen* entgegen
gestellt werden!

Eine wichtige Bestätigung der Ableitung der unausbleiblich

erblichen Verschiedenheiten durch Entwickelung ursprünglich und zweckmäßig in einem Menschenstamme für die Erhaltung der Art zusammenbefindlicher Anlagen ist: daß die daraus entwickelten Rassen nicht *sporadisch* (in allen Weltteilen, in einerlei Klima, auf gleiche Art) verbreitet, sondern *cykladisch* in vereinigten Haufen, die sich innerhalb der Grenzlinie eines Landes, worin jede derselben sich hat bilden können, verteilt angetroffen werden. So ist die *reine* Abstammung der *Gelbfarbigen* innerhalb den Grenzen von *Hindostan* eingeschlossen, und das nicht weit davon entfernte *Arabien*, welches großenteils gleichen Himmelsstrich einnimmt, enthält nichts davon; beide aber enthalten keine *Neger*, die nur in *Afrika* zwischen dem *Senegal* und *Capo Negro* (und so weiter im Inwendigen dieses Weltteils) zu finden sind; indessen das ganze *Amerika* weder die einen noch die andern, ja gar keinen Rassencharakter der alten Welt (die *Eskimos* ausgenommen, die nach verschiedenen sowohl von ihrer Gestalt, als selbst ihrem Talent hergenommenen Charakteren spätere Ankömmlinge aus einem der alten Weltteile zu sein scheinen). Jede dieser Rassen ist gleichsam isoliert, und da sie bei dem gleichen Klima doch von einander und zwar durch einen dem Zeugungsvermögen einer jeden derselben unabtrennlich anhängenden Charakter sich unterscheiden: so machen sie die Meinung von dem Ursprunge der letzteren als Wirkungen des Klima sehr unwahrscheinlich, bestätigen dagegen die Vermutung einer zwar durchgängigen Zeugungsverwandtschaft durch Einheit der Abstammung, aber zugleich die von einer in ihnen selbst, nicht bloß im Klima liegenden *Ursache* des klassifischen Unterschiedes derselben, welcher lange Zeit erfordert haben muß, um seine Wirkung angemessen dem Orte der Fortpflanzung zu tun, und nachdem diese einmal zu Stande gekommen, durch keine Versetzungen neue Abartungen mehr möglich werden läßt, welche denn für nichts anders, als eine sich allmählich zweckmäßig entwickelnde, in den Stamm gelegte, auf eine gewisse Zahl nach den Hauptver-

schiedenheiten der Lufteinflüsse eingeschränkte, *ursprüng-liche Anlage* gehalten werden kann. Diesem Beweisgrunde scheint die in den zu Südasien und so weiter ostwärts zum Stillen Ozean gehörigen Inseln zerstreute Rasse der *Papuas*, welche ich mit Capt. *Forrester* Kaffern genannt habe (weil er vermutlich teils in der Hautfarbe, teils in dem Kopf- und Barthaare, welche sie der Eigenschaft der Neger zuwider zu ansehnlichem Umfange auskämmen können, Ursache gefunden, sie nicht Neger zu nennen), Abbruch zu tun. Aber die daneben anzutreffende wundersame Zerstreuung noch ande-rer Rassen, nämlich der Haraforas und gewisser mehr dem reinen indischen Stamme ähnlicher Menschen, macht es wie-der gut, weil es auch den Beweis für die Wirkung des Klima auf ihre Erbeigenschaft schwächt, indem diese in einem und demselben Himmelsstriche doch so ungleichartig ausfällt. Daher man auch mit gutem Grunde sie nicht für Aborigines, sondern durch wer weiß welche Ursache (viel-leicht eine mächtige Erdrevolution, die von Westen nach Osten gewirkt haben muß) aus ihren Sitzen vertriebene Fremdlinge (jene Papuas etwa aus Madagaskar) zu halten wahrscheinlich findet. Mit den Einwohnern von *Frevillei-land*, von denen ich *Carterets* Nachricht aus dem Gedächt-nisse (vielleicht unrichtig) anführte, mag es also beschaffen sein, wie es wolle, so wird man die Beweistümer der Ent-wickelung der Rassenunterschiede in dem vermutlichen Wohn-sitze ihres Stammes auf dem *Kontinent* und nicht auf den *Inseln*, die allem Ansehen nach allererst nach längst vollende-ter Wirkung der Natur bevölkert worden, zu suchen haben.
Soviel zur Verteidigung meines Begriffs von der Ableitung der erblichen Mannigfaltigkeit organischer Geschöpfe einer und derselben *Naturgattung* (species naturalis, so fern sie durch ihr Zeugungsvermögen in Verbindung stehen und von Einem Stamme entsprossen sein* können) zum Unterschiede

---

* Zu einem und demselben Stamme zu gehören bedeutet nicht sofort von einem einzelnen ursprünglichen *Paare* erzeugt zu sein; es will nur soviel sagen: die Mannigfaltigkeiten, die jetzt in einer gewissen Tiergattung

von der *Schulgattung* (species artificialis, so fern sie unter einem gemeinschaftlichen Merkmale der bloßen Vergleichung stehen), davon die erstere zur Naturgeschichte, die zweite zur Naturbeschreibung gehört. Jetzt noch etwas über das eigne System des Hrn. F. von dem Ursprunge desselben. Darin sind wir beide einig, daß alles in einer Naturwissenschaft *natürlich* müsse erklärt werden, weil es sonst zu dieser Wissenschaft nicht gehören würde. Diesem Grundsatze bin ich so sorgfältig gefolgt, daß auch ein scharfsinniger Mann (Hr. O. C. R. *Büsching* in der Rezension meiner obgedachten Schrift) wegen der Ausdrücke von Absichten, von Weisheit und Vorsorge etc. der Natur mich zu einem *Naturalisten*, doch mit dem Beisatze *von eigner Art* macht, weil ich in Verhandlungen, welche die bloße Naturkenntnisse und, wieweit diese reichen, angehen (wo es ganz schicklich ist, sich *teleologisch* auszudrücken), es nicht ratsam finde eine *theologische* Sprache zu führen; um jeder Erkenntnisart ihre Grenzen ganz sorgfältig zu bezeichnen.

Allein ebenderselbe Grundsatz, daß alles in der Naturwissenschaft natürlich erklärt werden müsse, bezeichnet zugleich die Grenzen derselben. Denn man ist zu ihrer äußersten Grenze gelangt, wenn man den letzten unter allen Erklärungsgründen braucht, der noch durch *Erfahrung* bewährt werden kann. Wo diese aufhören, und man mit selbst erdachten Kräften der Materie nach unerhörten und keiner

anzutreffen sind, dürfen darum nicht als so viel ursprüngliche Verschiedenheiten angesehen werden. Wenn nun der erste Menschenstamm aus noch so viel Personen (beiderlei Geschlechts), die aber alle gleichartig waren, bestand, so kann ich eben so gut die jetzigen Menschen von einem einzigen Paare, als von vielen derselben ableiten. Hr. F. hält mich im Verdacht, daß ich das letztere als ein Factum und zwar zufolge einer Autorität behaupten wolle; allein es ist nur die Idee, die ganz natürlich aus der Theorie folgt. Was aber die Schwierigkeit betrifft, daß wegen der reißenden Tiere das menschliche Geschlecht mit seinem Anfange von einem einzigen Paare schlecht gesichert gewesen sein würde, so kann ihm diese keine sonderliche Mühe machen. Denn seine allgebärende Erde durfte dieselbe nur später als die Menschen hervorgebracht haben.

Belege fähigen Gesetzen es anfangen muß, da ist man schon über die Naturwissenschaft hinaus, ob man gleich noch immer Naturdinge als Ursachen nennt, zugleich aber ihnen Kräfte beilegt, deren Existenz durch nichts bewiesen, ja sogar ihre Möglichkeit mit der Vernunft schwerlich vereinigt werden kann. Weil der Begriff eines organisierten Wesens es schon bei sich führt, daß es eine Materie sei, in der Alles wechselseitig als Zweck und Mittel auf einander in Beziehung steht, und dies sogar nur als *System von Endursachen* gedacht werden kann, mithin die Möglichkeit desselben nur teleologische, keinesweges aber physisch-mechanische Erklärungsart wenigstens der *menschlichen* Vernunft übrig läßt: so kann in der Physik nicht nachgefragt werden, woher denn alle Organisierung selbst ursprünglich herkomme. Die Beantwortung dieser Frage würde, wenn sie überhaupt für uns zugänglich ist, offenbar *außer* der Naturwissenschaft in der *Metaphysik* liegen. Ich meinerseits leite alle Organisation von *organischen Wesen* (durch Zeugung) ab und spätere Formen (dieser Art Naturdinge) nach Gesetzen der allmählichen Entwickelung von *ursprünglichen Anlagen* (dergleichen sich bei den Verpflanzungen der Gewächse häufig antreffen lassen), die in der Organisation ihres Stammes anzutreffen waren. Wie dieser Stamm selbst *entstanden* sei, diese Aufgabe liegt gänzlich über die Grenzen aller dem Menschen möglichen Physik hinaus, innerhalb denen ich doch glaubte mich halten zu müssen.

Ich fürchte daher für Hrn. F.s System nichts von einem Ketzergerichte (denn das würde sich hier eben so wohl eine Gerichtsbarkeit außer seinem Gebiete anmaßen), auch stimme ich erforderlichen Falles auf eine philosophische *Jury* (S. 166) von bloßen Naturforschern und glaube doch kaum, daß ihr Ausspruch für ihn günstig ausfallen dürfte. »Die kreißende Erde (S. 80), welche Tiere und Pflanzen ohne Zeugung von ihres gleichen aus ihrem weichen, vom Meeresschlamme befruchteten Mutterschoße entspringen ließ, die darauf gegründete Lokalzeugungen organischer Gattungen, da *Afrika* seine Menschen (die Neger), *Asien* die seinige (alle übrige) hervorbrachte (S. 158), die davon abgeleitete Verwandtschaft Aller in einer unmerklichen Abstufung vom Menschen zum Walfische (S. 77) und so weiter hinab (vermutlich bis zu Moosen und Flechten, nicht bloß im Vergleichungssystem, sondern im Erzeugungssystem aus gemeinschaftlichem Stamme) gehenden Naturkette* organischer Wesen« – diese würden zwar nicht machen, daß der Naturforscher davor, als vor einem Ungeheuer (S. 75), zurückbebte (denn es ist ein Spiel, womit sich wohl mancher irgend einmal unterhalten hat, das er aber, weil damit nichts ausgerichtet wird, wieder aufgab), er würde aber doch davon durch die Betrachtung zurückgescheucht werden, daß er sich hiedurch unvermerkt von dem fruchtbaren Boden der Naturforschung in die Wüste der Metaphysik verirre. Zudem kenne ich noch eine eben nicht (S. 75) *unmännliche* Furcht, nämlich vor allem zurückzubeben, was die Vernunft von ihren ersten Grundsätzen abspannt und ihr es erlaubt macht, in grenzlosen Einbildungen herumzuschweifen. Vielleicht hat Hr. F. auch hiedurch nur irgend einem *Hypermetaphysiker* (denn dergleichen gibt's auch, die nämlich die Elementarbegriffe nicht kennen, die sie auch zu verachten sich anstellen und doch heroisch auf Eroberungen ausgehen) einen Gefallen tun und Stoff für dessen Phantasie geben wollen, um sich hernach hierüber zu belustigen.

Wahre Metaphysik kennt die Grenzen der menschlichen Vernunft und unter anderen diesen ihren Erbfehler, den sie nie verleugnen kann: daß sie schlechterdings keine *Grundkräfte* a priori erdenken kann und darf (weil sie alsdann

---

* Über diese vornehmlich durch *Bonnet* sehr beliebt gewordene Idee verdient des Hrn. Prof. *Blumenbach* Erinnerung (Handbuch der Naturgeschichte 1779. Vorrede § 7) gelesen zu werden. Dieser einsehende Mann legt auch den *Bildungstrieb*, durch den er so viel Licht in die Lehre der Zeugungen gebracht hat, nicht der unorganischen Materie, sondern nur den Gliedern organisierter Wesen bei.

lauter leere Begriffe aushecken würde), sondern nichts weiter tun kann, als die, so ihr die Erfahrung lehrt (so fern sie
nur dem Anscheine nach verschieden, im Grunde aber identisch sind), auf die kleinstmögliche Zahl zurück zu führen
und die dazu gehörige *Grundkraft,* wenn's die Physik gilt,
in der *Welt,* wenn es aber die Metaphysik angeht (nämlich
die nicht weiter abhängige anzugeben), allenfalls *außer der
Welt* zu suchen. Von einer Grundkraft aber (da wir sie
nicht anders als durch die Beziehung einer Ursache auf eine
Wirkung kennen) können wir keinen andern Begriff geben
und keine Benennung dafür ausfinden, als der von der
Wirkung hergenommen ist und gerade nur diese Beziehung
ausdrückt*. Nun ist der Begriff eines organisierten Wesens
dieser: daß es ein materielles Wesen sei, welches nur durch
die Beziehung alles dessen, was in ihm enthalten ist, auf
einander als Zweck und Mittel möglich ist (wie auch wirklich jeder Anatomiker als Physiolog von diesem Begriffe

---

* Z. B. die *Einbildung* im Menschen ist eine Wirkung, die wir mit
andern Wirkungen des Gemüts nicht als einerlei erkennen. Die Kraft,
die sich darauf bezieht, kann daher nicht anders als Einbildungskraft
(als Grundkraft) genannt werden. Eben so sind unter dem Titel der bewegenden Kräfte Zurückstoßungs- und Anziehungskraft *Grundkräfte.*
Zu der Einheit der Substanz haben verschiedene geglaubt eine einige
Grundkraft annehmen zu müssen und haben sogar gemeint sie zu erkennen, indem sie bloß den *gemeinschaftlichen Titel* verschiedener
Grundkräfte nannten, z. B. die einzige Grundkraft der Seele sei Vorstellungskraft der Welt; gleich als ob ich sagte: die einzige Grundkraft
der Materie ist bewegende Kraft, weil Zurückstoßung und Anziehung
beide unter dem gemeinschaftlichen Begriffe der Bewegung stehen. Man
verlangt aber zu wissen, ob sie auch von dieser *abgeleitet* werden können, welches unmöglich ist. Denn die *niedrigern* Begriffe können nach
dem, was sie Verschiedenes haben, von dem *höhern* niemals abgeleitet
werden; und was die Einheit der Substanz betrifft, von der es scheint,
daß sie die Einheit der Grundkraft schon in ihrem Begriffe bei sich
führe, so beruht diese Täuschung auf einer unrichtigen Definition der
Kraft. Denn diese ist nicht das, *was* den Grund der Wirklichkeit der
Akzidenzen enthält (das ist die Substanz), sondern ist bloß das *Verhältnis* der Substanz zu den Akzidenzen, *so fern* sie den Grund ihrer
Wirklichkeit enthält. Es können aber der Substanz (unbeschadet ihrer
Einheit) verschiedene Verhältnisse gar wohl beigelegt werden.

ausgeht). Eine Grundkraft, durch die eine Organisation gewirkt würde, muß also als eine nach *Zwecken* wirkende
Ursache gedacht werden und zwar so, daß diese Zwecke
der Möglichkeit der Wirkung zum Grunde gelegt werden
müssen. Wir kennen aber dergleichen Kräfte *ihrem Bestim-
mungsgrunde nach* durch Erfahrung nur *in uns selbst*, nämlich an unserem Verstande und Willen, als einer Ursache der
Möglichkeit gewisser ganz nach Zwecken eingerichteter Produkte, nämlich der *Kunstwerke*. Verstand und Wille sind
bei uns Grundkräfte, deren der letztere, so fern er durch
den erstern bestimmt wird, ein Vermögen ist, Etwas *gemäß
einer Idee*, die Zweck genannt wird, hervorzubringen. Unabhängig von aller Erfahrung aber sollen wir uns keine
neue Grundkraft erdenken, dergleichen doch diejenige sein
würde, die in einem Wesen zweckmäßig wirkte, ohne doch
den Bestimmungsgrund in einer *Idee* zu haben. Also ist der
Begriff von dem Vermögen eines Wesens aus sich selbst
zweckmäßig, aber *ohne Zweck* und Absicht, die in ihm oder
seiner Ursache lägen, zu wirken – als eine besondere Grundkraft, von der die Erfahrung kein Beispiel gibt – völlig erdichtet und leer, d. i. ohne die mindeste Gewährleistung,
daß ihr überhaupt irgend ein Objekt korrespondieren könne.
Es mag also die Ursache organisierter Wesen *in* der Welt
oder *außer* der Welt anzutreffen sein, so müssen wir entweder aller Bestimmung ihrer Ursache entsagen, oder ein
intelligentes Wesen uns dazu denken; nicht als ob wir (wie
der sel. Mendelssohn mit andern glaubte) einsähen, daß
eine solche Wirkung aus einer andern Ursache *unmöglich*
sei: sondern weil wir, um eine andere Ursache mit Ausschließung der Endursachen zum Grunde zu legen, uns eine
Grundkraft *erdichten* müßten, wozu die Vernunft durchaus
keine Befugnis hat, weil es ihr alsdann keine Mühe machen
würde, alles, *was* sie will und *wie* sie will, zu erklären.

*

Und nun die Summe von allem diesem gezogen! *Zwecke* haben eine gerade Beziehung auf die *Vernunft*, sie mag nun fremde, oder unsere eigene sein. Allein um sie auch in fremder Vernunft zu setzen, müssen wir unsere eigene wenigstens als ein Analogon derselben zum Grunde legen: weil sie ohne diese gar nicht vorgestellt werden können. Nun sind die Zwecke entweder Zwecke der *Natur*, oder der *Freiheit*. Daß es in der Natur Zwecke geben müsse, kann kein Mensch a priori einsehen; dagegen er a priori ganz wohl einsehen kann, daß es darin eine Verknüpfung der Ursachen und Wirkungen geben müsse. Folglich ist der Gebrauch des teleologischen Prinzips in Ansehung der Natur jederzeit empirisch bedingt. Eben so würde es mit den Zwecken der Freiheit bewandt sein, wenn dieser vorher die Gegenstände des Wollens durch die Natur (in Bedürfnissen und Neigungen) als Bestimmungsgründe gegeben werden müßten, um bloß vermittelst der Vergleichung derselben unter einander und mit ihrer Summe dasjenige durch Vernunft zu bestimmen, was wir uns zum Zwecke machen. Allein die Kritik der praktischen Vernunft zeigt, daß es reine praktische Prinzipien gebe, wodurch die Vernunft a priori bestimmt wird, und die also a priori den Zweck derselben angeben. Wenn also der Gebrauch des teleologischen Prinzips zu Erklärungen der Natur darum, weil es auf empirische Bedingungen eingeschränkt ist, den Urgrund der zweckmäßigen Verbindung niemals vollständig und für alle Zwecke bestimmt genug angeben kann: so muß man dieses dagegen von einer *reinen Zweckslehre* (welche keine andere als die der *Freiheit* sein kann) erwarten, deren Prinzip a priori die Beziehung einer Vernunft überhaupt auf das Ganze aller Zwecke enthält und nur praktisch sein kann. Weil aber eine reine praktische Teleologie, d. i. eine Moral, ihre Zwecke in der *Welt* wirklich zu machen bestimmt ist, so wird sie deren *Möglichkeit* in derselben, sowohl was die darin gegebenen *Endursachen* betrifft, als auch die Angemessenheit der *obersten Welturssache* zu einem Ganzen aller

Zwecke als Wirkung, mithin sowohl die natürliche *Teleologie,* als auch die Möglichkeit einer Natur überhaupt, d. i. die Transzendental-Philosophie, nicht verabsäumen dürfen, um der praktischen reinen Zweckslehre objektive Realität in Absicht auf die Möglichkeit des Objekts in der Ausübung, nämlich die des Zwecks, den sie als in der Welt zu bewirken vorschreibt, zu sichern.

In beider Rücksicht hat nun der *Verfasser der Briefe über die K. Philosophie* sein Talent, Einsicht und ruhmwürdige Denkungsart jene zu allgemein notwendigen Zwecken nützlich anzuwenden musterhaft bewiesen; und ob es zwar eine Zumutung an den vortrefflichen Herausgeber gegenwärtiger Zeitschrift ist, welche der Bescheidenheit zu nahe zu treten scheint, habe ich doch nicht ermangeln können, ihn um die Erlaubnis zu bitten, meine Anerkennung des Verdienstes des ungenannten und mir bis nur vor kurzem unbekannten Verfassers jener Briefe um die gemeinschaftliche Sache einer nach festen Grundsätzen geführten sowohl spekulativen als praktischen Vernunft, so fern ich einen Beitrag dazu zu tun bemüht gewesen, in seine Zeitschrift einrücken zu dürfen. Das Talent einer lichtvollen, sogar anmutigen Darstellung trockener abgezogener Lehren ohne Verlust ihrer Gründlichkeit ist so selten (am wenigsten dem Alter beschieden) und gleichwohl so nützlich, ich will nicht sagen bloß zur Empfehlung, sondern selbst zur Klarheit der Einsicht, der Verständlichkeit und damit verknüpften Überzeugung, – daß ich mich verbunden halte, demjenigen Manne, der meine Arbeiten, welchen ich diese Erleichterung nicht verschaffen konnte, auf solche Weise ergänzte, meinen Dank öffentlich abzustatten.

Ich will bei dieser Gelegenheit nur noch mit Wenigem den Vorwurf entdeckter vorgeblicher Widersprüche in einem Werke von ziemlichem Umfange, ehe man es im Ganzen wohl gefaßt hat, berühren. Sie schwinden insgesamt von selbst, wenn man sie in der Verbindung mit dem Übrigen betrachtet. In der Leipz. gel. Zeitung 1787 No. 94 wird das, was in der Kritik etc. Auflage 1787 in der Einleitung S. 3. Z. 7 steht, mit dem, was bald darauf S. 5. Z. 1 und 2 angetroffen wird, als im geraden Widerspruche stehend angegeben; denn in der ersteren Stelle hatte ich gesagt: von den Erkenntnissen a priori heißen diejenige *rein*, denen gar nichts Empirisches *beigemischt* ist, und als ein Beispiel des Gegenteils den Satz angeführt: alles *Veränderliche* hat eine Ursache. Dagegen führe ich S. 5 eben diesen Satz zum Beispiel einer reinen Erkenntnis a priori, d. i. einer solchen, die von nichts Empirischem *abhängig* ist, an; – zweierlei Bedeutungen des Worts *rein*, von denen ich aber im ganzen Werke es nur mit der letzteren zu tun habe. Freilich hätte ich den Mißverstand durch ein Beispiel der erstern Art Sätze verhüten können: Alles *Zufällige* hat eine Ursache. Denn hier ist gar nichts Empirisches *beigemischt*. Wer besinnt sich aber auf alle Veranlassungen zum Mißverstande? – Eben das ist mir mit einer Note zur Vorrede der *metaph. Anfangsg. d. Nat.-W.* S. XVI–XVII widerfahren, da ich die Deduktion der Kategorien zwar für wichtig, aber nicht *für äußerst notwendig* ausgebe, letzteres aber in der Kritik doch geflissentlich behaupte. Aber man sieht leicht, daß sie dort nur zu einer *negativen* Absicht, nämlich um zu beweisen, es könne vermittelst ihrer *allein* (ohne sinnliche Anschauung) gar *kein Erkenntnis* der Dinge zu Stande kommen, in Betrachtung gezogen wurden, da es denn schon klar wird, wenn man auch nur die E x p o s i t i o n der Kategorien (als bloß auf Objekte überhaupt angewandte logische Funktionen) zur Hand nimmt. Weil wir aber von ihnen doch einen Gebrauch machen, darin sie zur *Erkenntnis* der Objekte (der Erfahrung) wirklich gehören, so mußte nun auch die Möglichkeit einer objektiven Gültigkeit solcher Begriffe a priori in Beziehung aufs Empirische besonders bewiesen werden, damit sie nicht gar ohne Bedeutung, oder auch nicht empirisch *entsprungen* zu sein geurteilt würden; und das war die *positive* Absicht, in Ansehung deren die *Deduktion* allerdings unentbehrlich notwendig ist.

Ich erfahre eben jetzt, daß der Verfasser obbenannter Briefe, Herr Rat *Reinhold*, seit kurzem Professor der Philosophie in Jena sei; ein Zuwachs, der dieser berühmten Universität nicht anders als sehr vorteilhaft sein kann.

V

Über den Gemeinspruch:
Das mag in der Theorie richtig sein,
taugt aber nicht für die Praxis.

Man nennt einen Inbegriff selbst von praktischen Regeln
alsdann *Theorie*, wenn diese Regeln als Prinzipien in einer
gewissen Allgemeinheit gedacht werden, und dabei von
einer Menge Bedingungen abstrahiert wird, die doch auf
ihre Ausübung notwendig Einfluß haben. Umgekehrt heißt
nicht jede Hantierung, sondern nur diejenige Bewirkung
eines Zwecks *Praxis,* welche als Befolgung gewisser im Allgemeinen vorgestellten Prinzipien des Verfahrens gedacht
wird.

Daß zwischen der Theorie und Praxis noch ein Mittelglied
der Verknüpfung und des Überganges von der einen zur
anderen erfordert werde, die Theorie mag auch so vollständig sein, wie sie wolle, fällt in die Augen; denn zu dem
Verstandesbegriffe, welcher die Regel enthält, muß ein
Actus der Urteilskraft hinzukommen, wodurch der Prakti-
ker unterscheidet, ob etwas der Fall der Regel sei oder
nicht; und da für die Urteilskraft nicht immer wiederum
Regeln gegeben werden können, wonach sie sich in der
Subsumtion zu richten habe (weil das ins Unendliche gehen
würde), so kann es Theoretiker geben, die in ihrem Leben
nie praktisch werden können, weil es ihnen an Urteilskraft
fehlt: z. B. Ärzte oder Rechtsgelehrte, die ihre Schule gut
gemacht haben, die aber, wenn sie ein Consilium zu geben
haben, nicht wissen, wie sie sich benehmen sollen. – Wo
aber diese Naturgabe auch angetroffen wird, da kann es
doch noch einen Mangel an Prämissen geben; d. i. die Theorie kann unvollständig und die Ergänzung derselben vielleicht nur durch noch anzustellende Versuche und Erfahrungen geschehen, von denen der aus seiner Schule kommende

Arzt, Landwirt oder Kameralist sich neue Regeln abstrahieren und seine Theorie vollständig machen kann und soll. Da lag es dann nicht an der Theorie, wenn sie zur Praxis noch wenig taugte, sondern daran, daß *nicht genug* Theorie da war, welche der Mann von der Erfahrung hätte lernen sollen, und welche wahre Theorie ist, wenn er sie gleich nicht von sich zu geben und als Lehrer in allgemeinen Sätzen systematisch vorzutragen im Stande ist, folglich auf den Namen eines theoretischen Arztes, Landwirts und dergl. keinen Anspruch machen kann. – Es kann also Niemand sich für praktisch bewandert in einer Wissenschaft ausgeben und doch die Theorie verachten, ohne sich bloß zu geben, daß er in seinem Fache ein Ignorant sei: indem er glaubt, durch Herumtappen in Versuchen und Erfahrungen, ohne sich gewisse Prinzipien (die eigentlich das ausmachen, was man Theorie nennt) zu sammeln und ohne sich ein Ganzes (welches, wenn dabei methodisch verfahren wird, System heißt) über sein Geschäft gedacht zu haben, weiter kommen zu können, als ihn die Theorie zu bringen vermag.

Indes ist doch noch eher zu dulden, daß ein Unwissender die Theorie bei seiner vermeintlichen Praxis für unnötig und entbehrlich ausgebe, als daß ein Klügling sie und ihren Wert für die Schule (um etwa nur den Kopf zu üben) einräumt, dabei aber zugleich behauptet: daß es in der Praxis ganz anders laute; daß, wenn man aus der Schule sich in die Welt begibt, man inne werde, leeren Idealen und philosophischen Träumen nach gegangen zu sein; mit Einem Wort, daß, was in der Theorie sich gut hören läßt, für die Praxis von keiner Gültigkeit sei. (Man drückt dieses oft auch so aus: dieser oder jener Satz gilt zwar in thesi, aber nicht in hypothesi.) Nun würde man den empirischen Maschinisten, welcher über die allgemeine Mechanik, oder den Artilleristen, welcher über die mathematische Lehre vom Bombenwurf so absprechen wollte, daß die Theorie davon zwar fein ausgedacht, in der Praxis aber gar nicht gültig sei, weil bei der Ausübung die Erfahrung ganz andere

Resultate gebe als die Theorie, nur belachen (denn wenn zu der ersten noch die Theorie der Reibung, zur zweiten die des Widerstandes der Luft, mithin überhaupt nur noch mehr Theorie hinzu käme, so würden sie mit der Erfahrung gar wohl zusammen stimmen). Allein es hat doch eine ganz andere Bewandtnis mit einer Theorie, welche Gegenstände der Anschauung betrifft, als mit derjenigen, in welcher diese nur durch Begriffe vorgestellt werden (mit Objekten der Mathematik und Objekten der Philosophie): welche letzteren vielleicht ganz wohl und ohne Tadel (von Seiten der Vernunft) *gedacht,* aber vielleicht gar nicht *gegeben* werden können, sondern wohl bloß leere Ideen sein mögen, von denen in der Praxis entweder gar kein, oder sogar ein ihr nachteiliger Gebrauch gemacht werden würde. Mithin könnte jener Gemeinspruch doch wohl in solchen Fällen seine gute Richtigkeit haben.

Allein in einer Theorie, welche auf dem *Pflichtbegriff* gegründet ist, fällt die Besorgnis wegen der leeren Idealität dieses Begriffs ganz weg. Denn es würde nicht Pflicht sein, auf eine gewisse Wirkung unsers Willens auszugehen, wenn diese nicht auch in der Erfahrung (sie mag nun als vollendet, oder der Vollendung sich immer annähernd gedacht werden) möglich wäre; und von dieser Art der Theorie ist in gegenwärtiger Abhandlung nur die Rede. Denn von ihr wird zum Skandal der Philosophie nicht selten vorgeschützt, daß, was in ihr richtig sein mag, doch für die Praxis ungültig sei: und zwar in einem vornehmen wegwerfenden Ton voll Anmaßung, die Vernunft selbst in dem, worin sie ihre höchste Ehre setzt, durch Erfahrung reformieren zu wollen; und in einem Weisheitsdünkel mit Maulwurfsaugen, die auf die letztere geheftet sind, weiter und sicherer sehen zu können, als mit Augen, welche einem Wesen zu Teil geworden, das aufrecht zu stehen und den Himmel anzuschauen gemacht war.

Diese in unsern spruchreichen und tatleeren Zeiten sehr gemein gewordene Maxime richtet nun, wenn sie etwas Moralisches (Tugend- oder Rechtspflicht) betrifft, den größten Schaden an. Denn hier ist es um den Kanon der Vernunft (im Praktischen) zu tun, wo der Wert der Praxis gänzlich auf ihrer Angemessenheit zu der ihr untergelegten Theorie beruht, und Alles verloren ist, wenn die empirischen und daher zufälligen Bedingungen der Ausführung des Gesetzes zu Bedingungen des Gesetzes selbst gemacht und so eine Praxis, welche auf einen nach *bisheriger* Erfahrung wahrscheinlichen Ausgang berechnet ist, die für sich selbst bestehende Theorie zu meistern berechtigt wird.

Die Einteilung dieser Abhandlung mache ich nach den drei verschiedenen Standpunkten, aus welchen der über Theorien und Systeme so keck absprechende Ehrenmann seinen Gegenstand zu beurteilen pflegt; mithin in dreifacher Qualität: 1) als Privat-, aber doch *Geschäftsmann*, 2) als *Staatsmann*, 3) als *Weltmann* (oder Weltbürger überhaupt). Diese drei Personen sind nun darin einig, dem *Schulmann* zu Leibe zu gehen, der für sie alle und zu ihrem Besten Theorie bearbeitet: um, da sie es besser zu verstehen wähnen, ihn in seine Schule zu weisen (illa se iactet in aula!), als einen Pedanten, der, für die Praxis verdorben, ihrer erfahrenen Weisheit nur im Wege steht.

Wir werden also das Verhältnis der Theorie zur Praxis in drei Nummern: *erstlich* in der *Moral* überhaupt (in Absicht auf das Wohl jedes *Menschen*), *zweitens* in der *Politik* (in Beziehung auf das Wohl der *Staaten*), *drittens* in *kosmopolitischer* Betrachtung (in Absicht auf das Wohl der *Menschengattung* im Ganzen, und zwar so fern sie im Fortschreiten zu demselben in der Reihe der Zeugungen aller künftigen Zeiten begriffen ist) vorstellig machen. – Die Betitelung der Nummern aber wird aus Gründen, die sich aus der Abhandlung selbst ergeben, durch das Verhältnis der Theorie zur Praxis in der *Moral*, dem *Staatsrecht* und dem *Völkerrecht* ausgedrückt werden.

I. Von dem Verhältnis der Theorie zur Praxis in der Moral überhaupt. (Zur Beantwortung einiger Einwürfe des Hrn. Prof. *Garve**.)

Ehe ich zu dem eigentlichen Streitpunkte über das, was im Gebrauche eines und desselben Begriffs bloß für die Theorie, oder für die Praxis gültig sein mag, komme: muß ich meine Theorie, so wie ich sie anderwärts vorgestellt habe, mit der Vorstellung zusammen halten, welche Herr *Garve* davon gibt, um vorher zu sehen, ob wir uns einander auch verstehen.

A. Ich hatte die Moral vorläufig als zur Einleitung für eine Wissenschaft erklärt, die da lehrt, nicht wie wir glücklich, sondern der Glückseligkeit würdig werden sollen**. Hiebei hatte ich nicht verabsäumt anzumerken, daß dadurch dem Menschen nicht angesonnen werde, er solle, wenn es auf Pflichtbefolgung ankommt, seinem natürlichen Zwecke, der Glückseligkeit, *entsagen*; denn das kann er nicht, so wie kein endliches vernünftiges Wesen überhaupt; sondern er müsse, wenn das Gebot der Pflicht eintritt, gänzlich von dieser Rücksicht *abstrahieren*; er müsse sie durchaus nicht zur *Bedingung* der Befolgung des ihm durch die Vernunft vorgeschriebenen Gesetzes machen; ja sogar, so viel ihm möglich ist, sich bewußt zu werden suchen, daß sich keine

---

* *Versuche über verschiedne Gegenstände aus der Moral und Literatur*, von Ch. *Garve*. Erster Teil, S. 111 bis 116. Ich nenne die Bestreitung meiner Sätze *Einwürfe* dieses würdigen Mannes gegen das, worüber er sich mit mir (wie ich hoffe) einzuverstehen wünscht; nicht Angriffe, die als absprechende Behauptungen zur Verteidigung reizen sollten: wozu weder hier der Ort, noch bei mir die Neigung ist.

** Die Würdigkeit glücklich zu sein ist diejenige auf dem selbst eigenen Willen des Subjekts beruhende Qualität einer Person, in Gemäßheit mit welcher eine allgemeine (der Natur sowohl als dem freien Willen) gesetzgebende Vernunft zu allen Zwecken dieser Person zusammenstimmen würde. Sie ist also von der Geschicklichkeit sich ein Glück zu erwerben gänzlich unterschieden. Denn selbst dieser und des Talents, welches ihm die Natur dazu verliehen hat, ist er nicht wert, wenn er einen Willen hat, der mit dem, welcher allein sich zu einer allgemeinen Gesetzgebung der Vernunft schickt, nicht zusammen stimmt und darin nicht mit enthalten sein kann (d. i. welcher der Moralität widerstreitet).

von jener hergeleitete *Triebfeder* in die Pflichtbestimmung
unbemerkt mit einmische: welches dadurch bewirkt wird,
daß man die Pflicht lieber mit Aufopferungen verbunden
vorstellt, welche ihre Beobachtung (die Tugend) kostet, als
mit den Vorteilen, die sie uns einbringt: um das Pflicht-
gebot in seinem ganzen, unbedingten Gehorsam fordernden,
sich selbst genugsamen und keines andern Einflusses bedürftigen Ansehen sich vorstellig zu machen.

a. Diesen meinen Satz drückt Hr. Garve nun so aus: »ich
hätte behauptet, daß die Beobachtung des moralischen Gesetzes ganz ohne Rücksicht auf Glückseligkeit *der einzige
Endzweck* für den Menschen sei, daß sie als der einzige
Zweck des Schöpfers angesehen werden müsse«. (Nach meiner Theorie ist weder die Moralität des Menschen für sich,
noch die Glückseligkeit für sich allein, sondern das höchste
in der Welt mögliche Gut, welches in der Vereinigung und
Zusammenstimmung beider besteht, der einzige Zweck des
Schöpfers.)

B. Ich hatte ferner bemerkt, daß dieser Begriff von Pflicht
keinen besondern Zweck zum Grunde zu legen nötig habe,
vielmehr einen andern Zweck für den Willen des Menschen
herbei führe, nämlich: auf das *höchste* in der Welt mögliche
Gut (die im Weltganzen mit der reinsten Sittlichkeit auch
verbundene allgemeine, jener gemäße Glückseligkeit) nach
allem Vermögen hinzuwirken: welches, da es zwar von
einer, aber nicht von beiden Seiten zusammengenommen, in
unserer Gewalt ist, der Vernunft den Glauben an einen
moralischen Weltherrscher und an ein künftiges Leben *in
praktischer Absicht* abnötigt. Nicht, als ob nur unter der
Voraussetzung beider der allgemeine Pflichtbegriff allererst
»Halt und Festigkeit,« d. i. einen sicheren Grund und die
erforderliche Stärke einer *Triebfeder,* sondern damit er nur
an jenem Ideal der reinen Vernunft auch ein *Objekt* be-
komme*. Denn an sich ist Pflicht nichts anders, als *Ein-*

---

* Das Bedürfnis, ein *höchstes* auch durch unsere Mitwirkung mögliches

schränkung des Willens auf die Bedingung einer allgemeinen, durch eine angenommene Maxime möglichen Gesetzgebung, der Gegenstand desselben oder der Zweck mag sein, welcher er wolle (mithin auch die Glückseligkeit); von welchem aber und auch von jedem Zweck, den man haben mag, hiebei ganz abstrahiert wird. Bei der Frage vom *Prinzip* der Moral kann also die Lehre vom *höchsten Gut*, als letzten

Gut in der Welt als den Endzweck aller Dinge anzunehmen, ist nicht ein Bedürfnis aus Mangel an moralischen Triebfedern, sondern an äußeren Verhältnissen, in denen allein diesen Triebfedern gemäß ein Objekt als Zweck an sich selbst (als moralischer *Endzweck*) hervorgebracht werden kann. Denn ohne allen Zweck kann kein *Wille* sein; obgleich man, wenn es bloß auf gesetzliche Nötigung der Handlungen ankommt, von ihm abstrahieren muß und das Gesetz allein den Bestimmungsgrund desselben ausmacht. Aber nicht jeder Zweck ist moralisch (z. B. nicht der der eigenen Glückseligkeit), sondern dieser muß uneigennützig sein; und das Bedürfnis eines durch reine Vernunft aufgegebenen, das Ganze aller Zwecke unter einem Prinzip befassenden Endzwecks (eine Welt als das höchste auch durch unsere Mitwirkung mögliche Gut) ist ein Bedürfnis des sich nicht bloß über die Beobachtung der formalen Gesetze zu Hervorbringung eines Objekts (das höchste Gut) *erweiternden* uneigennützigen Willens. – Dieses ist eine Willensbestimmung von besonderer Art, nämlich durch die Idee des Ganzen aller Zwecke, wo zum Grunde gelegt wird: daß, *wenn* wir zu Dingen in der Welt in gewissen moralischen Verhältnissen stehen, wir allerwärts dem moralischen Gesetz gehorchen müssen; und über das noch die Pflicht hinzukommt, nach allem Vermögen es zu bewirken, *daß* ein solches Verhältnis (eine Welt, den sittlichen höchsten Zwecken angemessen) existiere. Hiebei denkt sich der Mensch nach der Analogie mit der Gottheit, welche, obzwar subjektiv keines äußeren Dinges bedürftig, gleichwohl nicht gedacht werden kann, daß sie sich in sich selbst verschlösse, sondern das höchste Gut außer sich hervorzubringen selbst durch das Bewußtsein ihrer Allgenugsamkeit bestimmt sei: welche Notwendigkeit (die beim Menschen Pflicht ist) am höchsten Wesen *von uns* nicht anders als moralisches Bedürfnis vorgestellt werden kann. Beim Menschen ist daher die Triebfeder, welche in der Idee des höchsten durch seine Mitwirkung in der Welt möglichen Guts liegt, auch nicht die eigene dabei beabsichtigte Glückseligkeit, sondern nur diese Idee als Zweck an sich selbst, mithin ihre Verfolgung als Pflicht. Denn sie enthält nicht Aussicht in Glückseligkeit schlechthin, sondern nur einer Proportion zwischen ihr und der Würdigkeit des Subjekts, welches es auch sei. Eine Willensbestimmung aber, die sich selbst und ihre Absicht, zu einem solchen Ganzen zu gehören, auf diese Bedingung einschränkt, *ist nicht eigennützig.*

Zweck eines durch sie bestimmten und ihren Gesetzen angemessenen Willens, (als episodisch) ganz übergangen und beiseite gesetzt werden; wie sich auch in der Folge zeigt, daß, wo es auf den eigentlichen Streitpunkt ankommt, darauf gar nicht, sondern bloß auf die allgemeine Moral Rücksicht genommen wird.

b. Hr. Garve bringt diese Sätze unter folgende Ausdrücke: »daß der Tugendhafte jenen Gesichtspunkt (der eigenen Glückseligkeit) nie aus den Augen verlieren könne, noch dürfe, – weil er sonst den Übergang in die unsichtbare Welt, den zur Überzeugung vom Dasein Gottes und von der Unsterblichkeit, gänzlich verlöre; die doch nach dieser Theorie durchaus notwendig ist, *dem moralischen System Halt und Festigkeit zu geben*«; und beschließt damit, die Summe der mir zugeschriebenen Behauptung kurz und gut so zusammen zu fassen: »Der Tugendhafte strebt jenen Prinzipien zu Folge unaufhörlich darnach, der Glückseligkeit würdig, aber, *in so fern* er wahrhaftig tugendhaft ist, nie darnach, glücklich zu sein.« (Das Wort *in so fern* macht hier eine Zweideutigkeit, die vorher ausgeglichen werden muß. Es kann so viel bedeuten als: *in dem Actus,* da er sich als Tugendhafter seiner Pflicht unterwirft; und da stimmt dieser Satz mit meiner Theorie vollkommen zusammen. Oder: wenn er überhaupt nur tugendhaft ist und also selbst da, wo es nicht auf Pflicht ankommt und ihr nicht widerstritten wird, solle der Tugendhafte auf Glückseligkeit doch gar keine Rücksicht nehmen; und da widerspricht das meinen Behauptungen gänzlich.)

Diese Einwürfe sind also nichts als Mißverständnisse (denn für Mißdeutungen mag ich sie nicht halten), deren Möglichkeit befremden müßte, wenn nicht der menschliche Hang seinem einmal gewohnten Gedankengange auch in der Beurteilung fremder Gedanken zu folgen und so jenen in diese hinein zu tragen ein solches Phänomen hinreichend erklärte.

Auf diese polemische Behandlung des obigen moralischen

Prinzips folgt nun eine dogmatische Behauptung des Gegenteils. Hr. G. schließt nämlich analytisch so: »In der Ordnung der *Begriffe* muß das Wahrnehmen und Unterscheiden der Zustände, wodurch einem vor dem andern der *Vorzug* gegeben wird, vor der Wahl eines unter denselben und also vor der Vorausbestimmung eines gewissen Zwecks vorher gehen. Ein Zustand aber, den ein mit dem Bewußtsein seiner selbst und seines Zustandes begabtes Wesen dann, wenn dieser Zustand gegenwärtig ist und von ihm wahrgenommen wird, anderen Arten zu sein *vorzieht*, ist ein *guter* Zustand; und eine Reihe solcher guten Zustände ist der allgemeinste Begriff, den das Wort *Glückseligkeit* ausdrückt.« – Ferner: »Ein Gesetz setzt Motive, Motive aber setzen einen vorher wahrgenommenen Unterschied eines schlechteren Zustandes von einem besseren voraus. Dieser wahrgenommene Unterschied ist das Element des Begriffs der Glückseligkeit u. s. w.« Ferner: »*Aus der Glückseligkeit* im allgemeinsten Sinne des Worts *entspringen die Motive zu jedem Bestreben*; also auch zur Befolgung des moralischen Gesetzes. Ich muß erst überhaupt wissen, daß etwas gut ist, ehe ich fragen kann, ob die Erfüllung der moralischen Pflichten unter die Rubrik des Guten gehöre; der Mensch muß eine *Triebfeder* haben, die ihn in Bewegung setzt, *ehe* man ihm ein *Ziel* vorstecken kann*, wohin diese Bewegung gerichtet werden soll.«

Dieses Argument ist nichts weiter, als ein Spiel mit der Zweideutigkeit des Worts *das Gute*: da dieses entweder, als an sich und unbedingt gut, im Gegensatz mit dem an sich Bösen; oder, als immer nur bedingterweise gut, mit dem

---

* Das ist ja gerade dasjenige, worauf ich dringe. Die Triebfeder, welche der Mensch vorher haben kann, ehe ihm ein Ziel (Zweck) vorgesteckt wird, kann doch offenbar nichts andres sein, als das Gesetz selbst durch die Achtung, die es (unbestimmt, welche Zwecke man haben und durch dessen Befolgung erreichen mag) einflößt. Denn das Gesetz in Ansehung des Formalen der Willkür ist ja das einzige, was übrig bleibt, wann ich die Materie der Willkür (das Ziel, wie sie Hr. G. nennt) aus dem Spiel gelassen habe.

schlechteren oder besseren Guten verglichen wird, da der Zustand der Wahl des letzteren nur ein komparativ-besserer Zustand, an sich selbst aber doch böse sein kann. – Die Maxime einer unbedingten, auf gar keine zum Grunde gelegte Zwecke Rücksicht nehmenden Beobachtung eines kategorisch gebietenden Gesetzes der freien Willkür (d. i. der Pflicht) ist von der Maxime, dem als Motiv zu einer gewissen Handlungsweise uns von der Natur selbst untergelegten Zweck (der im Allgemeinen Glückseligkeit heißt) nachzugehen, wesentlich, d. i. *der Art nach*, unterschieden. Denn die erste ist an sich selbst gut, die zweite keineswegs; sie kann im Fall der Kollision mit der Pflicht sehr böse sein. Hingegen wenn ein gewisser Zweck zum Grunde gelegt wird, mithin kein Gesetz unbedingt (sondern nur unter der Bedingung dieses Zwecks) gebietet, so können zwei entgegengesetzte Handlungen beide bedingterweise gut sein, nur eine besser als die andere (welche letztere daher komparativ-böse heißen würde); denn sie sind nicht der *Art*, sondern bloß *dem Grade nach* von einander unterschieden. Und so ist es mit allen Handlungen beschaffen, deren Motiv nicht das unbedingte Vernunftgesetz (Pflicht), sondern ein von uns willkürlich zum Grunde gelegter Zweck ist: denn dieser gehört zur Summe aller Zwecke, deren Erreichung Glückseligkeit genannt wird; und eine Handlung kann mehr, die andere weniger zu meiner Glückseligkeit beitragen, mithin besser oder schlechter sein als die andere. – Das *Vorziehen* aber eines Zustandes der Willensbestimmung vor dem andern ist bloß ein Actus der Freiheit (res merae facultatis, wie die Juristen sagen), bei welchem, ob diese (Willensbestimmung) an sich gut oder böse ist, gar nicht in Betrachtung gezogen wird, mithin in Ansehung beider gleichgeltend.

Ein Zustand, in Verknüpfung mit einem gewissen *gegebenen Zwecke* zu sein, den ich jedem anderen *von derselben Art* vorziehe, ist ein komparativ besserer Zustand, nämlich im Felde der Glückseligkeit (die nie anders als bloß bedingter Weise, sofern man ihrer würdig ist, *von der Vernunft* als *gut* anerkannt wird). Derjenige Zustand aber, da ich im Falle der Kollision gewisser meiner Zwecke mit dem moralischen Gesetze der Pflicht diese vorzuziehen mir bewußt bin, ist nicht bloß ein besserer, sondern der allein an sich gute Zustand: ein Gutes aus einem ganz andern Felde, wo auf Zwecke, die sich mir anbieten mögen, (mithin auf ihre Summe, die Glückseligkeit) gar nicht Rücksicht genommen wird, und wo nicht die Materie der Willkür (ein ihr zum Grunde gelegtes Objekt), sondern die bloße Form der allgemeinen Gesetzmäßigkeit ihrer Maxime den Bestimmungsgrund derselben ausmacht. – Also kann keineswegs gesagt werden, daß jeder Zustand, den ich jeder andern Art zu sein *vorziehe*, von mir zur Glückseligkeit gerechnet werde. Denn zuerst muß ich sicher sein, daß ich meiner Pflicht nicht zuwider handle; nachher allererst ist es mir erlaubt, mich nach Glückseligkeit umzusehen, wie viel ich deren mit jenem meinem moralisch- (nicht physisch-) guten Zustande vereinigen kann*.

Allerdings muß der Wille *Motive* haben; aber diese sind nicht gewisse vorgesetzte, aufs *physische Gefühl* bezogene Objekte als Zwecke, sondern nichts als das unbedingte *Gesetz* selbst, für welches die Empfänglichkeit des Willens, sich unter ihm als unbedingter Nötigung zu befinden, das *mora-*

---

* Glückseligkeit enthält alles (und auch nichts mehr als), was uns die Natur verschaffen; Tugend aber das, was Niemand als der Mensch selbst sich geben oder nehmen kann. Wollte man dagegen sagen: daß durch die Abweichung von der letzteren der Mensch sich doch wenigstens Vorwürfe und reinen moralischen Selbsttadel, mithin Unzufriedenheit zuziehen, folglich sich unglücklich machen könne, so mag das allenfalls eingeräumt werden. Aber dieser reinen moralischen Unzufriedenheit (nicht aus den für ihn nachteiligen Folgen der Handlung, sondern aus ihrer Gesetzwidrigkeit selbst) ist nur der Tugendhafte, oder der auf dem Wege ist es zu werden, fähig. Folglich ist sie nicht die Ursache, sondern nur die Wirkung davon, daß er tugendhaft ist; und der Bewegungsgrund tugendhaft zu sein konnte nicht von diesem Unglück (wenn man den Schmerz aus einer Untat so nennen will) hergenommen sein.

lische *Gefühl* heißt; welches also nicht Ursache, sondern Wirkung der Willensbestimmung ist, von welchem wir nicht die mindeste Wahrnehmung in uns haben würden, wenn jene Nötigung in uns nicht vorherginge. Daher das alte Lied: daß dieses Gefühl, mithin eine Lust, die wir uns zum Zweck machen, die erste Ursache der Willensbestimmung, folglich die Glückseligkeit (wozu jene als Element gehöre) doch den Grund aller objektiven Notwendigkeit zu handeln, folglich aller Verpflichtung ausmache, unter die vernünftelnden *Tändeleien* gehört. Kann man nämlich bei Anführung einer Ursache zu einer gewissen Wirkung nicht aufhören zu fragen, so macht man endlich die Wirkung zur Ursache von sich selbst.

Jetzt komme ich auf den Punkt, der uns hier eigentlich beschäftigt: nämlich das vermeintlich in der Philosophie sich widerstreitende Interesse der Theorie und der Praxis durch Beispiele zu belegen und zu prüfen. Den besten Beleg hiezu gibt Hr. G. in seiner genannten Abhandlung. Zuerst sagt er (indem er von dem Unterschiede, den ich zwischen einer Lehre finde, wie wir *glücklich*, und derjenigen, wie wir der Glückseligkeit *würdig* werden sollen, spricht): »Ich für mein Teil gestehe, daß ich diese Teilung der Ideen in meinem *Kopfe* sehr wohl begreife, daß ich aber diese Teilung der Wünsche und Bestrebungen in meinem *Herzen* nicht finde; daß es mir sogar unbegreiflich ist, wie irgend ein Mensch sich bewußt werden kann, sein Verlangen nach Glückseligkeit selbst rein abgesondert und also die Pflicht ganz uneigennützig ausgeübt zu haben.«

Ich antworte zuvörderst auf das letztere. Nämlich ich räume gern ein, daß kein Mensch sich mit Gewißheit bewußt werden könne, seine Pflicht ganz uneigennützig *ausgeübt zu haben*: denn das gehört zur inneren Erfahrung, und es würde zu diesem Bewußtsein seines Seelenzustandes eine durchgängig klare Vorstellung aller sich dem Pflichtbegriffe durch Einbildungskraft, Gewohnheit und Neigung beigesellenden Nebenvorstellungen und Rücksichten gehören, die in keinem Falle gefordert werden kann; auch überhaupt kann das Nichtsein von Etwas (mithin auch nicht von einem ingeheim gedachten Vorteil) kein Gegenstand der Erfahrung sein. Daß aber der Mensch seine Pflicht ganz uneigennützig *ausüben solle* und sein Verlangen nach Glückseligkeit völlig vom Pflichtbegriffe absondern *müsse*, um ihn ganz rein zu haben: dessen ist er sich mit der größten Klarheit bewußt; oder, glaubte er nicht es zu sein, so kann von ihm gefordert werden, daß er es sei, so weit es in seinem Vermögen ist: weil eben in dieser Reinigkeit der wahre Wert der Moralität anzutreffen ist, und er muß es also auch können. Vielleicht mag nie ein Mensch seine erkannte und von ihm auch verehrte Pflicht ganz uneigennützig (ohne Beimischung anderer Triebfedern) ausgeübt haben; vielleicht wird auch nie einer bei der größten Bestrebung so weit gelangen. Aber so viel er bei der sorgfältigsten Selbstprüfung in sich wahrnehmen kann, nicht allein keiner solchen mitwirkenden Motive, sondern vielmehr der Selbstverleugnung in Ansehung vieler der Idee der Pflicht entgegenstehenden, mithin der Maxime zu jener Reinigkeit hinzustreben sich bewußt zu werden: das vermag er; und das ist auch für seine Pflichtbeobachtung genug. Hingegen die Begünstigung des Einflusses solcher Motive sich zur Maxime zu machen, unter dem Vorwande, daß die menschliche Natur eine solche Reinigkeit nicht verstatte (welches er doch auch nicht mit Gewißheit behaupten kann): ist der Tod aller Moralität.

Was nun das kurz vorhergehende Bekenntnis des Hrn. G. betrifft, jene Teilung (eigentlich Sonderung) nicht in seinem *Herzen* zu finden: so trage ich kein Bedenken, ihm in seiner Selbstbeschuldigung geradezu zu widersprechen und sein Herz wider seinen Kopf in Schutz zu nehmen. Er, der rechtschaffene Mann, fand sie wirklich jederzeit in seinem Herzen (in seinen Willensbestimmungen); aber sie wollte sich nur nicht zum Behuf der Spekulation und zur Begreifung dessen, was unbegreiflich (unerklärlich) ist, nämlich der Möglichkeit kategorischer Imperative (dergleichen die der Pflicht sind), in seinem Kopf mit den gewohnten Prinzipien psychologischer Erklärungen (die insgesamt den Mechanism der Naturnotwendigkeit zum Grunde legen) zusammen reimen*.

Wenn aber Hr. G. zuletzt sagt: »Solche feine Unterschiede der Ideen *verdunkeln* sich schon im *Nachdenken* über partikuläre Gegenstände; aber sie *verlieren sich gänzlich*, wenn es aufs *Handeln* ankommt, wenn sie auf Begierden und Absichten angewandt werden sollen. Je einfacher, schneller und von *klaren Vorstellungen entblößter* der Schritt ist, durch den wir von der Betrachtung der Motive zum wirklichen Handeln übergehen: desto weniger ist es möglich, das bestimmte Gewicht, welches jedes Motiv hinzu getan hat, den Schritt so und nicht anders zu leiten; genau und sicher zu erkennen« – so muß ich ihm laut und eifrig widersprechen.

Der Begriff der Pflicht in seiner ganzen Reinigkeit ist nicht allein ohne allen Vergleich einfacher, klärer, für jedermann zum praktischen Gebrauch faßlicher und natürlicher, als jedes von der Glückseligkeit hergenommene, oder damit und mit der Rücksicht auf sie vermengte Motiv (welches jederzeit viel Kunst und Überlegung erfordert); sondern auch in dem Urteile selbst der gemeinsten Menschenvernunft, wenn er nur an dieselbe, und zwar mit Absonde-

---

* Hr. P. Garve tut (in seinen Anmerkungen zu *Ciceros* Buch von den Pflichten S. 69. Ausg. von 1783) das merkwürdige und seines Scharfsinns werte Bekenntnis: »Die Freiheit werde nach seiner innigsten Überzeugung immer unauflöslich bleiben und nie erklärt werden«. Ein Beweis von ihrer Wirklichkeit kann schlechterdings nicht, weder in einer unmittelbaren noch mittelbaren Erfahrung, angetroffen werden; und ohne allen Beweis kann man sie doch auch nicht annehmen. Da nun ein Beweis derselben nicht aus bloß theoretischen Gründen (denn diese würden in der Erfahrung gesucht werden müssen), mithin aus bloß praktischen Vernunftsätzen, aber auch nicht aus technisch-praktischen (denn die würden wieder Erfahrungsgründe erfordern), folglich nur aus moralisch-praktischen geführt werden kann: so muß man sich wundern, warum Hr. G. nicht zum Begriffe der Freiheit seine Zuflucht nahm, um wenigstens die Möglichkeit solcher Imperativen zu retten.

rung, ja sogar in Entgegensetzung mit diesen an den Willen der Menschen gebracht wird, bei weitem *kräftiger*, eindringender und Erfolg versprechender, als alle von dem letzteren, eigennützigen Prinzip entlehnte Bewegungsgründe. – Es sei z. B. der Fall: daß jemand ein anvertrautes fremdes Gut (depositum) in Händen habe, dessen Eigentümer tot ist, und daß die Erben desselben davon nichts wissen, noch je etwas erfahren können. Man trage diesen Fall selbst einem Kinde von etwa acht oder neun Jahren vor, und zugleich, daß der Inhaber dieses Depositums, (ohne sein Verschulden) gerade um diese Zeit in gänzlichen Verfall seiner Glücksumstände geraten, eine traurige, durch Mangel niedergedrückte Familie von Frau und Kindern um sich sehe, aus welcher Not er sich augenblicklich ziehen würde, wenn er jenes Pfand sich zueignete; zugleich sei er Menschenfreund und wohltätig, jene Erben aber reich, lieblos und dabei im höchsten Grad üppig und verschwenderisch, so daß es eben so gut wäre, als ob dieser Zusatz zu ihrem Vermögen ins Meer geworfen würde. Und nun frage man, ob es unter diesen Umständen für erlaubt gehalten werden könne, dieses Depositum in eigenen Nutzen zu verwenden. Ohne Zweifel wird der Befragte antworten: Nein! und statt aller Gründe nur bloß sagen können: es *ist unrecht*, d. i. es widerstreitet der Pflicht. Nichts ist klärer als dieses; aber wahrlich nicht so: daß er seine eigene *Glückseligkeit* durch die Herausgabe befördere. Denn wenn er von der Absicht auf die letztere die Bestimmung seiner Entschließung erwartete, so könnte er z. B. so denken: »Gibst du das bei dir befindliche fremde Gut unaufgefordert den wahren Eigentümern hin, so werden sie dich vermutlich für deine Ehrlichkeit belohnen; oder geschieht das nicht, so wirst du dir einen ausgebreiteten guten Ruf, der dir sehr einträglich werden kann, erwerben. Aber alles dieses ist sehr ungewiß. Hingegen treten freilich auch manche Bedenklichkeiten ein: Wenn du das Anvertraute unterschlagen wolltest, um dich auf einmal aus deinen bedrängten Umständen zu ziehen, so würdest du, wenn du geschwinden Gebrauch davon machtest, Verdacht auf dich ziehen, wie und durch welche Wege du so bald zu einer Verbesserung deiner Umstände gekommen wärest; wolltest du aber damit langsam zu Werke gehen, so würde die Not mittlerweile so hoch steigen, daß ihr gar nicht mehr abzuhelfen wäre«. – Der Wille also nach der Maxime der Glückseligkeit schwankt zwischen seinen Triebfedern, was er beschließen solle; denn er sieht auf den Erfolg, und der ist sehr ungewiß; es erfordert einen guten Kopf, um sich aus dem Gedränge von Gründen und Gegengründen herauszuwickeln und sich in der Zusammenrechnung nicht zu betrügen. Dagegen wenn er sich fragt, was hier Pflicht sei: so ist er über die sich selbst zu gebende Antwort gar nicht verlegen, sondern auf der Stelle gewiß, was er zu tun habe. Ja, er fühlt sogar, wenn der Begriff von Pflicht bei ihm etwas gilt, einen Abscheu sich auch nur auf den Überschlag von Vorteilen, die ihm aus ihrer Übertretung erwachsen könnten, einzulassen, gleich als ob er hier noch die Wahl habe.

Daß also diese Unterschiede (die, wie eben gezeigt worden, nicht so fein sind, als Hr. G. meint, sondern mit der gröbsten und leserlichsten Schrift in der Seele des Menschen geschrieben sind) sich, wie er sagt, *gänzlich verlieren, wenn es aufs Handeln ankommt:* widerspricht selbst der eigenen Erfahrung. Zwar nicht derjenigen, welche die *Geschichte* der aus dem einen oder dem anderen Prinzip geschöpften Maximen darlegt: denn da beweiset sie leider, daß sie größtenteils aus dem letzteren (des Eigennutzes) fließen; sondern der Erfahrung, die nur innerlich sein kann, daß keine Idee das menschliche Gemüt mehr erhebt und bis zur Begeisterung belebt, als eben die von einer die Pflicht über alles verehrenden, mit zahllosen Übeln des Lebens und selbst den verführerischsten Anlockungen desselben ringenden und dennoch (wie man mit Recht annimmt, daß der Mensch es vermöge) sie besiegenden reinen moralischen Gesinnung. Daß der Mensch sich bewußt ist, er könne dieses, weil er es soll:

das eröffnet in ihm eine Tiefe göttlicher Anlagen, die ihm gleichsam einen heiligen Schauer über die Größe und Erhabenheit seiner wahren Bestimmung fühlen läßt. Und wenn der Mensch öfters darauf aufmerksam gemacht und gewöhnt würde, die Tugend von allem Reichtum ihrer aus der Beobachtung der Pflicht zu machenden Beute von Vorteilen gänzlich zu entladen und sie in ihrer ganzen Reinigkeit sich vorzustellen; wenn es im Privat- und öffentlichen Unterricht Grundsatz würde davon beständig Gebrauch zu machen (eine Methode, Pflichten einzuschärfen, die fast jederzeit versäumt worden ist): so müßte es mit der Sittlichkeit der Menschen bald besser stehen. Daß die Geschichtserfahrung bisher noch nicht den guten Erfolg der Tugendlehren hat beweisen wollen, daran ist wohl eben die falsche Voraussetzung schuld: daß die von der Idee der Pflicht an sich selbst abgeleitete Triebfeder für den gemeinen Begriff viel zu fein sei, wogegen die gröbere, von gewissen in dieser, ja wohl auch in einer künftigen Welt aus der Befolgung des Gesetzes (ohne auf dasselbe als Triebfeder Acht zu haben) zu erwartenden Vorteilen hergenommene kräftiger auf das Gemüt wirken würde; und daß man dem Trachten nach Glückseligkeit vor dem, was die Vernunft zur obersten Bedingung macht, nämlich der Würdigkeit glücklich zu sein, den Vorzug zu geben bisher zum Grundsatz der Erziehung und des Kanzelvortrages gemacht hat. Denn *Vorschriften,* wie man sich glücklich machen, wenigstens seinen Nachteil verhüten könne, sind keine *Gebote.* Sie binden niemanden schlechterdings; und er mag, nachdem er gewarnt worden, wählen, was ihm gut dünkt, wenn er sich gefallen läßt zu leiden, was ihn trifft. Die Übel, die ihm alsdann aus der Verabsäumung des ihm gegebenen Rats entspringen dürften, hat er nicht Ursache für Strafen anzusehen: denn diese treffen nur den freien, aber gesetzwidrigen Willen; Natur aber und Neigung können der Freiheit nicht Gesetze geben. Ganz anders ist es mit der Idee der Pflicht bewandt, deren Übertretung, auch ohne auf die ihm daraus erwachsenden

Nachteile Rücksicht zu nehmen, unmittelbar auf das Gemüt wirkt und den Menschen in seinen eigenen Augen verwerflich und strafbar macht.

Hier ist nun ein klarer Beweis, daß alles, was in der Moral für die Theorie richtig ist, auch für die Praxis gelten müsse. – In der Qualität eines Menschen, als eines durch seine eigene Vernunft gewissen Pflichten unterworfenen Wesens, ist also jedermann ein *Geschäftsmann*; und da er doch als Mensch der Schule der Weisheit nie entwächst, so kann er nicht etwa, als ein vermeintlich durch Erfahrung über das, was ein Mensch ist und was man von ihm fordern kann, besser Belehrter, den Anhänger der Theorie mit stolzer Verachtung zur Schule zurückweisen. Denn alle diese Erfahrung hilft ihm nichts, um sich der Vorschrift der Theorie zu entziehen, sondern allenfalls nur zu lernen, wie sie besser und allgemeiner ins Werk gerichtet werden könne, wenn man sie in seine Grundsätze aufgenommen hat; von welcher pragmatischen Geschicklichkeit aber hier nicht, sondern nur von letzteren die Rede ist.

II. Vom Verhältnis der Theorie zur Praxis im Staatsrecht. (Gegen *Hobbes*.)

Unter allen Verträgen, wodurch eine Menge von Menschen sich zu einer Gesellschaft verbindet (pactum sociale), ist der Vertrag der Errichtung einer *bürgerlichen Verfassung* unter ihnen (pactum unionis civilis) von so eigentümlicher Art, daß, ob er zwar in Ansehung der *Ausführung* Vieles mit jedem anderen (der eben sowohl auf irgend einen beliebigen gemeinschaftlich zu befördernden Zweck gerichtet ist) gemein hat, er sich doch im Prinzip seiner Stiftung (constitutionis civilis) von allen anderen wesentlich unterscheidet. Verbindung Vieler zu irgend einem (gemeinsamen) Zwecke (den Alle *haben*) ist in allen Gesellschaftsverträgen anzutreffen; aber Verbindung derselben, die an sich selbst Zweck ist (den ein jeder *haben soll*), mithin die in einem jeden äußeren Verhältnisse der Menschen überhaupt, welche nicht umhin können in wechselseitigen Einfluß auf einander zu geraten, unbedingte und erste Pflicht ist: eine solche ist nur in einer Gesellschaft, so fern sie sich im bürgerlichen Zustande befindet, d. i. ein gemeines Wesen ausmacht, anzutreffen. Der Zweck nun, der in solchem äußern Verhältnis an sich selbst Pflicht und selbst die oberste formale Bedingung (conditio sine qua non) aller übrigen äußeren Pflicht ist, ist das *Recht* der Menschen *unter öffentlichen Zwangsgesetzen*, durch welche jedem das Seine bestimmt und gegen jedes Anderen Eingriff gesichert werden kann.

Der Begriff aber eines äußeren Rechts überhaupt geht gänzlich aus dem Begriffe der *Freiheit* im äußeren Verhältnisse der Menschen zu einander hervor und hat gar nichts mit dem Zwecke, den alle Menschen natürlicher Weise haben (der Absicht auf Glückseligkeit), und der Vorschrift der Mittel dazu zu gelangen zu tun: so daß auch daher dieser letztere sich in jenes Gesetze schlechterdings nicht als Bestimmungsgrund derselben mischen muß. *Recht* ist die Einschränkung der Freiheit eines jeden auf die Bedingung ihrer Zusammenstimmung mit der Freiheit von jedermann, in so fern diese nach einem allgemeinen Gesetze möglich ist; und das *öffentliche Recht* ist der Inbegriff der *äußeren Gesetze*, welche eine solche durchgängige Zusammenstimmung möglich machen. Da nun jede Einschränkung der Freiheit durch die Willkür eines Anderen *Zwang* heißt: so folgt, daß die bürgerliche Verfassung ein Verhältnis *freier* Menschen ist, die (unbeschadet ihrer Freiheit im Ganzen ihrer Verbindung mit anderen) doch unter Zwangsgesetzen stehen: weil die Vernunft selbst es so will und zwar die reine, a priori gesetzgebende Vernunft, die auf keinen empirischen Zweck (dergleichen alle unter dem allgemeinen Namen Glückseligkeit begriffen werden) Rücksicht nimmt; als in Ansehung dessen, und worin ihn ein jeder setzen will, die Menschen gar verschieden denken, so daß ihr Wille unter kein gemeinschaftliches Prinzip, folglich auch unter kein äußeres, mit jedermanns Freiheit zusammenstimmendes Gesetz gebracht werden kann.

Der bürgerliche Zustand also, bloß als rechtlicher Zustand betrachtet, ist auf folgende Prinzipien a priori gegründet:

1. Die *Freiheit* jedes Gliedes der Sozietät, als *Menschen*.
2. Die *Gleichheit* desselben mit jedem Anderen, als *Untertan*.
3. Die *Selbständigkeit* jedes Gliedes eines gemeinen Wesens, als *Bürgers*.

Diese Prinzipien sind nicht sowohl Gesetze, die der schon errichtete Staat gibt, sondern nach denen allein eine Staatserrichtung reinen Vernunftprinzipien des äußeren Menschenrechts überhaupt gemäß möglich ist. Also:

1. Die *Freiheit* als Mensch, deren Prinzip für die Konstitution eines gemeinen Wesens ich in der Formel ausdrücke: Niemand kann mich zwingen auf seine Art (wie er sich das Wohlsein anderer Menschen denkt) glücklich zu sein, sondern ein jeder darf seine Glückseligkeit auf dem Wege suchen, welcher ihm selbst gut dünkt, wenn er nur der Freiheit Anderer, einem ähnlichen Zwecke nachzustreben, die mit der Freiheit von jedermann nach einem möglichen allgemeinen Gesetze zusammen· bestehen kann, (d. i. diesem Rechte des Andern) nicht Abbruch tut. – Eine Regierung, die auf dem Prinzip des Wohlwollens gegen das Volk als eines *Vaters* gegen seine Kinder errichtet wäre, d. i. eine *väterliche Regierung* (imperium paternale), wo also die Untertanen als unmündige Kinder, die nicht unterscheiden können, was ihnen wahrhaftig nützlich oder schädlich ist, sich bloß passiv zu verhalten genötigt sind, um, wie sie glücklich sein *sollen*, bloß von dem Urteile des Staatsoberhaupts und, daß dieser es auch wolle, bloß von seiner Gütigkeit zu erwarten: ist der größte denkbare *Despotismus* (Verfassung, die alle Freiheit der Untertanen, die alsdann gar keine Rechte haben, aufhebt). Nicht eine *väterliche*, sondern eine *vaterländische* Regierung (imperium non

paternale, sed patrioticum) ist diejenige, welche allein für Menschen, die der Rechte fähig sind, zugleich in Beziehung auf das Wohlwollen des Beherrschers gedacht werden kann. *Patriotisch* ist nämlich die Denkungsart, da ein jeder im Staat (das Oberhaupt desselben nicht ausgenommen) das gemeine Wesen als den mütterlichen Schoß, oder das Land als den väterlichen Boden, aus und auf dem er selbst entsprungen, und welchen er auch so als ein teures Unterpfand hinterlassen muß, betrachtet, nur um die Rechte desselben durch Gesetze des gemeinsamen Willens zu schützen, nicht aber es seinem unbedingten Belieben zum Gebrauch zu unterwerfen sich für befugt hält. – Dieses Recht der Freiheit kommt ihm, dem Gliede des gemeinen Wesens, als Mensch zu, so fern dieser nämlich ein Wesen ist, das überhaupt der Rechte fähig ist.

2. Die *Gleichheit* als Untertan, deren Formel so lauten kann: Ein jedes Glied des gemeinen Wesens hat gegen jedes andere Zwangsrechte, wovon nur das Oberhaupt desselben ausgenommen ist (darum weil er von jenem kein Glied, sondern der Schöpfer oder Erhalter desselben ist), welcher allein die Befugnis hat zu zwingen, ohne selbst einem Zwangsgesetze unterworfen zu sein. Es ist aber Alles, was *unter* Gesetzen steht, in einem Staate Untertan, mithin dem Zwangsrechte gleich allen andern Mitgliedern des gemeinen Wesens unterworfen; einen Einzigen (physische oder moralische Person), das Staatsoberhaupt, durch das aller rechtliche Zwang allein ausgeübt werden kann, ausgenommen. Denn könnte dieser auch gezwungen werden, so wäre er nicht das Staatsoberhaupt, und die Reihe der Unterordnung ginge aufwärts ins Unendliche. Wären aber ihrer Zwei (zwangsfreie Personen), so würde keiner derselben unter Zwangsgesetzen stehen und Einer dem Andern kein Unrecht tun können: welches unmöglich ist.

Diese durchgängige Gleichheit der Menschen in einem Staat, als Untertanen desselben, besteht aber ganz wohl mit der größten Ungleichheit der Menge und den Graden ihres Besitztums nach, es sei an körperlicher oder Geistesüberlegenheit über Andere, oder an Glücksgütern außer ihnen und an Rechten überhaupt (deren es viele geben kann) respektiv auf Andere; so daß des Einen Wohlfahrt sehr vom Willen des Anderen abhängt (des Armen vom Reichen), daß der Eine gehorsamen muß (wie das Kind den Ältern, oder das Weib dem Mann) und der Andere ihm befiehlt, daß der Eine dient (als Taglöhner), der Andere lohnt, u. s. w. Aber *dem Rechte* nach (welches als der Ausspruch des allgemeinen Willens nur ein einziges sein kann, und welches die Form Rechtens, nicht die Materie oder das Objekt, worin ich ein Recht habe, betrifft) sind sie dennoch als Untertanen alle einander gleich: weil keiner irgend jemanden anders zwingen kann, als durch das öffentliche Gesetz (und den Vollzieher desselben, das Staatsoberhaupt), durch dieses aber auch jeder andere ihm in gleichem Maße widersteht, niemand aber diese Befugnis zu zwingen (mithin ein Recht gegen andere zu haben) anders als durch sein eigenes Verbrechen verlieren und es auch von selbst nicht aufgeben, d. i. durch einen Vertrag, mithin durch eine rechtliche Handlung machen kann, daß er keine Rechte, sondern bloß Pflichten habe: weil er dadurch sich selbst des Rechts einen Kontrakt zu machen berauben, mithin dieser sich selbst aufheben würde.

Aus dieser Idee der Gleichheit der Menschen im gemeinen Wesen als Untertanen geht nun auch die Formel hervor: Jedes Glied desselben muß zu jeder Stufe eines Standes in demselben (die einem Untertan zukommen kann) gelangen dürfen, wozu ihn sein Talent, sein Fleiß und sein Glück hinbringen können; und es dürfen ihm seine Mituntertanen durch ein *erbliches* Prärogativ (als Privilegiaten für einen gewissen Stand) nicht im Wege stehen, um ihn und seine Nachkommen unter demselben ewig niederzuhalten.

Denn da alles Recht bloß in der Einschränkung der Freiheit jedes Anderen auf die Bedingung besteht, daß sie mit der meinigen nach einem allgemeinen Gesetze zusammen bestehen könne, und das öffentliche Recht (in einem gemeinen Wesen) bloß der Zustand einer wirklichen, diesem Prinzip gemäßen und mit Macht verbundenen Gesetzgebung ist, vermöge welcher sich alle zu einem Volk Gehörige als Untertanen in einem rechtlichen Zustand (status iuridicus) überhaupt, nämlich der Gleichheit der Wirkung und Gegenwirkung einer dem allgemeinen Freiheitsgesetze gemäß einander einschränkenden Willkür, (welches der bürgerliche Zustand heißt) befinden: so ist das *angeborne Recht* eines jeden in diesem Zustande, (d. i. vor aller rechtlichen Tat desselben) in Ansehung der Befugnis jeden andern zu zwingen, damit er immer innerhalb den Grenzen der Einstimmung des Gebrauchs seiner Freiheit mit der meinigen bleibe, durchgängig *gleich*. Da nun Geburt keine *Tat* desjenigen ist, der geboren wird, mithin diesem dadurch keine Ungleichheit des rechtlichen Zustandes und keine Unterwerfung unter Zwangsgesetze als bloß diejenige, die ihm als Untertan der alleinigen obersten gesetzgebenden Macht mit allen anderen gemein ist, zugezogen wird: so kann es kein angebornes Vorrecht eines Gliedes des gemeinen Wesens als Mituntertans vor dem anderen geben; und niemand kann das Vorrecht des *Standes,* den er im gemeinen Wesen inne hat, an seine Nachkommen vererben, mithin, gleichsam als zum Herrenstande durch Geburt qualifiziert, diese auch nicht zwangsmäßig abhalten, zu den höheren Stufen der Unterordnung (des superior und inferior, von denen aber keiner imperans, der andere subiectus ist) durch eigenes Verdienst zu gelangen. Alles andere mag er vererben, was Sache ist (nicht Persönlichkeit betrifft) und als Eigentum erworben und auch von ihm veräußert werden kann, und so in einer Reihe von Nachkommen eine beträchtliche Ungleichheit in Vermögensumständen unter den Gliedern eines gemeinen Wesens (des Söldners und Mieters, des Gutseigentümers und der ackerbauenden Knechte u. s. w.) hervorbringen; nur nicht verhindern, daß diese, wenn ihr Talent, ihr Fleiß und ihr Glück es ihnen möglich macht, sich nicht zu gleichen

Umständen zu erheben befugt wären. Denn sonst würde er zwingen dürfen, ohne durch anderer Gegenwirkung wiederum gezwungen werden zu können, und über die Stufe eines Mituntertans hinausgehen. – Aus dieser Gleichheit kann auch kein Mensch, der in einem rechtlichen Zustande eines gemeinen Wesens lebt, anders als durch sein eigenes Verbrechen, niemals aber weder durch Vertrag oder durch Kriegsgewalt (occupatio bellica) fallen; denn er kann durch keine rechtliche Tat (weder seine eigene, noch die eines anderen) aufhören, Eigner seiner selbst zu sein, und in die Klasse des Hausviehes eintreten, das man zu allen Diensten braucht, wie man will, und es auch darin ohne seine Einwilligung erhält, so lange man will, wenn gleich mit der Einschränkung (welche auch wohl wie bei den Indiern bisweilen durch die Religion sanktioniert wird), es nicht zu verkrüppeln oder zu töten. Man kann ihn in jedem Zustande für glücklich annehmen, wenn er sich nur bewußt ist, daß es nur an ihm selbst (seinem Vermögen, oder ernstlichen Willen) oder an Umständen, die er keinem Anderen Schuld geben kann, aber nicht an dem unwiderstehlichen Willen Anderer liege, daß er nicht zu gleicher Stufe mit Anderen hinaufsteigt, die als seine Mituntertanen hierin, was das Recht betrifft, vor ihm nichts voraus haben*.

3. Die *Selbständigkeit* (sibisufficientia) eines Gliedes des gemeinen Wesens als *Bürgers,* d. i. als Mitgesetzgebers. In

---

* Wenn man mit dem Wort *gnädig* einen bestimmten (von gütig, wohltätig, schützend u. dergl. noch unterschiedenen) Begriff verbinden will, so kann es nur demjenigen beigelegt werden, gegen welchen *kein Zwangsrecht* Statt hat. Also nur das Oberhaupt der *Staatsverwaltung,* der alles Gute, was nach öffentlichen Gesetzen möglich ist, bewirkt und erteilt (denn der *Souverän,* der sie gibt, ist gleichsam unsichtbar; er ist das personifizierte Gesetz selbst, nicht Agent), kann *gnädiger Herr* betitelt werden, als der Einzige, wider den kein Zwangsrecht Statt hat. So ist selbst in einer Aristokratie, wie z. B. in Venedig, der *Senat* der einzige gnädige Herr; die Nobili, welche ihn ausmachen, sind insgesamt, selbst den *Doge* nicht ausgenommen (denn nur der *große Rat* ist der Souverän), Untertanen und, was die Rechtsausübung betrifft, allen anderen gleich, nämlich daß gegen jeden derselben ein Zwangsrecht dem Unter-

dem Punkte der Gesetzgebung selbst sind Alle, die unter schon vorhandenen öffentlichen Gesetzen frei und gleich sind, doch nicht, was das Recht betrifft, diese Gesetze zu geben, alle für gleich zu achten. Diejenigen, welche dieses Rechts nicht fähig sind, sind gleichwohl als Glieder des gemeinen Wesens der Befolgung dieser Gesetze unterworfen und dadurch des Schutzes nach denselben teilhaftig; nur nicht als *Bürger*, sondern als *Schutzgenossen*. – Alles Recht hängt nämlich von Gesetzen ab. Ein öffentliches Gesetz aber, welches für Alle das, was ihnen rechtlich erlaubt oder unerlaubt sein soll, bestimmt, ist der Actus eines öffentlichen Willens, von dem alles Recht ausgeht, und der also selbst niemand muß Unrecht tun können. Hiezu aber ist kein anderer Wille, als der des gesamten Volks (da Alle über Alle, mithin ein jeder über sich selbst beschließt) möglich: denn nur sich selbst kann niemand unrecht tun. Ist es aber ein anderer, so kann der bloße Wille eines von ihm Verschiedenen über ihn nichts beschließen, was nicht unrecht sein könnte; folglich würde sein Gesetz noch ein anderes Gesetz erfordern, welches seine Gesetzgebung einschränkte, mithin kann kein besonderer Wille für ein gemeines Wesen gesetzgebend sein. (Eigentlich kommen, um diesen Begriff auszumachen, die Begriffe der äußeren Freiheit, Gleichheit und *Einheit* des Willens *Aller* zusammen, zu welcher letzteren, da Stimmgebung erfordert wird, wenn beide erstere

tan zukommt. Prinzen (d. i. Personen, denen ein Erbrecht auf Regierungen zukommt) werden aber nun zwar auch in dieser Aussicht und wegen jener Ansprüche (hofmäßig, par courtoisie) gnädige Herren genannt; ihrem Besitzstande nach aber sind sie doch Mituntertanen, gegen die auch dem geringsten ihrer Diener vermittelst des Staatsoberhaupts ein Zwangsrecht zukommen muß. Es kann also im Staate nicht mehr als einen einzigen gnädigen Herrn geben. Was aber die gnädige (eigentlich vornehme) Frauen betrifft, so können sie so angesehen werden, daß ihr *Stand* zusamt ihrem *Geschlecht* (folglich nur gegen das *männliche*) sie zu dieser Betitelung berechtige und das vermöge der Verfeinerung der Sitten (Galanterie genannt), nach welcher das männliche sich desto mehr selbst zu ehren glaubt, als es dem schönen Geschlecht über sich Vorzüge einräumt.

zusammen genommen werden, Selbständigkeit die Bedingung ist). Man nennt dieses Grundgesetz, das nur aus dem allgemeinen (vereinigten) Volkswillen entspringen kann, den *ursprünglichen Vertrag*.

Derjenige nun, welcher das Stimmrecht in dieser Gesetzgebung hat, heißt ein *Bürger* (citoyen, d. i. *Staatsbürger*, nicht Stadtbürger, bourgeois). Die dazu erforderliche Qualität ist außer der *natürlichen* (daß es kein Kind, kein Weib sei) die einzige: daß er *sein eigener Herr* (sui iuris) sei, mithin irgend ein *Eigentum* habe (wozu auch jede Kunst, Handwerk oder schöne Kunst oder Wissenschaft gezählt werden kann), welches ihn ernährt; d. i. daß er in den Fällen, wo er von Andern erwerben muß, um zu leben, nur durch *Veräußerung* dessen, was *sein** ist, erwerbe, nicht durch Bewilligung, die er anderen gibt, von seinen Kräften Gebrauch zu machen, folglich daß er niemanden als dem gemeinen Wesen im eigentlichen Sinne des Worts *diene*. Hier sind nun Kunstverwandte und große (oder kleine) Gutseigentümer alle einander gleich, nämlich jeder nur zu einer Stimme berechtigt. Denn was die letztern betrifft, ohne einmal die Frage in Anschlag zu bringen: wie es doch mit Recht zugegangen sein mag, daß jemand mehr Land zu

---

* Derjenige, welcher ein opus verfertigt, kann es durch *Veräußerung* an einen anderen bringen, gleich als ob es sein Eigentum wäre. Die praestatio operae aber ist keine Veräußerung. Der Hausbediente, der Ladendiener, der Taglöhner, selbst der Friseur sind bloß operarii, nicht artifices (in weiterer Bedeutung des Worts) und nicht Staatsglieder, mithin auch nicht Bürger zu sein qualifiziert. Obgleich der, welchem ich mein Brennholz aufzuarbeiten, und der Schneider, dem ich mein Tuch gebe, um daraus ein Kleid zu machen, sich in ganz ähnlichen Verhältnissen gegen mich zu befinden scheinen, so ist doch jener von diesem, wie Friseur vom Perückenmacher (dem ich auch das Haar dazu gegeben haben mag), also wie Taglöhner vom Künstler oder Handwerker, der ein Werk macht, das ihm gehört, so lange er mich bezahlt ist, unterschieden. Der letztere als Gewerbtreibende verkehrt also sein Eigentum mit dem Anderen (opus), der erstere den Gebrauch seiner Kräfte, den er einem Anderen bewilligt (operam). – Es ist, ich gestehe es, etwas schwer die Erfordernis zu bestimmen, um auf den Stand eines Menschen, der sein eigener Herr ist, Anspruch machen zu können.

eigen bekommen hat, als er mit seinen Händen selbst benutzen konnte (denn die Erwerbung durch Kriegsbemächtigung ist keine erste Erwerbung); und wie es zuging, daß viele Menschen, die sonst insgesamt einen beständigen Besitzstand hätten erwerben können, dadurch dahin gebracht sind, jenem bloß zu dienen, um leben zu können? so würde es schon wider den vorigen Grundsatz der Gleichheit streiten, wenn ein Gesetz sie mit dem Vorrecht des Standes privilegierte, daß ihre Nachkommen entweder immer große Gutseigentümer (der Lehne) bleiben sollten, ohne daß sie verkauft oder durch Vererbung geteilt und also mehreren im Volk zu Nutze kommen dürften, oder auch selbst bei diesen Teilungen niemand als der zu einer gewissen willkürlich dazu angeordneten Menschenklasse Gehörige davon etwas erwerben könnte. Der große Gutsbesitzer vernichtet nämlich so viel kleinere Eigentümer mit ihren Stimmen, als seinen Platz einnehmen könnten; stimmt also nicht in ihrem Namen und hat mithin nur Eine Stimme. – Da es also bloß von dem Vermögen, dem Fleiß und dem Glück jedes Gliedes des gemeinen Wesens abhängend gelassen werden muß, daß jeder einmal einen Teil davon und alle das Ganze erwerben, dieser Unterschied aber bei der allgemeinen Gesetzgebung nicht in Anschlag gebracht werden kann: so muß nach den Köpfen derer, die im Besitzstande sind, nicht nach der Größe der Besitzungen die Zahl der Stimmfähigen zur Gesetzgebung beurteilt werden.

Es müssen aber auch *Alle*, die dieses Stimmrecht haben, zu diesem Gesetz der öffentlichen Gerechtigkeit zusammenstimmen; denn sonst würde zwischen denen, die dazu nicht übereinstimmen, und den ersteren ein Rechtstreit sein, der selbst noch eines höheren Rechtsprinzips bedürfte, um entschieden zu werden. Wenn also das Erstere von einem ganzen Volk nicht erwartet werden darf, mithin nur eine Mehrheit der Stimmen und zwar nicht der Stimmenden unmittelbar (in einem großen Volke), sondern nur der dazu Delegierten als Repräsentanten des Volks dasjenige ist, was allein man als erreichbar voraussehen kann: so wird doch selbst der Grundsatz, sich diese Mehrheit genügen zu lassen, als mit allgemeiner Zusammenstimmung, also durch einen Kontrakt, angenommen, der oberste Grund der Errichtung einer bürgerlichen Verfassung sein müssen.

Folgerung.

Hier ist nun ein *ursprünglicher Kontrakt,* auf den allein eine bürgerliche, mithin durchgängig rechtliche Verfassung unter Menschen gegründet und ein gemeines Wesen errichtet werden kann. – Allein dieser Vertrag (contractus originarius oder pactum sociale genannt), als Coalition jedes besondern und Privatwillens in einem Volk zu einem gemeinschaftlichen und öffentlichen Willen (zum Behuf einer bloß rechtlichen Gesetzgebung), ist keinesweges als ein *Factum* vorauszusetzen nötig (ja als ein solches gar nicht möglich); gleichsam als ob allererst aus der Geschichte vorher bewiesen werden müßte, daß ein Volk, in dessen Rechte und Verbindlichkeiten wir als Nachkommen getreten sind, einmal wirklich einen solchen Actus verrichtet und eine sichere Nachricht oder ein Instrument davon uns mündlich oder schriftlich hinterlassen haben müsse, um sich an eine schon bestehende bürgerliche Verfassung für gebunden zu achten. Sondern es ist eine *bloße Idee* der Vernunft, die aber ihre unbezweifelte (praktische) Realität hat: nämlich jeden Gesetzgeber zu verbinden, daß er seine Gesetze so gebe, als sie aus dem vereinigten Willen eines ganzen Volks haben entspringen *können*, und jeden Untertan, so fern er Bürger sein will, so anzusehen, als ob er zu einem solchen Willen mit zusammen gestimmt habe. Denn das ist der Probierstein der Rechtmäßigkeit eines jeden öffentlichen Gesetzes. Ist nämlich dieses so beschaffen, daß ein ganzes Volk *unmöglich* dazu seine Einstimmung geben *könnte* (wie z. B. daß eine gewisse Klasse von *Untertanen* erblich den Vorzug des

Herrenstandes haben sollten), so ist es nicht gerecht; ist es
aber *nur möglich*, daß ein Volk dazu zusammen stimme, so
ist es Pflicht, das Gesetz für gerecht zu halten: gesetzt auch,
daß das Volk jetzt in einer solchen Lage, oder Stimmung
seiner Denkungsart wäre, daß es, wenn es darum befragt
würde, wahrscheinlicherweise seine Beistimmung verweigern
würde*.

Aber diese Einschränkung gilt offenbar nur für das Urteil
des Gesetzgebers, nicht des Untertans. Wenn also ein Volk
unter einer gewissen jetzt wirklichen Gesetzgebung seine
Glückseligkeit einzubüßen mit größter Wahrscheinlichkeit
urteilen sollte: was ist für dasselbe zu tun? soll es sich nicht
widersetzen? Die Antwort kann nur sein: es ist für dasselbe
nichts zu tun, als zu gehorchen. Denn die Rede ist hier nicht
von Glückseligkeit, die aus einer Stiftung oder Verwaltung
des gemeinen Wesens für den Untertan zu erwarten steht;
sondern allererst bloß vom Rechte, das dadurch einem jeden
gesichert werden soll: welches das oberste Prinzip ist, von
welchem alle Maximen, die ein gemeines Wesen betreffen,
ausgehen müssen, und das durch kein anderes eingeschränkt
wird. In Ansehung der ersteren (der Glückseligkeit) kann
gar kein allgemein gültiger Grundsatz für Gesetze gegeben
werden. Denn sowohl die Zeitumstände, als auch der sehr
einander widerstreitende und dabei immer veränderliche
Wahn, worin jemand seine Glückseligkeit setzt (worin er sie
aber setzen soll, kann ihm niemand vorschreiben), macht alle

---

* Wenn z. B. eine für alle Untertanen proportionierte Kriegssteuer aus-
geschrieben würde, so können diese darum, weil sie drückend ist, nicht
sagen, daß sie ungerecht sei, weil etwa der Krieg ihrer Meinung nach
unnötig wäre: denn das sind sie nicht berechtigt zu beurteilen; sondern
weil es doch immer *möglich* bleibt, daß er unvermeidlich und die Steuer
unentbehrlich sei, so muß sie in dem Urteile des Untertans für rechtmäßig gelten. Wenn aber gewisse Gutseigentümer in einem solchen
Kriege mit Lieferungen belästigt, andere aber desselben Standes damit
verschont würden: so sieht man leicht, ein ganzes Volk könne zu einem
solchen Gesetz nicht zusammenstimmen, und es ist befugt, wider dasselbe wenigstens Vorstellungen zu tun, weil es diese ungleiche Austei-
lung der Lasten nicht für gerecht halten kann.

feste Grundsätze unmöglich und zum Prinzip der Gesetzgebung für sich allein untauglich. Der Satz: Salus publica suprema civitatis lex est, bleibt in seinem unverminderten Wert und Ansehen; aber das öffentliche Heil, welches *zuerst* in Betrachtung zu ziehen steht, ist gerade diejenige gesetzliche Verfassung, die jedem seine Freiheit durch Gesetze sichert: wobei es ihm unbenommen bleibt, seine Glückseligkeit auf jedem Wege, welcher ihm der beste dünkt, zu suchen, wenn er nur nicht jener allgemeinen gesetzmäßigen Freiheit, mithin dem Rechte anderer Mituntertanen Abbruch tut.

Wenn die oberste Macht Gesetze gibt, die zunächst auf die Glückseligkeit (die Wohlhabenheit der Bürger, die Bevölkerung u. dergl.) gerichtet sind: so geschieht dieses nicht als Zweck der Errichtung einer bürgerlichen Verfassung, sondern bloß als Mittel, den *rechtlichen Zustand* vornehmlich gegen äußere Feinde des Volks zu *sichern.* Hierüber muß das Staatsoberhaupt befugt sein selbst und allein zu urteilen, ob dergleichen zum Flor des gemeinen Wesens gehöre, welcher erforderlich ist, um seine Stärke und Festigkeit sowohl innerlich, als wider äußere Feinde zu sichern; so aber das Volk nicht gleichsam wider seinen Willen glücklich zu machen, sondern nur zu machen, daß es als gemeines Wesen existiere*. In dieser Beurteilung, ob jene Maßregel *klüglich* genommen sei oder nicht, kann nun zwar der Gesetzgeber irren, aber nicht in der, da er sich selbst fragt, ob das Gesetz auch mit dem Rechtsprinzip zusammen stimme oder nicht; denn da hat er jene Idee des ursprünglichen Vertrags zum unfehlbaren Richtmaße und zwar a priori bei der Hand (und darf nicht wie beim Glückseligkeitsprinzip auf

---

* Dahin gehören gewisse Verbote der Einfuhr, damit die Erwerbmittel dem Untertanen zum Besten und nicht zum Vorteil der Auswärtigen und Aufmunterung des Fleißes Anderer befördert werden, weil der Staat ohne Wohlhabenheit des Volks nicht Kräfte genug besitzen würde, auswärtigen Feinden zu widerstehen, oder sich selbst als gemeines Wesen zu erhalten.

Erfahrungen harren, die ihn von der Tauglichkeit seiner Mittel allererst belehren müssen). Denn wenn es sich nur nicht widerspricht, daß ein ganzes Volk zu einem solchen Gesetze zusammen stimme, es mag ihm auch so sauer ankommen, wie es wolle: so ist es dem Rechte gemäß. Ist aber ein öffentliches Gesetz diesem gemäß, folglich in Rücksicht auf das Recht untadelig (*irreprehensibel*): so ist damit auch die Befugnis zu zwingen und auf der anderen Seite das Verbot sich dem Willen des Gesetzgebers ja nicht tätlich zu widersetzen verbunden: d. i. die Macht im Staate, die dem Gesetze Effekt gibt, ist auch unwiderstehlich (*irresistibel*), und es existiert kein rechtlich bestehendes gemeines Wesen ohne eine solche Gewalt, die allen innern Widerstand niederschlägt, weil dieser einer Maxime gemäß geschehen würde, die, allgemein gemacht, alle bürgerliche Verfassung zernichten und den Zustand, worin allein Menschen im Besitz der Rechte überhaupt sein können, vertilgen würde.

Hieraus folgt: daß alle Widersetzlichkeit gegen die oberste gesetzgebende Macht, alle Aufwiegelung, um Unzufriedenheit der Untertanen tätlich werden zu lassen, aller Aufstand, der in Rebellion ausbricht, das höchste und strafbarste Verbrechen im gemeinen Wesen ist: weil es dessen Grundfeste zerstört. Und dieses Verbot ist *unbedingt*, so daß, es mag auch jene Macht oder ihr Agent, das Staatsoberhaupt, sogar den ursprünglichen Vertrag verletzt und sich dadurch des Rechts Gesetzgeber zu sein nach dem Begriff des Untertans verlustig gemacht haben, indem sie die Regierung bevollmächtigt, durchaus gewalttätig (tyrannisch) zu verfahren, dennoch dem Untertan kein Widerstand als Gegengewalt erlaubt bleibt. Der Grund davon ist: weil bei einer schon subsistierenden bürgerlichen Verfassung das Volk kein zu Recht beständiges Urteil mehr hat, zu bestimmen: wie jene solle verwaltet werden. Denn man setze: es habe ein solches und zwar dem Urteile des wirklichen Staatsoberhaupts zuwider; wer soll entscheiden, auf wessen Seite das Recht sei? Keiner von beiden kann es als Richter in seiner eigenen

Sache tun. Also müßte es noch ein Oberhaupt über dem Oberhaupte geben, welches zwischen diesem und dem Volk entschiede: welches sich widerspricht. – Auch kann nicht etwa ein Notrecht (ius in casu necessitatis), welches ohnehin als ein vermeintes *Recht*, in der höchsten (physischen) Not *Unrecht* zu tun, ein Unding ist*, hier eintreten und zur Hebung des die Eigenmacht des Volks einschränkenden Schlagbaums den Schlüssel hergeben. Denn das Oberhaupt des Staats kann eben so wohl sein hartes Verfahren gegen die Untertanen durch ihre Widerspenstigkeit, als diese ihren Aufruhr durch Klage über ihr ungebührliches Leiden gegen ihn zu rechtfertigen meinen; und wer soll hier nun entscheiden? Wer sich im Besitz der obersten öffentlichen Rechtspflege befindet, und das ist gerade das Staatsoberhaupt, dieses kann es allein tun; und niemand im gemeinen Wesen kann also ein Recht haben, ihm diesen Besitz streitig zu machen.

---

* Es gibt keinen Casus necessitatis, als in dem Fall, wo Pflichten, nämlich *unbedingte* und (zwar vielleicht große, aber doch) *bedingte Pflicht*, gegen einander streiten; z. B. wenn es auf Abwendung eines Unglücks vom Staat durch den Verrat eines Menschen ankommt, der gegen einen Andern in einem Verhältnis etwa wie Vater und Sohn stände. Diese Abwendung des Übels des Ersteren ist unbedingte, die des Unglücks des letzteren aber nur bedingte Pflicht (nämlich so fern er sich nicht eines Verbrechens wider den Staat schuldig gemacht hat). Die Anzeige, die der letztere von der Unternehmung des ersteren der Obrigkeit machen würde, tut er vielleicht mit dem größten Widerwillen, aber durch Not (nämlich die moralische) gedrungen. – Wenn aber von einem, welcher einen andern Schiffbrüchigen von seinem Brett stößt, um sein eignes Leben zu erhalten, gesagt wird, er habe durch seine Not (die physische) ein Recht dazu bekommen: so ist das ganz falsch. Denn mein Leben zu erhalten, ist nur bedingte Pflicht (wenn es ohne Verbrechen geschehen kann); einem Andern aber, der mich nicht beleidigt, ja gar nicht einmal in Gefahr das meinige zu verlieren *bringt*, es nicht zu nehmen, ist unbedingte Pflicht. Die Lehrer des allgemeinen bürgerlichen Rechts verfahren gleichwohl mit der rechtlichen Befugnis, die sie dieser Nothilfe zugestehen, ganz konsequent. Denn die Obrigkeit kann keine *Strafe* mit dem Verbot verbinden, weil diese Strafe der Tod sein müßte. Es wäre aber ein ungereimtes Gesetz, jemanden den Tod androhen, wenn er sich in gefährlichen Umständen dem Tode nicht freiwillig überlieferte.

Gleichwohl finde ich achtungswürdige Männer, welche diese Befugnis des Untertans zur Gegengewalt gegen seinen Obern unter gewissen Umständen behaupten, unter denen ich hier nur den in seinen Lehren des Naturrechts sehr behutsamen, bestimmten und bescheidenen *Achenwall* anführen will.* Er sagt: »Wenn die Gefahr, die dem gemeinen Wesen aus längerer Duldung der Ungerechtigkeit des Oberhaupts droht, größer ist, als von Ergreifung der Waffen gegen ihn besorgt werden kann: alsdann könne das Volk jenem widerstehen, zum Behuf dieses Rechts von seinem Unterwerfungsvertrag abgehen und ihn als Tyrannen entthronen.« Und er schließt darauf: »Es kehre das Volk auf solche Art (beziehungsweise auf seinen vorigen Oberherrn) in den Naturzustand zurück«.

Ich glaube gern, daß weder *Achenwall,* noch irgend einer der wackeren Männer, die hierüber mit ihm einstimmig vernünftelt haben, je in irgend einem vorkommenden Fall zu so gefährlichen Unternehmungen ihren Rat oder Beistimmung würden gegeben haben; auch ist kaum zu bezweifeln, daß, wenn jene Empörungen, wodurch die Schweiz, die Vereinigten Niederlande, oder auch Großbritannien ihre jetzige für so glücklich gepriesene Verfassung errungen haben, mißlungen wären, die Leser der Geschichte derselben in der Hinrichtung ihrer jetzt so erhobenen Urheber nichts als verdiente Strafe großer Staatsverbrecher sehen würden. Denn der Ausgang mischt sich gewöhnlich in unsere Beurteilung der Rechtsgründe, obzwar jener ungewiß war, diese aber gewiß sind. Es ist aber klar, daß, was die letzteren betrifft – wenn man auch einräumt, daß durch eine solche Empörung dem Landesherrn (der etwa eine joyeuse entrée als einen wirklichen zum Grunde liegenden Vertrag mit dem Volk verletzt hätte) kein Unrecht geschähe, – das Volk doch durch diese Art ihr Recht zu suchen im höchsten Grade Unrecht getan habe: weil dieselbe (zur Maxime angenom-

* Ius Naturae. Editio Vta. Pars posterior, §§ 203–206.

men) alle rechtliche Verfassung unsicher macht und den
Zustand einer völligen Gesetzlosigkeit (status naturalis), wo
alles Recht aufhört, wenigstens Effekt zu haben, einführt. –
Nur will ich bei diesem Hange so vieler wohldenkenden
Verfasser dem Volk (zu seinem eigenen Verderben) das
Wort zu reden bemerken: daß dazu teils die gewöhnliche
Täuschung, wenn vom Prinzip des Rechts die Rede ist, das
Prinzip der Glückseligkeit ihren Urteilen unterzuschieben,
die Ursache sei; teils auch, wo kein Instrument eines wirklich dem gemeinen Wesen vorgelegten, vom Oberhaupt desselben akzeptierten und von beiden sanktionierten Vertrags
anzutreffen ist, sie die Idee von einem ursprünglichen Vertrag, die immer in der Vernunft zum Grunde liegt, als
Etwas, welches *wirklich* geschehen sein müsse, annahmen
und so dem Volke immer die Befugnis zu erhalten meinten,
davon bei einer groben, aber von ihm selbst dafür beurteil-
ten Verletzung nach seinem Gutdünken abzugehen*.
Man sieht hier offenbar, was das Prinzip der Glückseligkeit
(welche eigentlich gar keines bestimmten Prinzips fähig ist)
auch im Staatsrecht für Böses anrichtet, so wie es solches in
der Moral tut, auch selbst bei der besten Meinung, die der
Lehrer desselben beabsichtigt. Der Souverän will das Volk
nach seinen Begriffen glücklich machen und wird Despot;
das Volk will sich den allgemeinen menschlichen Anspruch

---

* Es mag auch immer der wirkliche Vertrag des Volks mit dem Ober-
herren verletzt sein: so kann dieses doch alsdann nicht sofort *als gemeines Wesen,* sondern nur durch Rottierung entgegenwirken. Denn die
bisher bestandene Verfassung war vom Volk zerrissen; die Organisation
aber zu einem neuen gemeinen Wesen sollte allererst noch geschehen.
Hier tritt nun der Zustand der Anarchie mit allen ihren Greueln ein,
die wenigstens dadurch möglich sind; und das Unrecht, welches hier geschieht, ist alsdann das, was eine jede Partei der andern im Volke zufügt: wie auch aus dem angeführten Beispiel erhellt, wo die aufrühre-
rischen Untertanen jenes Staats zuletzt einander mit Gewalt eine Verfassung aufdringen wollten, die weit drückender geworden wäre als die,
welche sie verließen; nämlich von Geistlichen und Aristokraten verzehrt
zu werden, statt daß sie unter einem Alle beherrschenden Oberhaupt
mehr Gleichheit in Verteilung der Staatsbürden erwarten konnten.

auf eigene Glückseligkeit nicht nehmen lassen und wird Rebell. Wenn man zu allererst gefragt hätte, was Rechtens ist (wo die Prinzipien a priori feststehen, und kein Empiriker darin pfuschen kann): so würde die Idee des Sozialkontrakts in ihrem unbestreitbaren Ansehen bleiben; aber nicht als Factum (wie *Danton* will, ohne welches er alle in der wirklich existierenden bürgerlichen Verfassung befindliche Rechte und alles Eigentum für null und nichtig erklärt), sondern nur als Vernunftprinzip der Beurteilung aller öffentlichen rechtlichen Verfassung überhaupt. Und man würde einsehen: daß, ehe der allgemeine Wille da ist, das Volk gar kein Zwangsrecht gegen seinen Gebieter besitze, weil es nur durch diesen rechtlich zwingen kann; ist jener aber da, eben sowohl kein von ihm gegen diesen auszuübender Zwang Statt finde, weil es alsdann selbst der oberste Gebieter wäre; mithin dem Volk gegen das Staatsoberhaupt nie ein Zwangsrecht (Widersetzlichkeit in Worten oder Werken) zukomme.

Wir sehen auch diese Theorie in der Praxis hinreichend bestätigt. In der Verfassung von Großbritannien, wo das Volk mit seiner Konstitution so groß tut, als ob sie das Muster für alle Welt wäre, finden wir doch, daß sie von der Befugnis, die dem Volk, im Fall der Monarch den Kontrakt von 1688 übertreten sollte, zusteht, ganz still schweigt; mithin sich gegen ihn, wenn er sie verletzen wollte, weil kein Gesetz hierüber da ist, ingeheim Rebellion vorbehält. Denn daß die Konstitution auf diesen Fall ein Gesetz enthalte, welches die subsistierende Verfassung, von der alle besondern Gesetze ausgehen, (gesetzt auch der Kontrakt sei verletzt) umzustürzen berechtigte, ist ein klarer Widerspruch: weil sie alsdann auch eine *öffentlich konstituierte***** Gegenmacht enthalten müßte, mithin noch ein zweites

---

* Kein Recht im Staate kann durch einen geheimen Vorbehalt gleichsam heimtückisch verschwiegen werden; am wenigsten das Recht, welches sich das Volk als ein zur Konstitution gehöriges anmaßt: weil alle Gesetze derselben als aus einem öffentlichen Willen entsprungen gedacht werden

Staatsoberhaupt, welches die Volksrechte gegen das erstere beschützte, sein müßte, dann aber auch ein drittes, welches zwischen Beiden, auf wessen Seite das Recht sei, entschiede. – Auch haben jene Volksleiter (oder, wenn man will, Vormünder), besorgt wegen einer solchen Anklage, wenn ihr Unternehmen etwa fehl schlüge, dem von ihnen weggeschreckten Monarchen lieber eine freiwillige Verlassung der Regierung *angedichtet*, als sich das Recht der Absetzung desselben angemaßt, wodurch sie die Verfassung in offenbaren Widerspruch mit sich selbst würden versetzt haben.

Wenn man mir nun bei diesen meinen Behauptungen den Vorwurf gewiß nicht machen wird, daß ich durch diese Unverletzbarkeit den Monarchen zu viel schmeichele: so wird man mir hoffentlich auch denjenigen ersparen, daß ich dem Volk zu Gunsten zu viel behaupte, wenn ich sage, daß dieses gleichfalls seine unverlierbaren Rechte gegen das Staatsoberhaupt habe, obgleich diese keine Zwangsrechte sein können.

Hobbes ist der entgegengesetzten Meinung. Nach ihm (de Cive, cap. 7, § 14) ist das Staatsoberhaupt durch Vertrag dem Volk zu nichts verbunden und kann dem Bürger nicht Unrecht tun (er mag über ihn verfügen, was er wolle). – Dieser Satz würde ganz richtig sein, wenn man unter Unrecht diejenige Läsion versteht, welche dem Beleidigten ein *Zwangsrecht* gegen denjenigen einräumt, der ihm Unrecht tut; aber so im Allgemeinen ist der Satz erschrecklich.

Der nicht-widerspenstige Untertan muß annehmen können, sein Oberherr *wolle* ihm nicht Unrecht tun. Mithin da jeder Mensch doch seine unverlierbaren Rechte hat, die er nicht einmal aufgeben kann, wenn er auch wollte, und über die er selbst zu urteilen befugt ist; das Unrecht aber, welches ihm seiner Meinung nach widerfährt, nach jener Voraussetzung nur aus Irrtum oder Unkunde gewisser Folgen aus Gesetzen

müssen. Es müßte also, wenn die Konstitution Aufstand erlaubte, diese das Recht dazu, und auf welche Art davon Gebrauch zu machen sei, öffentlich erklären.

153

der obersten Macht geschieht: so muß dem Staatsbürger und zwar mit Vergünstigung des Oberherrn selbst die Befugnis zustehen, seine Meinung über das, was von den Verfügungen desselben ihm ein Unrecht gegen das gemeine Wesen zu sein scheint, öffentlich bekannt zu machen. Denn daß das Oberhaupt auch nicht einmal irren, oder einer Sache unkundig sein könne, anzunehmen, würde ihn als mit himmlischen Eingebungen begnadigt und über die Menschheit erhaben vorstellen. Also ist *die Freiheit der Feder* – in den Schranken der Hochachtung und Liebe für die Verfassung, worin man lebt, durch die liberale Denkungsart der Untertanen, die jene noch dazu selbst einflößt, gehalten (und dahin beschränken sich auch die Federn einander von selbst, damit sie nicht ihre Freiheit verlieren), – das einzige Palladium der Volksrechte. Denn diese Freiheit ihm auch absprechen zu wollen, ist nicht allein so viel, als ihm allen Anspruch auf Recht in Ansehung des obersten Befehlshabers (nach Hobbes) nehmen, sondern auch dem letzteren, dessen Wille bloß dadurch, daß er den allgemeinen Volkswillen repräsentiert, Untertanen als Bürgern Befehle gibt, alle Kenntnis von dem entziehen, was, wenn er es wüßte, er selbst abändern würde, und ihn mit sich selbst in Widerspruch setzen. Dem Oberhaupte aber Besorgnis einzuflößen, daß durch Selbst- und Lautdenken Unruhen im Staate erregt werden dürften, heißt so viel, als ihm Mißtrauen gegen seine eigene Macht, oder auch Haß gegen sein Volk erwecken.

Das allgemeine Prinzip aber, wornach ein Volk seine Rechte *negativ*, d. i. bloß zu beurteilen hat, was von der höchsten Gesetzgebung als mit ihrem besten Willen *nicht verordnet* anzusehen sein möchte, ist in dem Satz enthalten: *Was ein Volk über sich selbst nicht beschließen kann, das kann der Gesetzgeber auch nicht über das Volk beschließen.*

Wenn also z. B. die Frage ist: ob ein Gesetz, das eine gewisse einmal angeordnete kirchliche Verfassung für beständig fortdaurend anbefehle, als von dem eigentlichen Willen des Gesetzgebers (seiner Absicht) ausgehend angesehen wer-

den könne, so frage man sich zuerst: ob ein Volk es sich
selbst zum Gesetz machen *dürfe*, daß gewisse einmal angenommene Glaubenssätze und Formen der äußern Religion
für immer bleiben sollen; also ob es sich selbst in seiner
Nachkommenschaft hindern dürfe, in Religionseinsichten
weiter fortzuschreiten, oder etwanige alte Irrtümer abzu-
ändern. Da wird nun klar, daß ein ursprünglicher Kontrakt
des Volks, welcher dieses zum Gesetz machte, an sich selbst
null und nichtig sein würde: weil er wider die Bestimmung
und Zwecke der Menschheit streitet; mithin ein darnach
gegebenes Gesetz nicht als der eigentliche Wille des Monarchen, dem also Gegenvorstellungen gemacht werden können,
anzusehen ist. – In allen Fällen aber, wenn etwas gleichwohl doch von der obersten Gesetzgebung so verfügt wäre,
können zwar allgemeine und öffentliche Urteile darüber
gefällt, nie aber wörtlicher oder tätlicher Widerstand dagegen aufgeboten werden.
Es muß in jedem gemeinen Wesen ein *Gehorsam* unter dem
Mechanismus der Staatsverfassung nach Zwangsgesetzen (die
aufs Ganze gehen), aber zugleich ein *Geist der Freiheit* sein,
da jeder in dem, was allgemeine Menschenpflicht betrifft,
durch Vernunft überzeugt zu sein verlangt, daß dieser
Zwang rechtmäßig sei, damit er nicht mit sich selbst in
Widerspruch gerate. Der erstere ohne den letzteren ist die
veranlassende Ursache aller *geheimen Gesellschaften*. Denn
es ist ein Naturberuf der Menschheit, sich vornehmlich in
dem, was den Menschen überhaupt angeht, einander mitzuteilen; jene Gesellschaften also würden wegfallen, wenn
diese Freiheit begünstigt wird. Und wodurch anders können
auch der Regierung die Kenntnisse kommen, die ihre eigene
wesentliche Absicht befördern, als daß sie den in seinem
Ursprung und in seinen Wirkungen so achtungswürdigen
Geist der Freiheit sich äußern läßt?

*

Nirgend spricht eine alle reine Vernunftprinzipien vorbeigehende Praxis mit mehr Anmaßung über Theorie ab, als in der Frage über die Erfordernisse zu einer guten Staatsverfassung. Die Ursache ist, weil eine lange bestandene gesetzliche Verfassung das Volk nach und nach an eine Regel gewöhnt, ihre Glückseligkeit sowohl als ihre Rechte nach dem Zustande zu beurteilen, in welchem Alles bisher in seinem ruhigen Gange gewesen ist; nicht aber umgekehrt diesen letzteren nach Begriffen, die ihnen von beiden durch die Vernunft an die Hand gegeben werden, zu schätzen: vielmehr jenen passiven Zustand immer doch der gefahrvollen Lage noch vorzuziehen, einen bessern zu suchen (wo dasjenige gilt, was Hippokrates den Ärzten zu beherzigen gibt: iudicium anceps, experimentum periculosum). Da nun alle lange genug bestandenen Verfassungen, sie mögen Mängel haben, welche sie wollen, hierin bei aller ihrer Verschiedenheit einerlei Resultat geben, nämlich mit der, in welcher man ist, zufrieden zu sein: so gilt, wenn auf das *Volkswohlergehen* gesehen wird, eigentlich gar keine Theorie, sondern Alles beruht auf einer der Erfahrung folgsamen Praxis.

Gibt es aber in der Vernunft so etwas, als sich durch das Wort *Staatsrecht* ausdrücken läßt; und hat dieser Begriff für Menschen, die im Antagonism ihrer Freiheit gegen einander stehen, verbindende Kraft, mithin objektive (praktische) Realität, ohne daß auf das Wohl- oder Übelbefinden, das ihnen daraus entspringen mag, noch hingesehen werden darf (wovon die Kenntnis bloß auf Erfahrung beruht): so gründet es sich auf Prinzipien a priori (denn, was Recht sei, kann nicht Erfahrung lehren); und es gibt eine *Theorie* des Staatsrechts, ohne Einstimmung mit welcher keine Praxis gültig ist.

Hiewider kann nun nichts aufgebracht werden als: daß, obzwar die Menschen die Idee von ihnen zustehenden Rechten im Kopf haben, sie doch ihrer Herzenshärtigkeit halber unfähig und unwürdig wären darnach behandelt zu

werden, und daher eine oberste bloß nach Klugheitsregeln
verfahrende Gewalt sie in Ordnung halten dürfe und müsse.
Dieser Verzweifelungssprung (salto mortale) ist aber von
der Art, daß, wenn einmal nicht vom Recht, sondern nur
von der Gewalt die Rede ist, das Volk auch die seinige versuchen und so alle gesetzliche Verfassung unsicher machen
dürfe. Wenn nicht etwas ist, was durch Vernunft unmittelbar Achtung abnötigt (wie das Menschenrecht), so sind alle
Einflüsse auf die Willkür der Menschen unvermögend, die
Freiheit derselben zu bändigen; aber wenn neben dem
Wohlwollen das Recht laut spricht, dann zeigt sich die
menschliche Natur nicht so verunartet, daß seine Stimme von
derselben nicht mit Ehrerbietung angehört werde. (Tum
pietate gravem meritisque si forte virum quem Conspexere,
silent arrectisque auribus adstant. *Virgil.*)

III. Vom Verhältnis der Theorie zur Praxis *im Völkerrecht.*
In allgemein philanthropischer, d. i. kosmopolitischer Absicht betrachtet*. Gegen *Moses Mendelssohn.*

Ist das menschliche Geschlecht im Ganzen zu lieben; oder ist
es ein Gegenstand, den man mit Unwillen betrachten muß,
dem man zwar (um nicht Misanthrop zu werden) alles
Gute wünscht, es doch aber nie an ihm erwarten, mithin
seine Augen lieber von ihm abwenden muß? Die Beantwortung dieser Frage beruht auf der Antwort, die man auf eine
andere geben wird: Sind in der menschlichen Natur Anlagen, aus welchen man abnehmen kann, die Gattung werde
immer zum Bessern fortschreiten und das Böse jetziger und
vergangener Zeiten sich in dem Guten der künftigen ver-

* Es fällt nicht sofort in die Augen, wie eine allgemein-*philanthropische*
Voraussetzung auf eine *weltbürgerliche* Verfassung, diese aber auf die
Gründung eines *Völkerrechts* hinweise, als einen Zustand, in welchem
allein die Anlagen der Menschheit gehörig entwickelt werden können,
die unsere Gattung liebenswürdig machen. – Der Beschluß dieser Nummer wird diesen Zusammenhang vor Augen stellen.

lieren? Denn so können wir die Gattung doch wenigstens in ihrer beständigen Annäherung zum Guten lieben, sonst müßten wir sie hassen oder verachten; die Ziererei mit der allgemeinen Menschenliebe (die alsdann höchstens nur eine Liebe des Wohlwollens, nicht des Wohlgefallens sein würde) mag dagegen sagen, was sie wolle. Denn was böse ist und bleibt, vornehmlich das in vorsetzlicher wechselseitiger Verletzung der heiligsten Menschenrechte, das kann man – auch bei der größten Bemühung, Liebe in sich zu erzwingen – doch nicht vermeiden zu hassen: nicht gerade um Menschen Übels zuzufügen, aber doch so wenig wie möglich mit ihnen zu tun zu haben.

Moses Mendelssohn war der letzteren Meinung (*Jerusalem,* zweiter Abschnitt, S. 44 bis 47), die er seines Freundes *Lessings* Hypothese von einer göttlichen Erziehung des Menschengeschlechts entgegensetzt. Es ist ihm Hirngespinst: »daß das Ganze, die Menschheit hienieden, in der Folge der Zeiten immer vorwärts rücken und sich vervollkommnen solle. – Wir sehen,« sagt er, »das Menschengeschlecht im Ganzen kleine Schwingungen machen; und es tat nie einige Schritte vorwärts, ohne bald nachher mit gedoppelter Geschwindigkeit in seinen vorigen Zustand zurück zu gleiten.« (Das ist so recht der Stein des Sisyphus; und man nimmt auf diese Art gleich dem Indier die Erde als den Büßungsort für alte, jetzt nicht mehr erinnerliche Sünden an.) – »Der Mensch geht weiter; aber die Menschheit schwankt beständig zwischen festgesetzten Schranken auf und nieder; behält aber, im Ganzen betrachtet, in allen Perioden der Zeit ungefähr dieselbe Stufe der Sittlichkeit, dasselbe Maß von Religion und Irreligion, von Tugend und Laster, von Glückseligkeit(?) und Elend.« – Diese Behauptungen leitet er (S. 46) dadurch ein, daß er sagt: »Ihr wollt erraten, was für Absichten die Vorsehung mit der Menschheit habe? Schmiedet keine Hypothesen« (Theorie hatte er diese vorher genannt); »schauet nur umher auf das, was wirklich geschieht, und, wenn Ihr einen Überblick auf die Geschichte aller Zeiten werfen könnt, auf das, was von jeher geschehen ist. Dieses ist Tatsache; dieses muß zur Absicht gehört haben, muß in dem Plane der Weisheit genehmigt, oder wenigstens mit aufgenommen worden sein.«

Ich bin anderer Meinung. – Wenn es ein einer Gottheit würdiger Anblick ist, einen tugendhaften Mann mit Widerwärtigkeiten und Versuchungen zum Bösen ringen und ihn dennoch dagegen Stand halten zu sehen: so ist es ein, ich will nicht sagen einer Gottheit, sondern selbst des gemeinsten, aber wohldenkenden Menschen höchst unwürdiger Anblick, das menschliche Geschlecht von Periode zu Periode zur Tugend hinauf Schritte tun und bald darauf eben so tief wieder in Laster und Elend zurückfallen zu sehen. Eine Weile diesem Trauerspiel zuzuschauen, kann vielleicht rührend und belehrend sein; aber endlich muß doch der Vorhang fallen. Denn auf die Länge wird es zum Possenspiel; und wenn die Akteure es gleich nicht müde werden, weil sie Narren sind, so wird es doch der Zuschauer, der an einem oder dem andern Akt genug hat, wenn er daraus mit Grunde abnehmen kann, daß das nie zu Ende kommende Stück ein ewiges Einerlei sei. Die am Ende folgende Strafe kann zwar, wenn es ein bloßes Schauspiel ist, die unangenehmen Empfindungen durch den Ausgang wiederum gut machen. Aber Laster ohne Zahl (wenn gleich mit dazwischen eintretenden Tugenden) in der Wirklichkeit sich über einander türmen zu lassen, damit dereinst recht viel gestraft werden könne: ist wenigstens nach unseren Begriffen sogar der Moralität eines weisen Welturhebers und Regierers zuwider.

Ich werde also annehmen dürfen: daß, da das menschliche Geschlecht beständig im Fortrücken in Ansehung der Kultur, als dem Naturzwecke desselben, ist, es auch im Fortschreiten zum Besseren in Ansehung des moralischen Zwecks seines Daseins begriffen sei, und daß dieses zwar bisweilen *unterbrochen*, aber nie *abgebrochen* sein werde. Diese Voraussetzung zu beweisen, habe ich nicht nötig; der Gegner der-

selben muß beweisen. Denn ich stütze mich auf meine angeborne Pflicht, in jedem Gliede der Reihe der Zeugungen
– worin ich (als Mensch überhaupt) bin, und doch nicht mit
der an mir erforderlichen moralischen Beschaffenheit so
gut, als ich sein sollte, mithin auch könnte – so auf die
Nachkommenschaft zu wirken, daß sie immer besser werde
(wovon also auch die Möglichkeit angenommen werden
muß), und daß so diese Pflicht von einem Gliede der Zeugungen zum andern sich rechtmäßig vererben könne. Es
mögen nun auch noch so viel Zweifel gegen meine Hoffnungen aus der Geschichte gemacht werden, die, wenn sie
beweisend wären, mich bewegen könnten, von einer dem
Anschein nach vergeblichen Arbeit abzulassen; so kann ich
doch, so lange dieses nur nicht ganz gewiß gemacht werden
kann, die Pflicht (als das liquidum) gegen die Klugheits-
regel aufs Untunliche nicht hinzuarbeiten (als das illiqui-
dum, weil es bloße Hypothese ist) nicht vertauschen; und
so ungewiß ich immer sein und bleiben mag, ob für das
menschliche Geschlecht das Bessere zu hoffen sei, so kann
dieses doch nicht der Maxime, mithin auch nicht der notwendigen Voraussetzung derselben in praktischer Absicht,
daß es tunlich sei, Abbruch tun.

Diese Hoffnung besserer Zeiten, ohne welche eine ernstliche
Begierde, etwas dem allgemeinen Wohl Ersprießliches zu
tun, nie das menschliche Herz erwärmt hätte, hat auch
jederzeit auf die Bearbeitung der Wohldenkenden Einfluß
gehabt; und der gute *Mendelssohn* mußte doch auch darauf
gerechnet haben, wenn er für Aufklärung und Wohlfahrt
der Nation, zu welcher er gehörte, so eifrig bemüht war.
Denn selbst und für sich allein sie zu bewirken, wenn nicht
Andere nach ihm auf derselben Bahn weiter fort gingen,
konnte er vernünftiger Weise nicht hoffen. Bei dem traurigen Anblick nicht sowohl der Übel, die das menschliche Geschlecht aus Naturursachen drücken, als vielmehr derjenigen,
welche die Menschen sich unter einander selbst antun, er-
heitert sich doch das Gemüt durch die Aussicht, es könne

künftig besser werden: und zwar mit uneigennützigem Wohlwollen, wenn wir längst im Grabe sein und die Früchte, die wir zum Teil selbst gesäet haben, nicht einernten werden. Empirische Beweisgründe wider das Gelingen dieser auf Hoffnung genommenen Entschließungen richten hier nichts aus. Denn daß dasjenige, was bisher noch nicht gelungen ist, darum auch nie gelingen werde, berechtigt nicht einmal eine pragmatische oder technische Absicht (wie z. B. die der Luftfahrten mit aërostatischen Bällen) aufzugeben; noch weniger aber eine moralische, welche, wenn ihre Bewirkung nur nicht demonstrativ-unmöglich ist, Pflicht wird. Überdem lassen sich manche Beweise geben, daß das menschliche Geschlecht im Ganzen wirklich in unserm Zeitalter in Vergleichung mit allen vorigen ansehnlich moralisch zum selbst Besseren fortgerückt sei (kurzdaurende Hemmungen können nichts dagegen beweisen); und daß das Geschrei von der unaufhaltsam zunehmenden Verunartung desselben gerade daher kommt, daß, wenn es auf einer höheren Stufe der Moralität steht, es noch weiter vor sich sieht, und sein Urteil über das, was man ist, in Vergleichung mit dem, was man sein sollte, mithin unser Selbsttadel immer desto strenger wird, je mehr Stufen der Sittlichkeit wir im Ganzen des uns bekannt gewordenen Weltlaufs schon erstiegen haben.

Fragen wir nun: durch welche Mittel dieser immerwährende Fortschritt zum Besseren dürfte erhalten und auch wohl beschleunigt werden, so sieht man bald, daß dieser ins unermeßlich Weite gehende Erfolg nicht sowohl davon abhängen werde, was *wir* tun (z. B. von der Erziehung, die wir der jüngeren Welt geben), und nach welcher Methode *wir* verfahren sollen, um es zu bewirken; sondern von dem, was die menschliche *Natur* in und mit uns tun wird, um uns in ein Gleis zu *nötigen*, in welches wir uns von selbst nicht leicht fügen würden. Denn von ihr, oder vielmehr (weil höchste Weisheit zu Vollendung dieses Zwecks erfordert wird) von der *Vorsehung* allein können wir einen Erfolg erwarten, der aufs Ganze und von da auf die Teile geht, da im Gegenteil die Menschen mit ihren *Entwürfen* nur von den Teilen ausgehen, wohl gar nur bei ihnen stehen bleiben und aufs Ganze als ein solches, welches für sie zu groß ist, zwar ihre Ideen, aber nicht ihren Einfluß erstrecken können: vornehmlich da sie, in ihren Entwürfen einander widerwärtig, sich aus eigenem freien Vorsatz schwerlich dazu vereinigen würden.

So wie allseitige Gewalttätigkeit und daraus entspringende Not endlich ein Volk zur Entschließung bringen mußte, sich dem Zwange, den ihm die Vernunft selbst als Mittel vorschreibt, nämlich dem öffentlicher Gesetze, zu unterwerfen und in eine *staatsbürgerliche* Verfassung zu treten: so muß auch die Not aus den beständigen Kriegen, in welchen wiederum Staaten einander zu schmälern oder zu unterjochen suchen, sie zuletzt dahin bringen, selbst wider Willen entweder in eine *weltbürgerliche* Verfassung zu treten; oder, ist ein solcher Zustand eines allgemeinen Friedens (wie es mit übergroßen Staaten wohl auch mehrmals gegangen ist) auf einer andern Seite der Freiheit noch gefährlicher, indem er den schrecklichsten Despotismus herbei führt, so muß sie diese Not doch zu einem Zustande zwingen, der zwar kein weltbürgerliches gemeines Wesen unter einem Oberhaupt, aber doch ein rechtlicher Zustand der *Föderation* nach einem gemeinschaftlich verabredeten *Völkerrecht* ist.

Denn da die fortrückende Kultur der Staaten mit dem zugleich wachsenden Hange, sich auf Kosten der Andern durch List oder Gewalt zu vergrößern, die Kriege vervielfältigen und durch immer (bei bleibender Löhnung) vermehrte, auf stehendem Fuß und in Disziplin erhaltene, mit stets zahlreicheren Kriegsinstrumenten versehene Heere immer höhere Kosten verursachen muß; indes die Preise aller Bedürfnisse fortdaurend wachsen, ohne daß ein ihnen proportionierter fortschreitender Zuwachs der sie vorstellenden Metalle gehofft werden kann; kein Frieden auch so lange dauert, daß das Ersparnis während demselben dem Kostenaufwand für den nächsten Krieg gleich käme, wowider die Erfindung der Staatsschulden zwar ein sinnreiches, aber sich selbst zuletzt vernichtendes Hilfsmittel ist: so muß, was guter Wille hätte tun sollen, aber nicht tat, endlich die Ohnmacht bewirken: daß ein jeder Staat in seinem Inneren so organisiert werde, daß nicht das Staatsoberhaupt, dem der Krieg (weil er ihn auf eines Andern, nämlich des Volks, Kosten führt) eigentlich nichts kostet, sondern das Volk, dem er selbst kostet, die entscheidende Stimme habe, ob Krieg sein solle oder nicht (wozu freilich die Realisierung jener Idee des ursprünglichen Vertrags notwendig vorausgesetzt werden muß). Denn dieses wird es wohl bleiben lassen, aus bloßer Vergrößerungsbegierde, oder um vermeinter, bloß wörtlicher Beleidigungen willen sich in Gefahr persönlicher Dürftigkeit, die das Oberhaupt nicht trifft, zu versetzen. Und so wird auch die Nachkommenschaft (auf die keine von ihr unverschuldete Lasten gewälzt werden), ohne daß eben Liebe zu derselben, sondern nur Selbstliebe jedes Zeitalters die Ursache davon sein darf, immer zum Besseren selbst im moralischen Sinn fortschreiten können: indem jedes gemeine Wesen, unvermögend einem anderen gewalttätig zu schaden, sich allein am Recht halten muß und, daß andere eben so geformte ihm darin zu Hilfe kommen werden, mit Grunde hoffen kann.

Dieses ist indes nur Meinung und bloß Hypothese: ungewiß wie alle Urteile, welche zu einer beabsichtigten Wirkung, die nicht gänzlich in unsrer Gewalt steht, die ihr einzig angemessene Naturursache angeben wollen; und selbst als eine solche enthält sie in einem schon bestehenden Staat nicht ein Prinzip für den Untertan sie zu erzwingen (wie vorher gezeigt worden), sondern nur für zwangsfreie Oberhäupter. Ob es zwar in der Natur des Menschen nach der gewöhnlichen Ordnung eben nicht liegt, von seiner Gewalt willkürlich nachzulassen, gleichwohl es aber in dringenden Umständen doch nicht unmöglich ist: so kann man es für einen den moralischen Wünschen und Hoffnungen der

Menschen (beim Bewußtsein ihres Unvermögens) nicht un-
angemessenen Ausdruck halten, die dazu erforderlichen Umstände von der *Vorsehung* zu erwarten: welche dem Zwecke
der *Menschheit* im Ganzen ihrer Gattung zu Erreichung
ihrer endlichen Bestimmung durch freien Gebrauch ihrer
Kräfte, so weit sie reichen, einen Ausgang verschaffen
werde, welchem die Zwecke der *Menschen,* abgesondert betrachtet, gerade entgegen wirken. Denn eben die Entgegen-
wirkung der Neigungen, aus welchen das Böse entspringt,
unter einander verschafft der Vernunft ein freies Spiel, sie
insgesamt zu unterjochen und statt des Bösen, was sich selbst
zerstört, das Gute, welches, wenn es einmal da ist, sich
fernerhin von selbst erhält, herrschend zu machen.

*

Die menschliche Natur erscheint nirgend weniger liebenswürdig, als im Verhältnisse ganzer Völker gegen einander.
Kein Staat ist gegen den andern wegen seiner Selbstständig-
keit oder seines Eigentums einen Augenblick gesichert. Der
Wille einander zu unterjochen oder an dem Seinen zu
schmälern ist jederzeit da; und die Rüstung zur Verteidigung, die den Frieden oft noch drückender und für die
innere Wohlfahrt zerstörender macht, als selbst den Krieg,
darf nie nachlassen. Nun ist hierwider kein anderes Mittel,
als ein auf öffentliche mit Macht begleitete Gesetze, denen
sich jeder Staat unterwerfen müßte, gegründetes Völkerrecht (nach der Analogie eines bürgerlichen oder Staatsrechts
einzelner Menschen) möglich; – denn ein daurender allgemeiner Friede durch die so genannte *Balance der Mächte in
Europa* ist, wie *Swifts* Haus, welches von einem Baumeister
so vollkommen nach allen Gesetzen des Gleichgewichts er-
bauet war, daß, als sich ein Sperling drauf setzte, es sofort
einfiel, ein bloßes Hirngespinst. – Aber solchen Zwangsgesetzen, wird man sagen, werden sich Staaten doch nie
unterwerfen; und der Vorschlag zu einem allgemeinen Völ-

kerstaat, unter dessen Gewalt sich alle einzelne Staaten freiwillig bequemen sollen, um seinen Gesetzen zu gehorchen, mag in der Theorie eines Abbé von *St. Pierre*, oder eines *Rousseau* noch so artig klingen, so gilt er doch nicht für die Praxis: wie er denn auch von großen Staatsmännern, mehr aber noch von Staatsoberhäuptern als eine pedantisch-kindische aus der Schule hervorgetretene Idee jederzeit ist verlacht worden.

Ich meinerseits vertraue dagegen doch auf die Theorie, die von dem Rechtsprinzip ausgeht, wie das Verhältnis unter Menschen und Staaten *sein soll*, und die den Erdengöttern die Maxime anpreiset, in ihren Streitigkeiten jederzeit so zu verfahren, daß ein solcher allgemeiner Völkerstaat dadurch eingeleitet werde, und ihn also als möglich (in praxi), und daß er *sein kann*, anzunehmen; – zugleich aber auch (in subsidium) auf die Natur der Dinge, welche dahin zwingt, wohin man nicht gerne will (fata volentem ducunt, nolentem trahunt). Bei dieser letzteren wird dann auch die menschliche Natur mit in Anschlag gebracht: welche, da in ihr immer noch Achtung für Recht und Pflicht lebendig ist, ich nicht für so versunken im Bösen halten kann oder will, daß nicht die moralisch-praktische Vernunft nach vielen mißlungenen Versuchen endlich über dasselbe siegen und sie auch als liebenswürdig darstellen sollte. So bleibt es also auch in kosmopolitischer Rücksicht bei der Behauptung: Was aus Vernunftgründen für die Theorie gilt, das gilt auch für die Praxis.

VI
Das Ende aller Dinge.

Es ist ein vornehmlich in der frommen Sprache üblicher
Ausdruck, einen sterbenden Menschen sprechen zu lassen: er
gehe *aus der Zeit in die Ewigkeit.*

Dieser Ausdruck würde in der Tat nichts sagen,wenn hier
unter der *Ewigkeit* eine ins Unendliche fortgehende Zeit
verstanden werden sollte; denn da käme ja der Mensch nie
aus der Zeit heraus, sondern ginge nur immer aus einer in
die andre fort. Also muß damit ein *Ende aller Zeit* bei un-
unterbrochener Fortdauer des Menschen, diese Dauer aber
(sein Dasein als Größe betrachtet) doch auch als eine mit
der Zeit ganz unvergleichbare Größe (duratio Noumenon)
gemeint sein, von der wir uns freilich keinen (als bloß negativen) Begriff machen können. Dieser Gedanke hat etwas
Grausendes in sich: weil er gleichsam an den Rand eines
Abgrunds führt, aus welchem für den, der darin versinkt,
keine Wiederkehr möglich ist (»Ihn aber hält am ernsten
Orte, Der nichts zurücke läßt, Die Ewigkeit mit starken
Armen fest.« *Haller*); und doch auch etwas Anziehendes:
denn man kann nicht aufhören, sein zurückgeschrecktes Auge
immer wiederum darauf zu wenden (nequeunt expleri corda
tuendo. *Virgil.*). Er ist furchtbar-*erhaben*: zum Teil wegen
seiner Dunkelheit, in der die Einbildungskraft mächtiger
als beim hellen Licht zu wirken pflegt. Endlich muß er doch
auch mit der allgemeinen Menschenvernunft auf wundersame Weise verwebt sein: weil er unter allen vernünftelnden Völkern, zu allen Zeiten, auf eine oder andre Art ein-
gekleidet, angetroffen wird. – Indem wir nun den Übergang
aus der Zeit in die Ewigkeit (diese Idee mag, theoretisch,
als Erkenntnis-Erweiterung, betrachtet, objektive Realität
haben oder nicht), so wie ihn sich die Vernunft in moralischer Rücksicht selbst macht, verfolgen, stoßen wir auf das

Ende aller Dinge als Zeitwesen und als Gegenstände möglicher Erfahrung: welches Ende aber in der moralischen Ordnung der Zwecke zugleich der Anfang einer Fortdauer eben dieser als *übersinnlicher,* folglich nicht unter Zeitbedingungen stehender Wesen ist, die also und deren Zustand keiner andern als moralischer Bestimmung ihrer Beschaffenheit fähig sein wird.

Tage sind gleichsam Kinder der Zeit, weil der folgende Tag mit dem, was er enthält, das Erzeugnis des vorigen ist. Wie nun das letzte Kind seiner Eltern jüngstes Kind genannt wird: so hat unsre Sprache beliebt, den letzten Tag (den Zeitpunkt, der alle Zeit beschließt) den *jüngsten Tag* zu nennen. Der jüngste Tag gehört also annoch zur Zeit; denn es *geschieht* an ihm noch irgend Etwas (nicht zur Ewigkeit, wo nichts mehr geschieht, weil das Zeitfortsetzung sein würde, Gehöriges): nämlich Ablegung der Rechnung der Menschen von ihrem Verhalten in ihrer ganzen Lebenszeit. Er ist ein *Gerichtstag;* das Begnadigungs- oder Verdammungs-Urteil des Weltrichters ist also das eigentliche Ende aller Dinge in der Zeit und zugleich der Anfang der (seligen oder unseligen) Ewigkeit, in welcher das Jedem zugefallne Los so bleibt, wie es in dem Augenblick des Ausspruchs (der Sentenz) ihm zu Teil ward. Also enthält der jüngste Tag auch das *jüngste Gericht* zugleich in sich. – Wenn nun zu *den letzten Dingen* noch das Ende der Welt, so wie sie in ihrer jetzigen Gestalt erscheint, nämlich das Abfallen der Sterne vom Himmel als einem Gewölbe, der Einsturz dieses Himmels selbst (oder das Entweichen desselben als eines eingewickelten Buchs), das Verbrennen beider, die Schöpfung eines neuen Himmels und einer neuen Erde zum Sitz der Seligen und der Hölle zu dem der Verdammten, gezählt werden sollten: so würde jener Gerichtstag freilich nicht der jüngste Tag sein; sondern es würden noch verschiedne andre auf ihn folgen. Allein da die Idee eines Endes aller Dinge ihren Ursprung nicht von dem Vernünfteln über den *physischen,* sondern über den moralischen

Lauf der Dinge in der Welt hernimmt und dadurch allein
veranlaßt wird; der letztere auch allein auf das Übersinn-
liche (welches nur am Moralischen verständlich ist), dergleichen die Idee der Ewigkeit ist, bezogen werden kann:
so muß die Vorstellung jener letzten Dinge, die *nach* dem
jüngsten Tage kommen sollen, nur als eine Versinnlichung
des letztern samt seinen moralischen, uns übrigens nicht
theoretisch begreiflichen Folgen angesehen werden.

Es ist aber anzumerken, daß es von den ältesten Zeiten her
zwei die künftige Ewigkeit betreffende Systeme gegeben
hat: eines das der *Unitarier* derselben, welche allen Menschen (durch mehr oder weniger lange Büßungen gereinigt)
die ewige Seligkeit, das andre das der *Dualisten**, welche
einigen Auserwählten die Seligkeit, allen *übrigen* aber die
ewige Verdammnis zusprechen. Denn ein System, wornach
Alle *verdammt* zu sein bestimmt wären, konnte wohl nicht
Platz finden, weil sonst kein rechtfertigender Grund da
wäre, warum sie überhaupt wären erschaffen worden; die
Vernichtung Aller aber eine verfehlte Weisheit anzeigen
würde, die, mit ihrem eignen Werk unzufrieden, kein ander
Mittel weiß, den Mängeln desselben abzuhelfen, als es zu
zerstören. – Den Dualisten steht indes immer eben dieselbe
Schwierigkeit, welche hinderte sich eine ewige Verdammung
aller zu denken, im Wege: denn wozu, könnte man fragen,

---

* Ein solches System war in der altpersischen Religion (des Zoroaster)
auf der Voraussetzung zweier im ewigen Kampf mit einander begriffe-
nen Urwesen, dem guten Prinzip, *Ormuzd*, und dem bösen, *Ahriman*,
gegründet. – Sonderbar ist es: daß die Sprache zweier weit von einander, noch weiter aber von dem jetzigen Sitz der deutschen Sprache
entfernten Länder in der Benennung dieser beiden Urwesen deutsch ist.
Ich erinnere mich bei *Sonnerat* gelesen zu haben, daß in *Ava* (dem
Lande der Burachmanen) das gute Prinzip *Godeman* (welches Wort in
dem Namen Darius Codomannus auch zu liegen scheint) genannt werde;
und da das Wort Ahriman mit dem *arge Mann* sehr gleich lautet, das
jetzige Persische auch eine Menge ursprünglich deutscher Wörter enthält:
so mag es eine Aufgabe für den Altertumsforscher sein, auch an dem
Leitfaden der *Sprach*verwandtschaft dem Ursprunge der jetzigen *Reli-
gions*begriffe mancher Völker nachzugehn (Man s. Sonnerat's Reise,
4. Buch, 2. Kap., 2. B.).

waren auch die Wenigen, warum auch nur ein Einziger geschaffen, wenn er nur dasein sollte, um ewig verworfen zu
werden? welches doch ärger ist als gar nicht sein.

Zwar, soweit wir es einsehen, soweit wir uns selbst erforschen können, hat das dualistische System (aber nur unter
einem höchstguten Urwesen) in *praktischer* Absicht für jeden
Menschen, wie er sich selbst zu richten hat (obgleich nicht,
wie er Andre zu richten befugt ist), einen überwiegenden
Grund in sich: denn so viel er sich kennt, läßt ihm die Vernunft keine andre Aussicht in die Ewigkeit übrig, als die
ihm aus seinem bisher geführten Lebenswandel sein eignes
Gewissen am Ende des Lebens eröffnet. Aber zum *Dogma*,
mithin um einen an sich selbst (objektiv) gültigen, theoretischen Satz daraus zu machen, dazu ist es als bloßes Ver-
nunfturteil bei weitem nicht hinreichend. Denn welcher
Mensch kennt sich selbst, wer kennt Andre so durch und
durch, um zu entscheiden: ob, wenn er von den Ursachen
seines vermeintlich wohlgeführten Lebenswandels alles, was
man Verdienst des Glücks nennt, als sein angebornes gut-
artiges Temperament, die natürliche größere Stärke seiner
obern Kräfte (des Verstandes und der Vernunft, um seine
Triebe zu zähmen), überdem auch noch die Gelegenheit, wo
ihm der Zufall glücklicherweise viele Versuchungen ersparte,
die einen Andern trafen; wenn er dies Alles von seinem
wirklichen Charakter absonderte (wie er das denn, um diesen gehörig zu würdigen, notwendig abrechnen muß, weil er
es als Glücksgeschenk seinem eignen Verdienst nicht zu-
schreiben kann); wer will dann entscheiden, sage ich, ob vor
dem allsehenden Auge eines Weltrichters ein Mensch seinem
innern moralischen Werte nach überall noch irgend einen
Vorzug vor dem andern habe, und es so vielleicht nicht ein
ungereimter Eigendünkel sein dürfte, bei dieser oberflächlichen Selbsterkenntnis zu seinem Vorteil über den moralischen Wert (und das verdiente Schicksal) seiner selbst sowohl
als Anderer irgend ein Urteil zu sprechen? – Mithin scheint
das System des Unitariers sowohl als des Dualisten, beides

als Dogma betrachtet, das spekulative Vermögen der
menschlichen Vernunft gänzlich zu übersteigen und Alles
uns dahin zurückzuführen, jene Vernunftideen schlechterdings nur auf die Bedingungen des praktischen Gebrauchs
einzuschränken. Denn wir sehen doch nichts vor uns, das
uns von unserm Schicksal in einer künftigen Welt jetzt
schon belehren könnte, als das Urteil unsers eignen Gewissens, d. i. was unser gegenwärtiger moralischer Zustand, so
weit wir ihn kennen, uns darüber vernünftigerweise urteilen
läßt: daß nämlich, welche Prinzipien unsers Lebenswandels
wir bis zu dessen Ende in uns herrschend gefunden haben
(sie seien die des Guten oder des Bösen), auch nach dem
Tode fortfahren werden es zu sein; ohne daß wir eine Ab-
änderung derselben in jener Zukunft anzunehmen den mindesten Grund haben. Mithin müßten wir uns auch der jenem
Verdienste oder dieser Schuld angemessenen Folgen unter
der Herrschaft des guten oder des bösen Prinzips für die
Ewigkeit gewärtigen; in welcher Rücksicht es folglich weise
ist, so zu handeln, *als ob* ein andres Leben und der moralische Zustand, mit dem wir das gegenwärtige endigen, samt
seinen Folgen beim Eintritt in dasselbe unabänderlich sei.
In praktischer Absicht wird also das anzunehmende System
das dualistische sein müssen; ohne doch ausmachen zu wollen, welches von beiden in theoretischer und bloß spekula-
tiver den Vorzug verdiene: zumal da das unitarische zu
sehr in gleichgültiger Sicherheit einzuwiegen scheint.
Warum erwarten aber die Menschen *überhaupt ein Ende*
der Welt? und, wenn dieses ihnen auch eingeräumt wird,
warum eben ein Ende mit Schrecken (für den größten Teil
des menschlichen Geschlechts)? ... Der Grund des *erstern*
scheint darin zu liegen, weil die Vernunft ihnen sagt, daß
die Dauer der Welt nur sofern einen Wert hat, als die vernünftigen Wesen in ihr dem Endzweck ihres Daseins gemäß
sind, wenn dieser aber nicht erreicht werden sollte, die
Schöpfung selbst ihnen zwecklos zu sein scheint: wie ein
Schauspiel, das gar keinen Ausgang hat und keine vernünf-

tige Absicht zu erkennen gibt. Das *letztere* gründet sich auf der Meinung von der verderbten Beschaffenheit des menschlichen Geschlechts*, die bis zur Hoffnungslosigkeit groß sei; welchem ein Ende und zwar ein schreckliches Ende zu machen, die einzige der höchsten Weisheit und Gerechtigkeit (dem größten Teil der Menschen nach) anständige Maßregel sei. – Daher sind auch die *Vorzeichen des jüngsten Tages* (denn wo läßt es eine durch große Erwartungen erregte Einbildungskraft wohl an Zeichen und Wundern fehlen?) alle von der schrecklichen Art. Einige sehen sie in der überhandnehmenden Ungerechtigkeit, Unterdrückung der Armen durch übermütige Schwelgerei der Reichen und dem allge-

---

* Zu allen Zeiten haben sich dünkende Weise (oder Philosophen), ohne die Anlage zum Guten in der menschlichen Natur einiger Aufmerksamkeit zu würdigen, sich in widrigen, zum Teil ekelhaften Gleichnissen erschöpft, um unsere Erdenwelt, den Aufenthalt für Menschen, recht verächtlich vorzustellen: 1) Als ein *Wirtshaus* (Karawanserei), wie jener Derwisch sie ansieht: wo jeder auf seiner Lebensreise Einkehrende gefaßt sein muß, von einem folgenden bald verdrängt zu werden. 2) Als ein *Zuchthaus*, welcher Meinung die brahmanischen, tibetanischen und andre Weisen des Orients (auch sogar Plato) zugetan sind: ein Ort der Züchtigung und Reinigung gefallner, aus dem Himmel verstoßner Geister, jetzt menschlicher oder Tier-Seelen. 3) Als ein *Tollhaus*: wo nicht allein Jeder für sich seine eignen Absichten vernichtet, sondern Einer dem Andern alles erdenkliche Herzeleid zufügt und obenein die Geschicklichkeit und Macht das tun zu können für die größte Ehre hält. Endlich 4) als ein *Kloak*, wo aller Unrat aus andern Welten hingebannt worden. Der letztere Einfall ist auf gewisse Art originell und einem persischen Witzling zu verdanken, der das Paradies, den Aufenthalt der ersten Menschenpaars, in den Himmel versetzte, in welchem Garten Bäume genug, mit herrlichen Früchten reichlich versehen, anzutreffen waren, deren Überschuß nach ihrem Genuß sich durch unmerkliche Ausdünstung verlor; einen einzigen Baum mitten im Garten ausgenommen, der zwar eine reizende, aber solche Frucht trug, die sich nicht ausschwitzen ließ. Da unsre ersten Eltern sich nun gelüsten ließen, ungeachtet des Verbots dennoch davon zu kosten: so war, damit sie den Himmel nicht beschmutzten, kein andrer Rat, als daß einer der Engel ihnen die Erde in weiter Ferne zeigte mit den Worten: »Das ist der Abtritt für das ganze Universum,« sie sodann dahinführte, um das Benötigte zu verrichten, und darauf mit Hinterlassung derselben zum Himmel zurückflog. Davon sei nun das menschliche Geschlecht auf Erden entsprungen.

meinen Verlust von Treu und Glauben; oder in den an allen
Erdenden sich entzündenden blutigen Kriegen u. s. w.: mit
einem Worte, an dem moralischen Verfall und der schnellen
Zunahme aller Laster samt den sie begleitenden Übeln, dergleichen, wie sie wähnen, die vorige Zeit nie sah. Andre dagegen in ungewöhnlichen Naturveränderungen, an den Erd-
beben, Stürmen und Überschwemmungen, oder Kometen
und Luftzeichen.

In der Tat fühlen nicht ohne Ursache die Menschen die Last
ihrer Existenz, ob sie gleich selbst die Ursache derselben
sind. Der Grund davon scheint mir hierin zu liegen. –
Natürlicherweise eilt in den Fortschritten des menschlichen
Geschlechts die Kultur der Talente, der Geschicklichkeit und
des Geschmacks (mit ihrer Folge, der Üppigkeit) der Entwicklung der Moralität vor; und dieser Zustand ist gerade
der lästigste und gefährlichste für Sittlichkeit sowohl als
physisches Wohl: weil die Bedürfnisse viel stärker anwach-
sen, als die Mittel sie zu befriedigen. Aber die sittliche Anlage der Menschheit, die (wie Horazens poena pede claudo)
ihr immer nachhinkt, wird sie, die in ihrem eilfertigen Lauf
sich selbst verfängt und oft stolpert, (wie man unter einem
weisen Weltregierer wohl hoffen darf) dereinst überholen;
und so sollte man selbst nach den Erfahrungsbeweisen des
Vorzugs der Sittlichkeit in unserm Zeitalter in Vergleichung
mit allen vorigen wohl die Hoffnung nähren können, daß
der jüngste Tag eher mit einer Eliasfahrt, als mit einer der
Rotte Korah ähnlichen Höllenfahrt eintreten und das Ende
aller Dinge auf Erden herbeiführen dürfte. Allein dieser
heroische Glaube an die Tugend scheint doch subjektiv keinen so allgemeinkräftigen Einfluß auf die Gemüter zur
Bekehrung zu haben, als der an einen mit Schrecken beglei-
teten Auftritt, der vor den letzten Dingen als vorhergehend
gedacht wird.

*

Anmerkung. Da wir es hier bloß mit Ideen zu tun haben (oder damit spielen), die die Vernunft sich selbst schafft, wovon die Gegenstände (wenn sie deren haben) ganz über unsern Gesichtskreis hinausliegen, die indes, obzwar für das spekulative Erkenntnis überschwenglich, darum doch nicht in aller Beziehung für leer zu halten sind, sondern in praktischer Absicht uns von der gesetzgebenden Vernunft selbst an die Hand gegeben werden, nicht etwa um über ihre Gegenstände, was sie an sich und ihrer Natur nach sind, nachzugrübeln, sondern wie wir sie zum Behuf der moralischen, auf den Endzweck aller Dinge gerichteten Grundsätze zu denken haben (wodurch sie, die sonst gänzlich leer wären, objektive praktische Realität bekommen): – so haben wir ein *freies* Feld vor uns, dieses Produkt unsrer eignen Vernunft, den allgemeinen Begriff von einem Ende aller Dinge, nach dem Verhältnis, das er zu unserm Erkenntnisvermögen hat, einzuteilen und die unter ihm stehenden zu klassifizieren.

Diesem nach wird das Ganze 1) in das *natürliche** Ende aller Dinge nach der Ordnung moralischer Zwecke göttlicher Weisheit, welches wir also (in praktischer Absicht) *wohl verstehen* können, 2) in das *mystische* (übernatürliche) Ende derselben in der Ordnung der wirkenden Ursachen, von welchen wir *nichts verstehen,* 3) in das *widernatürliche* (verkehrte) Ende aller Dinge, welches von uns selbst dadurch, daß wir den Endzweck *mißverstehen,* herbeigeführt wird, eingeteilt und in drei Abteilungen vorgestellt werden: wovon die erste so eben abgehandelt worden, und nun die zwei noch übrigen folgen.

*

* *Natürlich* (formaliter) heißt, was nach Gesetzen einer gewissen Ordnung, welche es auch sei, mithin auch der moralischen (also nicht immer bloß der physischen) notwendig folgt. Ihm ist das *Nichtnatürliche*, welches entweder das Übernatürliche, oder das Widernatürliche sein kann, entgegengesetzt. Das Notwendige aus *Naturursachen* würde auch als materialiter-natürlich (physisch-notwendig) vorgestellt werden.

In der *Apokalypse* (X, 5, 6) »hebt ein Engel seine Hand auf gen Himmel und schwört bei dem Lebendigen von Ewigkeit zu Ewigkeit, der den Himmel erschaffen hat u. s. w.: *daß hinfort keine Zeit mehr sein soll.*«

Wenn man nicht annimmt, daß dieser Engel »mit seiner Stimme von sieben Donnern« (V. 3) habe Unsinn schreien wollen, so muß er damit gemeint haben, daß hinfort keine *Veränderung* sein soll; denn wäre in der Welt noch Veränderung, so wäre auch die Zeit da, weil jene nur in dieser Statt finden kann und ohne ihre Voraussetzung gar nicht denkbar ist.

Hier wird nun ein Ende aller Dinge als Gegenstände der Sinne vorgestellt, wovon wir uns gar keinen Begriff machen können: weil wir uns selbst unvermeidlich in Widersprüche verfangen, wenn wir einen einzigen Schritt aus der Sinnenwelt in die intelligible tun wollen; welches hier dadurch geschieht, daß der Augenblick, der das Ende der erstern ausmacht, auch der Anfang der andern sein soll, mithin diese mit jener in eine und dieselbe Zeitreihe gebracht wird, welches sich widerspricht.

Aber wir sagen auch, daß wir uns eine Dauer als *unendlich* (als Ewigkeit) denken: nicht darum weil wir etwa von ihrer Größe irgend einen bestimmbaren Begriff haben – denn das ist unmöglich, da ihr die Zeit als Maß derselben gänzlich fehlt –; sondern jener Begriff ist, weil, wo es keine Zeit gibt, auch *kein Ende* Statt hat, bloß ein negativer von der ewigen Dauer, wodurch wir in unserm Erkenntnis nicht um einen Fußbreit weiter kommen, sondern nur gesagt werden will, daß der Vernunft in (praktischer) Absicht auf den Endzweck auf dem Wege beständiger Veränderungen nie Genüge getan werden kann: obzwar auch, wenn sie es mit dem Prinzip des Stillstandes und der Unveränderlichkeit des Zustandes der Weltwesen versucht, sie sich eben so wenig in Ansehung ihres *theoretischen* Gebrauchs genug tun, sondern vielmehr in gänzliche Gedankenlosigkeit geraten würde; da ihr dann nichts übrig bleibt, als sich eine ins

Unendliche (in der Zeit) fortgehende Veränderung im beständigen Fortschreiten zum Endzweck zu denken, bei welchem die *Gesinnung* (welche nicht wie jenes ein Phänomen, sondern etwas Übersinnliches, mithin nicht in der Zeit veränderlich ist) bleibt und beharrlich dieselbe ist. Die Regel des praktischen Gebrauchs der Vernunft dieser Idee gemäß will also nichts weiter sagen als: wir müssen unsre Maxime so nehmen, als ob bei allen ins Unendliche gehenden Veränderungen vom Guten zum Bessern unser moralischer Zustand der Gesinnung nach (der homo Noumenon, »dessen Wandel im Himmel ist«) gar keinem Zeitwechsel unterworfen wäre.

Daß aber einmal ein Zeitpunkt eintreten wird, da alle Veränderung (und mit ihr die Zeit selbst) aufhört, ist eine die Einbildungskraft empörende Vorstellung. Alsdann wird nämlich die ganze Natur starr und gleichsam versteinert: der letzte Gedanke, das letzte Gefühl bleiben alsdann in dem denkenden Subjekt stehend und ohne Wechsel immer dieselben. Für ein Wesen, welches sich seines Daseins und der Größe desselben (als Dauer) nur in der Zeit bewußt werden kann, muß ein solches Leben, wenn es anders Leben heißen mag, der Vernichtung gleich scheinen: weil es, um sich in einen solchen Zustand hineinzudenken, doch überhaupt etwas denken muß, *Denken* aber ein Reflektieren enthält, welches selbst nur in der Zeit geschehen kann. – Die Bewohner der andern Welt werden daher so vorgestellt, wie sie nach Verschiedenheit ihres Wohnorts (dem Himmel oder der Hölle) entweder immer dasselbe Lied, ihr Hallelujah, oder ewig eben dieselben Jammertöne anstimmen (XIX, 1–6.; XX, 15): wodurch der gänzliche Mangel alles Wechsels in ihrem Zustande angezeigt werden soll.

Gleichwohl ist diese Idee, so sehr sie auch unsre Fassungskraft übersteigt, doch mit der Vernunft in praktischer Beziehung nahe verwandt. Wenn wir den moralisch-physischen Zustand des Menschen hier im Leben auch auf dem besten Fuß annehmen, nämlich eines beständigen Fortschreitens

und Annäherns zum höchsten (ihm zum Ziel ausgesteckten)
Gut: so kann er doch (selbst im Bewußtsein der Unveränderlichkeit seiner Gesinnung) mit der Aussicht in eine
ewig dauernde Veränderung seines Zustandes (des sittlichen
sowohl als physischen) die *Zufriedenheit* nicht verbinden.
Denn der Zustand, in welchem er jetzt ist, bleibt immer
doch ein Übel vergleichungsweise gegen den bessern, in den
zu treten er in Bereitschaft steht; und die Vorstellung eines
unendlichen Fortschreitens zum Endzweck ist doch zugleich
ein Prospekt in eine unendliche Reihe von Übeln, die, ob
sie zwar von dem größern Guten überwogen werden, doch
die Zufriedenheit nicht Statt finden lassen, die er sich nur
dadurch, daß der *Endzweck* endlich einmal *erreicht* wird,
denken kann.

Darüber gerät nun der nachgrübelnde Mensch in die *Mystik*
(denn die Vernunft, weil sie sich nicht leicht mit ihrem
immanenten, d. i. praktischen, Gebrauch begnügt, sondern
gern im Transzendenten etwas wagt, hat auch ihre Geheim-
nisse), wo seine Vernunft sich selbst, und was sie will, nicht
versteht, sondern lieber schwärmt, als sich, wie es einem
intellektuellen Bewohner einer Sinnenwelt geziemt, innerhalb der Grenzen dieser eingeschränkt zu halten. Daher
kommt das Ungeheuer von System des *Laokiun* von dem
höchsten Gut, das im *Nichts* bestehen soll: d. i. im Bewußtsein, sich in den Abgrund der Gottheit durch das Zusammenfließen mit derselben und also durch Vernichtung seiner
Persönlichkeit verschlungen zu *fühlen*; von welchem Zustande die Vorempfindung zu haben, sinesische Philosophen
sich in dunkeln Zimmern mit geschlossenen Augen anstren-
gen, dieses ihr Nichts zu denken und zu empfinden. Daher
der *Pantheism* (der Tibetaner und andrer östlichen Völker)
und der aus der metaphysischen Sublimierung desselben in der
Folge erzeugte *Spinozism*: welche beide mit dem uralten
Emanationssystem aller Menschenseelen aus der Gottheit
(und ihrer endlichen Resorption in eben dieselbe) nahe ver-
schwistert sind. Alles lediglich darum, damit die Menschen

sich endlich doch einer *ewigen Ruhe* zu erfreuen haben
möchten, welche denn ihr vermeintes seliges Ende aller
Dinge ausmacht; eigentlich ein Begriff, mit dem ihnen zugleich der Verstand ausgeht und alles Denken selbst ein
Ende hat.

*

Das Ende aller Dinge, die durch der Menschen Hände
gehen, ist selbst bei ihren guten Zwecken *Torheit*: das ist,
Gebrauch solcher Mittel zu ihren Zwecken, die diesen gerade
zuwider sind. *Weisheit*, d. i. praktische Vernunft in der
Angemessenheit ihrer dem Endzweck aller Dinge, dem höchsten Gut, völlig entsprechenden Maßregeln, wohnt allein
bei Gott; und ihrer Idee nur nicht sichtbarlich entgegen zu
handeln, ist das, was man etwa menschliche Weisheit nennen
könnte. Diese Sicherung aber wider Torheit, die der Mensch
nur durch Versuche und öftre Veränderung seiner Plane zu
erlangen hoffen darf, ist mehr »ein Kleinod, welchem auch
der beste Mensch nur nachjagen kann, ob er es etwa *ergrei-
fen möchte*;« wovon er aber niemals sich die eigenliebige
Überredung darf anwandeln lassen, viel weniger darnach
verfahren, als ob er es *ergriffen habe.* – Daher auch die von
Zeit zu Zeit veränderten, oft widersinnigen Entwürfe zu
schicklichen Mitteln, um *Religion in einem ganzen Volk lauter und zugleich kraftvoll* zu machen; so daß man wohl
ausrufen kann: Arme Sterbliche, bei euch ist nichts beständig, als die Unbeständigkeit!
Wenn es indes mit diesen Versuchen doch endlich einmal so
weit gediehen ist, daß das Gemeinwesen fähig und geneigt
ist, nicht bloß den hergebrachten frommen Lehren, sondern
auch der durch sie erleuchteten praktischen Vernunft (wie es
zu einer Religion auch schlechterdings notwendig ist) Gehör
zu geben; wenn die (auf menschliche Art) Weisen unter dem
Volk nicht durch unter sich genommene Abreden (als ein
Klerus), sondern als Mitbürger Entwürfe machen und darin
größtenteils übereinkommen, welche auf unverdächtige Art

beweisen, daß ihnen um Wahrheit zu tun sei; und das Volk
wohl auch im Ganzen (wenn gleich noch nicht im kleinsten
Detail) durch das allgemein gefühlte, nicht auf Autorität
gegründete Bedürfnis der notwendigen Anbauung seiner
moralischen Anlage daran Interesse nimmt: so scheint nichts
ratsamer zu sein, als Jene nur machen und ihren Gang fort-
setzen zu lassen, da sie einmal, was die *Idee* betrifft, der sie
nachgehn, auf gutem Wege sind; was aber den Erfolg aus
den zum besten Endzweck gewählten Mitteln betrifft, da
dieser, wie er nach dem Laufe der Natur ausfallen dürfte,
immer ungewiß bleibt, ihn der *Vorsehung* zu überlassen.
Denn, man mag so *schwergläubig* sein, wie man will, so muß
man doch, wo es schlechterdings unmöglich ist, den Erfolg
aus gewissen nach aller menschlichen Weisheit (die, wenn sie
ihren Namen verdienen soll, lediglich auf das Moralische
gehen muß) genommenen Mitteln mit Gewißheit voraus zu
sehn, eine Concurrenz göttlicher Weisheit zum Laufe der
Natur auf praktische Art glauben, wenn man seinen Endzweck nicht lieber gar aufgeben will. – Zwar wird man ein-
wenden: Schon oft ist gesagt worden, der gegenwärtige Plan
ist der beste; bei ihm muß es von nun an auf immer bleiben,
das ist jetzt ein Zustand für die Ewigkeit. »Wer (nach diesem
Begriffe) gut ist, der ist immerhin gut, und wer (ihm zuwider) böse ist, ist immerhin böse« (Apokal. XXII, 11): gleich
als ob die Ewigkeit und mit ihr das Ende aller Dinge schon
jetzt eingetreten sein könne; – und gleichwohl sind seitdem
immer neue Plane, unter welchen der neueste oft nur die
Wiederherstellung eines alten war, auf die Bahn gebracht
worden, und es wird auch an *mehr letzten* Entwürfen fernerhin nicht fehlen.

Ich bin mir so sehr meines Unvermögens, hierin einen neuen
und glücklichen Versuch zu machen, bewußt, daß ich, wozu
freilich keine große Erfindungskraft gehört, lieber raten
möchte: die Sachen so zu lassen, wie sie zuletzt standen und
beinahe ein Menschenalter hindurch sich als erträglich gut in
ihren Folgen bewiesen hatten. Da das aber wohl nicht die

Meinung der Männer von entweder großem oder doch unternehmendem Geiste sein möchte: so sei es mir erlaubt, nicht sowohl, was sie zu tun, sondern wogegen zu verstoßen sie sich ja in Acht zu nehmen hätten, weil sie sonst ihrer eignen Absicht (wenn sie auch die beste wäre) zuwider handeln würden, bescheidentlich anzumerken.

Das Christentum hat außer der größten Achtung, welche die Heiligkeit seiner Gesetze unwiderstehlich einflößt, noch etwas *Liebenswürdiges* in sich. (Ich meine hier nicht die Liebenswürdigkeit der Person, die es uns mit großen Aufopferungen erworben hat, sondern der Sache selbst: nämlich der sittlichen Verfassung, die Er stiftete; denn jene läßt sich nur aus dieser folgern.) Die Achtung ist ohne Zweifel das Erste, weil ohne sie auch keine wahre Liebe Statt findet; ob man gleich ohne Liebe doch große Achtung gegen Jemand hegen kann. Aber wenn es nicht bloß auf Pflichtvorstellung, sondern auch auf Pflichtbefolgung ankommt, wenn man nach dem *subjektiven* Grunde der Handlungen fragt, aus welchem, wenn man ihn voraussetzen darf, am ersten zu erwarten ist, was der Mensch *tun werde*, nicht bloß nach dem objektiven, *was er tun soll*: so ist doch die Liebe, als freie Aufnahme des Willens eines Andern unter seine Maximen, ein unentbehrliches Ergänzungsstück der Unvollkommenheit der menschlichen Natur (zu dem, was die Vernunft durchs Gesetz vorschreibt, genötigt werden zu müssen): denn was Einer nicht gern tut, das tut er so kärglich, auch wohl mit sophistischen Ausflüchten vom Gebot der Pflicht, daß auf diese als Triebfeder ohne den Beitritt jener nicht sehr viel zu rechnen sein möchte.

Wenn man nun, um es recht gut zu machen, zum Christentum noch irgend eine Autorität (wäre es auch die göttliche) hinzutut, die Absicht derselben mag auch noch so wohlmeinend und der Zweck auch wirklich noch so gut sein, so ist doch die Liebenswürdigkeit desselben verschwunden: denn es ist ein Widerspruch, Jemanden zu *gebieten,* daß er etwas nicht allein tue, sondern es auch *gern* tun solle.

Das Christentum hat zur Absicht: Liebe zu dem Geschäft der Beobachtung seiner Pflicht überhaupt zu befördern, und bringt sie auch hervor, weil der Stifter desselben nicht in der Qualität eines Befehlshabers, der *seinen* Gehorsam fordernden *Willen,* sondern in der eines Menschenfreundes redet, der seinen Mitmenschen ihren eignen wohlverstandnen Willen, d. i. wornach sie von selbst freiwillig handeln würden, wenn sie sich selbst gehörig prüften, ans Herz legt.

Es ist also die *liberale* Denkungsart – gleichweit entfernt vom Sklavensinn und von Bandenlosigkeit –, wovon das Christentum für seine Lehre *Effekt* erwartet, durch die es die Herzen der Menschen für sich zu gewinnen vermag, deren Verstand schon durch die Vorstellung des Gesetzes ihrer Pflicht erleuchtet ist. Das Gefühl der Freiheit in der Wahl des Endzwecks ist das, was ihnen die Gesetzgebung liebenswürdig macht. – Obgleich also der Lehrer desselben auch *Strafen* ankündigt, so ist das doch nicht so zu verstehen, wenigstens ist es der eigentümlichen Beschaffenheit des Christentums nicht angemessen es so zu erklären, als sollten diese die Triebfedern werden, seinen Geboten Folge zu leisten: denn sofern würde es aufhören liebenswürdig zu sein. Sondern man darf dies nur als liebreiche, aus dem Wohlwollen des Gesetzgebers entspringende Warnung, sich vor dem Schaden zu hüten, welcher unvermeidlich aus der Übertretung des Gesetzes entspringen müßte (denn: lex est res surda et inexorabilis. *Livius*), auslegen: weil nicht das Christentum als freiwillig angenommene Lebensmaxime, sondern das Gesetz hier droht: welches, als unwandelbar in der Natur der Dinge liegende Ordnung, selbst nicht der Willkür des Schöpfers, die Folge derselben so oder anders zu entscheiden, überlassen ist.

Wenn das Christentum *Belohnungen* verheißt (z. B. »Seid fröhlich und getrost, es wird Euch im Himmel alles wohl vergolten werden«): so muß das nach der liberalen Denkungsart nicht so ausgelegt werden, als wäre es ein Ange-

bot, um dadurch den Menschen zum guten Lebenswandel
gleichsam zu *dingen*: denn da würde das Christentum wiederum für sich selbst nicht liebenswürdig sein. Nur ein
Ansinnen solcher Handlungen, die aus uneigennützigen Be-
weggründen entspringen, kann gegen den, welcher das Ansinnen tut, dem Menschen Achtung einflößen; ohne Achtung
aber gibt es keine wahre Liebe. Also muß man jener Ver-
heißung nicht den Sinn beilegen, als sollten die Belohnungen
für die Triebfedern der Handlungen genommen werden.
Die Liebe, wodurch eine liberale Denkart an einen Wohl-
täter gefesselt wird, richtet sich nicht nach dem Guten, was
der Bedürftige empfängt, sondern bloß nach der Gütigkeit
des *Willens* dessen, der geneigt ist es zu erteilen: sollte er
auch etwa nicht dazu vermögend sein, oder durch andre
Beweggründe, welche die Rücksicht auf das allgemeine
Weltbeste mit sich bringt, an der Ausführung gehindert
werden.

Das ist die moralische Liebenswürdigkeit, welche das Christentum bei sich führt, die durch manchen äußerlich ihm
beigefügten Zwang bei dem öftern Wechsel der Meinungen
immer noch durchgeschimmert und es gegen die Abneigung
erhalten hat, die es sonst hätte treffen müssen, und welche
(was merkwürdig ist) zur Zeit der größten Aufklärung, die
je unter Menschen war, sich immer in einem nur desto hel-
lern Lichte zeigt.

Sollte es mit dem Christentum einmal dahin kommen, daß
es aufhörte liebenswürdig zu sein (welches sich wohl zutragen könnte, wenn es statt seines sanften Geistes mit gebiete-
rischer Autorität bewaffnet würde): so müßte, weil in
moralischen Dingen keine Neutralität (noch weniger Koali-
tion entgegengesetzter Prinzipien) Statt findet, eine Abneigung und Widersetzlichkeit gegen dasselbe die herrschende
Denkart der Menschen werden; und der *Antichrist*, der
ohnehin für den Vorläufer des jüngsten Tages gehalten
wird, würde sein (vermutlich auf Furcht und Eigennutz
gegründetes), obzwar kurzes Regiment anfangen: alsdann

aber, weil das Christentum allgemeine Weltreligion zu sein zwar *bestimmt,* aber es zu werden von dem Schicksal nicht *begünstigt* sein würde, *das* (verkehrte) *Ende aller Dinge* in moralischer Rücksicht eintreten.

VII

Der Streit der Fakultäten.
Zweiter Abschnitt. Der Streit der
philosophischen Fakultät mit der juristischen.

Erneuerte Frage: Ob das menschliche Geschlecht im beständigen Fortschreiten zum Besseren sei.

1. Was *will* man hier wissen?

Man verlangt ein Stück von der Menschengeschichte und zwar nicht das von der vergangenen, sondern der künftigen Zeit, mithin eine *vorhersagende*, welche, wenn sie nicht nach bekannten Naturgesetzen (wie Sonnen- und Mondfinsternisse) geführt wird, *wahrsagend* und doch natürlich, kann sie aber nicht anders, als durch übernatürliche Mitteilung und Erweiterung der Aussicht in die künftige Zeit erworben werden, *weissagend* (prophetisch) genannt wird.* – Übrigens ist es hier auch nicht um die Naturgeschichte des Menschen (ob etwa künftig neue Rassen derselben entstehen möchten), sondern um die *Sittengeschichte* und zwar nicht nach dem *Gattungsbegriff* (singulorum), sondern dem *Ganzen* der gesellschaftlich auf Erden vereinigten, in Völkerschaften verteilten Menschen (universorum) zu tun, wenn gefragt wird: ob das menschliche *Geschlecht* (im Großen) zum Besseren beständig fortschreite.

2. Wie *kann* man es wissen?

Als wahrsagende Geschichtserzählung des Bevorstehenden in der künftigen Zeit: mithin als eine a priori mögliche Dar-

---

* Wer ins Wahrsagen pfuschert (es ohne Kenntnis oder Ehrlichkeit tut), von dem heißt es: er *wahrsagert*, von der Pythia an bis zur Zigeunerin.

stellung der Begebenheiten, die da kommen sollen. – Wie ist aber eine Geschichte a priori möglich? – Antwort: wenn der Wahrsager die Begebenheiten selber *macht* und veranstaltet, die er zum Voraus verkündigt.

Jüdische Propheten hatten gut weissagen, daß über kurz oder lang nicht bloß Verfall, sondern gänzliche Auflösung ihrem Staat bevorstehe; denn sie waren selbst die Urheber dieses ihres Schicksals. – Sie hatten als Volksleiter ihre Verfassung mit so viel kirchlichen und daraus abfließenden bürgerlichen Lasten beschwert, daß ihr Staat völlig untauglich wurde, für sich selbst, vornehmlich mit benachbarten Völkern zusammen zu bestehen, und die Jeremiaden ihrer Priester mußten daher natürlicher Weise vergeblich in der Luft verhallen: weil diese hartnäckicht auf ihrem Vorsatz einer unhaltbaren, von ihnen selbst gemachten Verfassung beharrten, und so von ihnen selbst der Ausgang mit Unfehlbarkeit vorausgesehen werden konnte.

Unsere Politiker machen, so weit ihr Einfluß reicht, es eben so und sind auch im Wahrsagen eben so glücklich. – Man muß, sagen sie, die Menschen nehmen, wie sie sind, nicht wie der Welt unkundige Pedanten oder gutmütige Phantasten träumen, daß sie sein sollten. Das *wie sie sind* aber sollte heißen: wozu wir sie durch ungerechten Zwang, durch verräterische, der Regierung an die Hand gegebene Anschläge *gemacht haben*, nämlich halsstarrig und zur Empörung geneigt; wo dann freilich, wenn sie ihre Zügel ein wenig sinken läßt, sich traurige Folgen eräugnen, welche die Prophezeiung jener vermeintlich-klugen Staatsmänner wahrmachen.

Auch Geistliche weissagen gelegentlich den gänzlichen Verfall der Religion und die nahe Erscheinung des Antichrists, während dessen sie gerade das tun, was erforderlich ist, ihn einzuführen: indem sie nämlich ihrer Gemeine nicht sittliche Grundsätze ans Herz zu legen bedacht sind, die geradezu aufs Bessern führen, sondern Observanzen und historischen Glauben zur wesentlichen Pflicht machen, die es indirekt bewirken sollen, woraus zwar mechanische Einhelligkeit als in einer bürgerlichen Verfassung, aber keine in der moralischen Gesinnung erwachsen kann; alsdann aber über Irreligiosität klagen, welche sie selber gemacht haben, die sie also auch ohne besondere Wahrsagergabe vorherverkündigen konnten.

3. Einteilung des Begriffs von dem, was man für die Zukunft vorherwissen will.

Der Fälle, die eine Vorhersagung enthalten können, sind drei. Das menschliche Geschlecht ist entweder im kontinuierlichen *Rückgange zum Ärgern*, oder im beständigen *Fortgange* zum Besseren in seiner moralischen Bestimmung, oder im ewigen *Stillstande* auf der jetzigen Stufe seines sittlichen Werts unter den Gliedern der Schöpfung (mit welchem die ewige Umdrehung im Kreise um denselben Punkt einerlei ist).

Die *erste* Behauptung kann man den moralischen *Terrorismus*, die *zweite* den *Eudämonismus* (der, das Ziel des Fortschreitens im weiten Prospekt gesehen, auch *Chiliasmus* genannt werden würde), die *dritte* aber den *Abderitismus* nennen: weil, da ein wahrer Stillstand im Moralischen nicht möglich ist, ein beständig wechselndes Steigen und eben so öfteres und tiefes Zurückfallen (gleichsam ein ewiges Schwanken) nichts mehr austrägt, als ob das Subjekt auf derselben Stelle und im Stillstande geblieben wäre.

a. Von der terroristischen Vorstellungsart der Menschengeschichte.

Der Verfall ins Ärgere kann im menschlichen Geschlechte nicht beständig fortwährend sein: denn bei einem gewissen Grade desselben würde es sich selbst aufreiben. Daher beim Anwachs großer, wie Berge sich auftürmenden Greueltaten und ihnen angemessenen Übel gesagt wird: nun kann es nicht mehr ärger werden; der jüngste Tag ist vor der Tür, und der fromme Schwärmer träumt nun schon von der Wiederbringung aller Dinge und einer erneuerten Welt, nachdem diese im Feuer untergegangen ist.

b. Von der eudämonistischen Vorstellungsart der Menschengeschichte.

Daß die Masse des unserer Natur angearteten Guten und Bösen in der Anlage immer dieselbe bleibe und in demselben Individuum weder vermehrt noch vermindert werden könne, mag immer eingeräumt werden; – und wie sollte sich auch dieses Quantum des Guten in der Anlage vermehren lassen, da es durch die Freiheit des Subjekts geschehen müßte, wozu dieses aber wiederum eines größeren Fonds des Guten bedürfen würde, als es einmal hat? – Die Wirkungen können das Vermögen der wirkenden Ursache nicht übersteigen; und so kann das Quantum des mit dem Bösen im Menschen vermischten Guten ein gewisses Maß des letzteren nicht überschreiten, über welches er sich emporarbeiten und so auch immer zum noch Besseren fortschreiten könnte. Der Eudämonismus mit seinen sanguinischen Hoffnungen scheint also unhaltbar zu sein und zu Gunsten einer weissagenden Menschengeschichte in Ansehung des immerwährenden weitern Fortschreitens auf der Bahn des Guten wenig zu versprechen.

c. Von der Hypothese des Abderitisms des Menschengeschlechts zur Vorherbestimmung seiner Geschichte.

Diese Meinung möchte wohl die Mehrheit der Stimmen auf ihrer Seite haben. Geschäftige Torheit ist der Charakter unserer Gattung: in die Bahn des Guten schnell einzutreten, aber darauf nicht zu beharren, sondern, um ja nicht an

einen einzigen Zweck gebunden zu sein, wenn es auch nur
der Abwechselung wegen geschähe, den Plan des Fortschritts
umzukehren, zu bauen, um niederreißen zu können, und
sich selbst die hoffnungslose Bemühung aufzulegen, den
Stein des Sisyphus bergan zu wälzen, um ihn wieder zurückrollen zu lassen. – Das Prinzip des Bösen in der Naturanlage des menschlichen Geschlechts scheint also hier mit
dem des Guten nicht sowohl amalgamiert (verschmolzen),
als vielmehr Eines durchs Andere neutralisiert zu sein, welches Tatlosigkeit zu Folge haben würde (die hier der Stillstand heißt): eine leere Geschäftigkeit, das Gute mit dem
Bösen durch Vorwärts und Rückwärts gehen so abwechseln
zu lassen, daß das ganze Spiel des Verkehrs unserer Gattung mit sich selbst auf diesem Glob als ein bloßes Possenspiel angesehen werden müßte, was ihr keinen größeren
Wert in den Augen der Vernunft verschaffen kann, als den
die andere Tiergeschlechter haben, die dieses Spiel mit weniger Kosten und ohne Verstandesaufwand treiben.

4. Durch Erfahrung unmittelbar ist die Aufgabe des Fortschreitens nicht aufzulösen.

Wenn das menschliche Geschlecht, im Ganzen betrachtet,
eine noch so lange Zeit vorwärts gehend und im Fortschreiten begriffen gewesen zu sein befunden würde, so kann
doch niemand dafür stehen, daß nun nicht gerade jetzt
vermöge der physischen Anlage unserer Gattung die Epoche
seines Rückganges eintrete; und umgekehrt, wenn es rück-
lings und mit beschleunigtem Falle zum Ärgeren geht, so
darf man nicht verzagen, daß nicht eben da der Umwen-
dungspunkt (punctum flexus contrarii) anzutreffen wäre,
wo vermöge der moralischen Anlage in unserem Geschlecht
der Gang desselben sich wiederum zum Besseren wendete.
Denn wir haben es mit freihandelnden Wesen zu tun, denen
sich zwar vorher *diktieren* läßt, was sie tun *sollen*, aber

nicht *vorhersagen* läßt, was sie tun *werden*, und die aus
dem Gefühl der Übel, die sie sich selbst zufügten, wenn es
recht böse wird, eine verstärkte Triebfeder zu nehmen wissen, es nun doch besser zu machen, als es vor jenem Zustande war. – Aber »arme Sterbliche (sagt der Abt *Coyer*),
unter euch ist nichts beständig, als die Unbeständigkeit!«
Vielleicht liegt es auch an unserer unrecht genommenen
Wahl des Standpunkts, aus dem wir den Lauf menschlicher
Dinge ansehen, daß dieser uns so widersinnisch scheint. Die
Planeten, von der Erde aus gesehen, sind bald rückgängig,
bald stillstehend, bald fortgängig. Den Standpunkt aber
von der Sonne aus genommen, welches nur die Vernunft
tun kann, gehen sie nach der Kopernikanischen Hypothese
beständig ihren regelmäßigen Gang fort. Es gefällt aber
einigen sonst nicht Unweisen, steif auf ihrer Erklärungsart
der Erscheinungen und dem Standpunkte zu beharren, den
sie einmal genommen haben: sollten sie sich darüber auch in
Tychonische Zyklen und Epizyklen bis zur Ungereimtheit
verwickeln. – Aber das ist eben das Unglück, daß wir uns
in diesen Standpunkt, wenn es die Vorhersagung freier
Handlungen angeht, zu versetzen nicht vermögend sind.
Denn das wäre der Standpunkt der *Vorsehung*, der über
alle menschliche Weisheit hinausliegt, welche sich auch auf
freie Handlungen des Menschen erstreckt, die von diesem
zwar *gesehen*, aber mit Gewißheit nicht *vorhergesehen* werden können (für das göttliche Auge ist hier kein Unterschied), weil er zu dem letzteren den Zusammenhang nach
Naturgesetzen bedarf, in Ansehung der künftigen *freien*
Handlungen aber dieser Leitung oder Hinweisung entbehren muß.

Wenn man den Menschen einen angebornen und unver-
änderlich-guten, obzwar eingeschränkten Willen beilegen
dürfte, so würde er dieses Fortschreiten seiner Gattung zum
Besseren mit Sicherheit vorhersagen können: weil es eine
Begebenheit träfe, die er selbst machen kann. Bei der Mischung des Bösen aber mit dem Guten in der Anlage, deren

188

Maß er nicht kennt, weiß er selbst nicht, welcher Wirkung
er sich davon gewärtigen könne.

5. An irgend eine Erfahrung muß doch die wahrsagende Geschichte des Menschengeschlechts angeknüpft werden.

Es muß irgend eine Erfahrung im Menschengeschlechte vor-
kommen, die als Begebenheit auf eine Beschaffenheit und
ein Vermögen desselben hinweiset, *Ursache* von dem Fortrücken desselben zum Besseren und (da dieses die Tat eines
mit Freiheit begabten Wesens sein soll) *Urheber* desselben
zu sein; aus einer gegebenen Ursache aber läßt sich eine
Begebenheit als Wirkung vorhersagen, wenn sich die Umstände eräugnen, welche dazu mitwirkend sind. Daß diese
letztere sich aber irgend einmal eräugnen müssen, kann wie
beim Calcul der Wahrscheinlichkeit im Spiel wohl im Allgemeinen vorhergesagt, aber nicht bestimmt werden, ob es
sich in meinem Leben zutragen und ich die Erfahrung davon haben werde, die jene Vorhersagung bestätigte. — Also
muß eine Begebenheit nachgesucht werden, welche auf das
Dasein einer solchen Ursache und auch auf den Akt ihrer
Kausalität im Menschengeschlechte unbestimmt in Ansehung
der Zeit hinweise, und die auf das Fortschreiten zum Besseren als unausbleibliche Folge schließen ließe, welcher
Schluß dann auch auf die Geschichte der vergangenen Zeit
(daß es immer im Fortschritt gewesen sei) ausgedehnt werden könnte, doch so, daß jene Begebenheit nicht selbst als
Ursache des letzteren, sondern nur als hindeutend, als *Ge-
schichtszeichen* (signum rememorativum, demonstrativum,
prognostikon), angesehen werden müsse und so die *Tendenz*
des menschlichen Geschlechts im *Ganzen*, d. i. nicht nach den
Individuen betrachtet (denn das würde eine nicht zu be-
endigende Aufzählung und Berechnung abgeben), sondern
wie es in Völkerschaften und Staaten geteilt auf Erden angetroffen wird, beweisen könnte.

6. Von einer Begebenheit unserer Zeit, welche diese moralische Tendenz des Menschengeschlechts beweiset.

Diese Begebenheit besteht nicht etwa in wichtigen, von Menschen verrichteten Taten oder Untaten, wodurch, was groß war, unter Menschen klein oder, was klein war, groß gemacht wird, und wie gleich als durch Zauberei alte, glänzende Staatsgebäude verschwinden, und andere an deren Statt wie aus den Tiefen der Erde hervorkommen. Nein: nichts von allem dem. Es ist bloß die Denkungsart der Zuschauer, welche sich bei diesem Spiele großer Umwandlungen *öffentlich* verrät und eine so allgemeine und doch uneigennützige Teilnehmung der Spielenden auf einer Seite gegen die auf der andern, selbst mit Gefahr, diese Parteilichkeit könne ihnen sehr nachteilig werden, dennoch laut werden läßt, so aber (der Allgemeinheit wegen) einen Charakter des Menschengeschlechts im Ganzen und zugleich (der Uneigennützigkeit wegen) einen moralischen Charakter desselben wenigstens in der Anlage beweiset, der das Fortschreiten zum Besseren nicht allein hoffen läßt, sondern selbst schon ein solches ist, so weit das Vermögen desselben für jetzt zureicht.

Die Revolution eines geistreichen Volks, die wir in unseren Tagen haben vor sich gehen sehen, mag gelingen oder scheitern; sie mag mit Elend und Greueltaten dermaßen angefüllt sein, daß ein wohldenkender Mensch sie, wenn er sie zum zweitenmale unternehmend glücklich auszuführen hoffen könnte, doch das Experiment auf solche Kosten zu machen nie beschließen würde, – diese Revolution, sage ich, findet doch in den Gemütern aller Zuschauer (die nicht selbst in diesem Spiele mit verwickelt sind) eine *Teilnehmung* dem Wunsche nach, die nahe an Enthusiasm grenzt, und deren Äußerung selbst mit Gefahr verbunden war, die also keine andere als eine moralische Anlage im Menschengeschlecht zur Ursache haben kann.

Diese moralische einfließende Ursache ist zwiefach: erstens

die des *Rechts*, daß ein Volk von anderen Mächten nicht gehindert werden müsse, sich eine bürgerliche Verfassung zu geben, wie sie ihm selbst gut zu sein dünkt; zweitens die des *Zwecks* (der zugleich Pflicht ist), daß diejenige Verfassung eines Volks allein an sich *rechtlich* und moralisch-gut sei, welche ihrer Natur nach so beschaffen ist, den Angriffskrieg nach Grundsätzen zu meiden, welche keine andere als die republikanische Verfassung, wenigstens der Idee nach, sein kann,* mithin in die Bedingung einzutreten, wodurch der Krieg (der Quell aller Übel und Verderbnis der Sitten) abgehalten und so dem Menschengeschlechte bei aller seiner Gebrechlichkeit der Fortschritt zum Besseren negativ gesichert wird, im Fortschreiten wenigstens nicht gestört zu werden.

Dies also und die Teilnehmung am Guten mit *Affekt*, der *Enthusiasm*, ob er zwar, weil aller Affekt als ein solcher Tadel verdient, nicht ganz zu billigen ist, gibt doch vermittelst dieser Geschichte zu der für die Anthropologie wichtigen Bemerkung Anlaß: daß wahrer Enthusiasm nur immer aufs *Idealische* und zwar rein Moralische geht, dergleichen der Rechtsbegriff ist, und nicht auf den Eigennutz gepfropft werden kann. Durch Geldbelohnungen konnten die Gegner der Revolutionierenden zu dem Eifer und der Seelengröße

---

* Es ist aber hiemit nicht gemeint, daß ein Volk, welches eine monarchische Konstitution hat, sich damit das Recht anmaße, ja auch nur in sich geheim den Wunsch hege, sie abgeändert zu wissen; denn seine vielleicht sehr verbreitete Lage in Europa kann ihm jene Verfassung als die einzige anempfehlen, bei der es sich zwischen mächtigen Nachbarn erhalten kann. Auch ist das Murren der Untertanen nicht des Innern der Regierung halber, sondern wegen des Benehmens derselben gegen Auswärtige, wenn sie diese etwa am Republikanisieren hinderte, gar kein Beweis der Unzufriedenheit des Volks mit seiner eigenen Verfassung, sondern vielmehr der Liebe für dieselbe, weil es wider eigene Gefahr desto mehr gesichert ist, je mehr sich andere Völker republikanisieren. – Dennoch haben verleumderische Sykophanten, um sich wichtig zu machen, diese unschuldige Kannegießerei für Neuerungssucht, Jakobinerei und Rottierung, die dem Staat Gefahr drohe, auszugeben gesucht: indessen daß auch nicht der mindeste Grund zu diesem Vorgeben da war, vornehmlich nicht in einem Lande, was vom Schauplatz der Revolution mehr als hundert Meilen entfernt war.

nicht gespannt werden, den der bloße Rechtsbegriff in ihnen hervorbrachte, und selbst der Ehrbegriff des alten kriegerischen Adels (ein Analogon des Enthusiasm) verschwand vor den Waffen derer, welche das *Recht* des Volks, wozu sie gehörten, ins Auge gefaßt hatten* und sich als Beschützer desselben dachten; mit welcher Exaltation das äußere, zuschauende Publikum dann ohne die mindeste Absicht der Mitwirkung sympathisierte.

* Von einem solchen Enthusiasm der Rechtsbehauptung für das menschliche Geschlecht kann man sagen: postquam ad arma Vulcania ventum est, – mortalis mucro glacies ceu futilis ictu dissiluit. – Warum hat es noch nie ein Herrscher gewagt, frei herauszusagen, daß er gar kein *Recht* des Volks gegen ihn anerkenne; daß dieses seine Glückseligkeit bloß der *Wohltätigkeit* einer Regierung, die diese ihm angedeihen läßt, verdanke, und alle Anmaßung des Untertans zu einem Recht gegen dieselbe (weil dieses den Begriff eines erlaubten Widerstands in sich enthält) ungereimt, ja gar strafbar sei? – Die Ursache ist: weil eine solche öffentliche Erklärung alle Untertanen gegen ihn empören würde, ob sie gleich, wie folgsame Schafe von einem gütigen und verständigen Herren geleitet, wohlgefüttert und kräftig beschützt, über nichts, was ihrer Wohlfahrt abginge, zu klagen hätten. – Denn mit Freiheit begabten Wesen gnügt nicht der Genuß der Lebensannehmlichkeit, die ihm auch von Anderen (und hier von der Regierung) zu Teil werden kann; sondern auf das *Prinzip* kommt es an, nach welchem es sich solche verschafft. Wohlfahrt aber hat kein Prinzip, weder für den, der sie empfängt, noch der sie austeilt (der eine setzt sie hierin, der andere darin): weil es dabei auf das *Materiale* des Willens ankommt, welches empirisch und so der Allgemeinheit einer Regel unfähig ist. Ein mit Freiheit begabtes Wesen kann und soll also im Bewußtsein dieses seines Vorzuges vor dem vernunftlosen Tier nach dem *formalen* Prinzip seiner Willkür keine andere Regierung für das Volk, wozu es gehört, verlangen, als eine solche, in welcher dieses mit gesetzgebend ist: d. i. das Recht der Menschen, welche gehorchen sollen, muß notwendig vor aller Rücksicht auf Wohlbefinden vorhergehen, und dieses ist ein Heiligtum, das über allen Preis (der Nützlichkeit) erhaben ist, und welches keine Regierung, so wohltätig sie auch immer sein mag, antasten darf. – Aber dieses Recht ist doch immer nur eine Idee, deren Ausführung auf die Bedingung der Zusammenstimmung ihrer *Mittel* mit der Moralität eingeschränkt ist, welche das Volk nicht überschreiten darf; welches nicht durch Revolution, die jederzeit ungerecht ist, geschehen darf. – Autokratisch *herrschen* und dabei doch republikanisch, d. h. im Geiste des Republikanism und nach einer Analogie mit demselben, *regieren*, ist das, was ein Volk mit seiner Verfassung zufrieden macht.

7. Wahrsagende Geschichte der Menschheit.

Es muß etwas *Moralisches* im Grundsatze sein, welches die Vernunft als rein, zugleich aber auch wegen des großen und Epoche machenden Einflusses als etwas, das die dazu anerkannte Pflicht der Seele des Menschen vor Augen stellt, und das menschliche Geschlecht im Ganzen seiner Vereinigung (non singulorum, sed universorum) angeht, dessen verhofftem Gelingen und den Versuchen zu demselben es mit so allgemeiner und uneigennütziger Teilnehmung zujauchzt. – Diese Begebenheit ist das Phänomen nicht einer Revolution, sondern (wie es Hr. *Erhard* ausdrückt) der *Evolution einer naturrechtlichen* Verfassung, die zwar nur unter wilden Kämpfen noch nicht selbst errungen wird – indem der Krieg von innen und außen alle bisher bestandene *statutarische* zerstört –, die aber doch dahin führt, zu einer Verfassung hinzustreben, welche nicht kriegssüchtig sein kann, nämlich der republikanischen; die es entweder selbst der *Staatsform* nach sein mag, oder auch nur nach der *Regierungsart*, bei der Einheit des Oberhaupts (des Monarchen) den Gesetzen analogisch, die sich ein Volk selbst nach allgemeinen Rechtsprinzipien geben würde, den Staat verwalten zu lassen.

Nun behaupte ich dem Menschengeschlechte nach den Aspekten und Vorzeichen unserer Tage die Erreichung dieses Zwecks und hiemit zugleich das von da an nicht mehr gänzlich rückgängig werdende Fortschreiten desselben zum Besseren auch ohne Sehergeist vorhersagen zu können. Denn ein solches Phänomen in der Menschengeschichte *vergißt sich nicht mehr,* weil es eine Anlage und ein Vermögen in der menschlichen Natur zum Besseren aufgedeckt hat, dergleichen kein Politiker aus dem bisherigen Laufe der Dinge herausgeklügelt hätte, und welches allein Natur und Freiheit, nach inneren Rechtsprinzipien im Menschengeschlechte vereinigt, aber, was die Zeit betrifft, nur als unbestimmt und Begebenheit aus Zufall verheißen konnte.

Aber wenn der bei dieser Begebenheit beabsichtigte Zweck auch jetzt nicht erreicht würde, wenn die Revolution oder Reform der Verfassung eines Volks gegen das Ende doch fehlschlüge, oder, nachdem diese einige Zeit gewährt hätte, doch wiederum alles ins vorige Gleis zurückgebracht würde (wie Politiker jetzt wahrsagern), so verliert jene philosophische Vorhersagung doch nichts von ihrer Kraft. – Denn jene Begebenheit ist zu groß, zu sehr mit dem Interesse der Menschheit verwebt und ihrem Einflusse nach auf die Welt in allen ihren Teilen zu ausgebreitet, als daß sie nicht den Völkern bei irgend einer Veranlassung günstiger Umstände in Erinnerung gebracht und zu Wiederholung neuer Versuche dieser Art erweckt werden sollte; da dann bei einer für das Menschengeschlecht so wichtigen Angelegenheit endlich doch zu irgend einer Zeit die beabsichtigte Verfassung diejenige Festigkeit erreichen muß, welche die Belehrung durch öftere Erfahrung in den Gemütern Aller zu bewirken nicht ermangeln würde.

Es ist also ein nicht bloß gutgemeinter und in praktischer Absicht empfehlungswürdiger, sondern allen Ungläubigen zum Trotz auch für die strengste Theorie haltbarer Satz: daß das menschliche Geschlecht im Fortschreiten zum Besseren immer gewesen sei und so fernerhin fortgehen werde, welches, wenn man nicht bloß auf das sieht, was in irgend einem Volk geschehen kann, sondern auch auf die Verbreitung über alle Völker der Erde, die nach und nach daran Teil nehmen dürften, die Aussicht in eine unabsehliche Zeit eröffnet; wofern nicht etwa auf die erste Epoche einer Naturrevolution, die (nach *Camper* und *Blumenbach*) bloß das Tier- und Pflanzenreich, ehe noch Menschen waren, vergrub, noch eine zweite folgt, welche auch dem Menschengeschlechte eben so mitspielt, um andere Geschöpfe auf diese Bühne treten zu lassen, u. s. w. Denn für die Allgewalt der Natur, oder vielmehr ihrer uns unerreichbaren obersten Ursache ist der Mensch wiederum nur eine Kleinigkeit. Daß ihn aber auch die Herrscher von seiner eigenen Gattung dafür nehmen und als eine solche behandeln, indem sie ihn teils tierisch, als bloßes Werkzeug ihrer Absichten, belasten, teils in ihren Streitigkeiten gegen einander aufstellen, um sie schlachten zu lassen, – das ist keine Kleinigkeit, sondern Umkehrung des *Endzwecks* der Schöpfung selbst.

8. Von der Schwierigkeit der auf das Fortschreiten zum Weltbesten angelegten Maximen in Ansehung ihrer Publizität.

Volksaufklärung ist die öffentliche Belehrung des Volks von seinen Pflichten und Rechten in Ansehung des Staats, dem es angehört. Weil es hier nur natürliche und aus dem gemeinen Menschenverstande hervorgehende Rechte betrifft, so sind die natürlichen Verkündiger und Ausleger derselben im Volk nicht die vom Staat bestellte amtsmäßige, sondern freie Rechtslehrer, d. i. die Philosophen, welche eben um dieser Freiheit willen, die sie sich erlauben, dem Staate, der immer nur herrschen will, anstößig sind, und werden unter dem Namen *Aufklärer* als für den Staat gefährliche Leute verschrieen; obzwar ihre Stimme nicht *vertraulich* ans *Volk* (als welches davon und von ihren Schriften wenig oder gar keine Notiz nimmt), sondern *ehrerbietig* an den Staat gerichtet und dieser jenes sein rechtliches Bedürfnis zu beherzigen angefleht wird; welches durch keinen andern Weg als den der Publizität geschehen kann, wenn ein ganzes Volk seine Beschwerde (gravamen) vortragen will. So verhindert das *Verbot* der Publizität den Fortschritt eines Volks zum Besseren, selbst in dem, was das Mindeste seiner Forderung, nämlich bloß sein natürliches Recht, angeht.

Eine andere, obzwar leicht durchzuschauende, aber doch gesetzmäßig einem Volk befohlene Verheimlichung ist die von der wahren Beschaffenheit seiner Konstitution. Es wäre Verletzung der Majestät des großbritannischen Volks, von ihm zu sagen, es sei eine *unbeschränkte Monarchie*: sondern man will, es soll eine durch die zwei Häuser des Parlaments, als Volksrepräsentanten, den Willen des Monarchen *einschränkende* Verfassung sein, und doch weiß ein jeder sehr gut, daß der Einfluß desselben auf diese Repräsentanten so groß und so unfehlbar ist, daß von gedachten Häusern nichts anderes beschlossen wird, als was Er will und durch seinen Minister anträgt; der dann auch wohl einmal auf Beschlüsse anträgt, bei denen er weiß und es auch *macht*, daß ihm werde widersprochen werden (z. B. wegen des Negerhandels), um von der Freiheit des Parlaments einen scheinbaren Beweis zu geben. – Diese Vorstellung der Beschaffenheit der Sache hat das Trügliche an sich, daß die wahre, zu Recht beständige Verfassung gar nicht mehr gesucht wird: weil man sie in einem schon vorhandenen Beispiel gefunden zu haben vermeint, und eine lügenhafte Publizität das Volk mit Vorspiegelung einer durch das von ihm ausgehende Gesetz *eingeschränkten Monarchie** täuscht, indessen daß seine Stellvertreter, durch Bestechung gewonnen, es ingeheim einem *absoluten Monarchen* unterwarfen.

*

Die Idee einer mit dem natürlichen Rechte der Menschen zusammenstimmenden Konstitution: daß nämlich die dem Gesetz Gehorchenden auch zugleich, vereinigt, gesetzgebend sein sollen, liegt bei allen Staatsformen zum Grunde, und das gemeine Wesen, welches, ihr gemäß durch reine Vernunftbegriffe gedacht, ein platonisches *Ideal* heißt (respublica noumenon), ist nicht ein leeres Hirngespinnst, son-

---

* Eine Ursache, deren Beschaffenheit man nicht unmittelbar einsieht, entdeckt sich durch die Wirkung, die ihr unausbleiblich anhängt. – Was ist ein *absoluter* Monarch? Es ist derjenige, auf dessen Befehl, wenn er sagt: es soll Krieg sein, sofort Krieg ist. – Was ist dagegen ein *eingeschränkter* Monarch? Der, welcher vorher das Volk befragen muß, ob Krieg sein solle oder nicht, und sagt das Volk: es soll nicht Krieg sein, so ist kein Krieg. – Denn Krieg ist ein Zustand, in welchem dem Staatsoberhaupte *alle* Staatskräfte zu Gebot stehen müssen. Nun hat der großbritannische Monarch recht viel Kriege geführt, ohne dazu jene Ein-

dern die ewige Norm für alle bürgerliche Verfassung überhaupt und entfernt allen Krieg. Eine dieser gemäß organisierte bürgerliche Gesellschaft ist die Darstellung derselben nach Freiheitsgesetzen durch ein Beispiel in der Erfahrung (respublica phaenomenon) und kann nur nach mannigfaltigen Befehdungen und Kriegen mühsam erworben werden; ihre Verfassung aber, wenn sie im Großen einmal errungen worden, qualifiziert sich zur besten unter allen, um den Krieg, den Zerstörer alles Guten, entfernt zu halten; mithin ist es Pflicht in eine solche einzutreten, vorläufig aber (weil jenes nicht so bald zu Stande kommt) Pflicht der Monarchen, ob sie gleich *autokratisch* herrschen, dennoch *republikanisch* (nicht demokratisch) zu regieren, d. i. das Volk nach Prinzipien zu behandeln, die dem Geist der Freiheitsgesetze (wie ein Volk mit reifer Vernunft sie sich selbst vorschreiben würde) gemäß sind, wenn gleich dem Buchstaben nach es um seine Einwilligung nicht befragt würde.

9. Welchen Ertrag wird der Fortschritt zum Besseren dem Menschengeschlecht abwerfen?

Nicht ein immer wachsendes Quantum der *Moralität* in der Gesinnung, sondern Vermehrung der Produkte ihrer *Legalität* in pflichtmäßigen Handlungen, durch welche Triebfeder sie auch veranlaßt sein mögen; d. i. in den guten *Taten* der Menschen, die immer zahlreicher und besser ausfallen werden, also in den Phänomenen der sittlichen Beschaffenheit des Menschengeschlechts, wird der Ertrag (das Resultat) der Bearbeitung desselben zum Besseren allein ge-

willigung zu suchen. Also ist dieser König ein absoluter Monarch, der er zwar der Konstitution nach nicht sein sollte; die er aber immer vorbei gehen kann, weil er eben durch jene Staatskräfte, nämlich daß er alle Ämter und Würden zu vergeben in seiner Macht hat, sich der Beistimmung der Volksrepräsentanten versichert halten kann. Dieses Bestechungssystem muß aber freilich nicht Publizität haben, um zu gelingen. Es bleibt daher unter dem sehr durchsichtigen Schleier des Geheimnisses.

setzt werden können. – Denn wir haben nur *empirische* Data (Erfahrungen), worauf wir diese Vorhersagung gründen: nämlich auf die physische Ursache unserer Handlungen, in sofern sie geschehen, die also selbst Erscheinungen sind, nicht die moralische, welche den Pflichtbegriff von dem enthält, was geschehen sollte, und der allein rein, a priori, aufgestellt werden kann.

Allmählich wird der Gewalttätigkeit von Seiten der Mächtigen weniger, der Folgsamkeit in Ansehung der Gesetze mehr werden. Es wird etwa mehr Wohltätigkeit, weniger Zank in Prozessen, mehr Zuverlässigkeit im Worthalten u. s. w. teils aus Ehrliebe, teils aus wohlverstandenem eigenen Vorteil im gemeinen Wesen entspringen und sich endlich dies auch auf die Völker im äußeren Verhältnis gegen einander bis zur weltbürgerlichen Gesellschaft erstrecken, ohne daß dabei die moralische Grundlage im Menschengeschlechte im mindesten vergrößert werden darf; als wozu auch eine Art von neuer Schöpfung (übernatürlicher Einfluß) erforderlich sein würde. – Denn wir müssen uns von Menschen in ihren Fortschritten zum Besseren auch nicht zu viel versprechen, um nicht in den Spott des Politikers mit Grunde zu verfallen, der die Hoffnung des ersteren gerne für Träumerei eines überspannten Kopfs halten möchte.*

---

* Es ist doch *süß*, sich Staatsverfassungen auszudenken, die den Forderungen der Vernunft (vornehmlich in rechtlicher Absicht) entsprechen: aber *vermessen*, sie vorzuschlagen, und *strafbar*, das Volk zur Abschaffung der jetzt bestehenden aufzuwiegeln.

Platos Atlantica, *Morus'* Utopia, *Harringtons* Oceana und *Allais'* Severambia sind nach und nach auf die Bühne gebracht, aber nie (*Cromwells* verunglückte Mißgeburt einer despotischen Republik ausgenommen) auch nur versucht worden. – Es ist mit diesen Staatsschöpfungen wie mit der Weltschöpfung zugegangen: kein Mensch war dabei zugegen, noch konnte er bei einer solchen gegenwärtig sein, weil er sonst sein eigener Schöpfer hätte sein müssen. Ein Staatsprodukt, wie man es hier denkt, als dereinst, so spät es auch sei, vollendet zu hoffen, ist ein süßer Traum; aber sich ihm immer zu nähern, nicht allein *denkbar*, sondern, so weit es mit dem moralischen Gesetze zusammen bestehen kann, *Pflicht*, nicht der Staatsbürger, sondern des Staatsoberhaupts.

10. In welcher Ordnung allein kann der Fortschritt zum Besseren erwartet werden?

Die Antwort ist: nicht durch den Gang der Dinge *von unten hinauf*, sondern den *von oben herab*. – Zu erwarten, daß durch Bildung der Jugend in häuslicher Unterweisung und weiterhin in Schulen, von den niedrigen an bis zu den höchsten, in Geistes- und moralischer, durch Religionslehre verstärkter Kultur es endlich dahin kommen werde, nicht bloß gute Staatsbürger, sondern zum Guten, was immer weiter fortschreiten und sich erhalten kann, zu erziehen, ist ein Plan, der den erwünschten Erfolg schwerlich hoffen läßt. Denn nicht allein daß das Volk dafür hält, daß die Kosten der Erziehung seiner Jugend nicht ihm, sondern dem Staate zu Lasten kommen müssen, der Staat aber dagegen seinerseits zu Besoldung tüchtiger und mit Lust ihrem Amte obliegender Lehrer kein Geld übrig hat (wie *Büsching* klagt), weil er alles zum Kriege braucht: sondern das ganze Maschinenwesen dieser Bildung hat keinen Zusammenhang, wenn es nicht nach einem überlegten Plane der obersten Staatsmacht und nach dieser ihrer Absicht entworfen, ins Spiel gesetzt und darin auch immer gleichförmig erhalten wird; wozu wohl gehören möchte, daß der Staat sich von Zeit zu Zeit auch selbst reformiere und, statt Revolution Evolution versuchend, zum Besseren beständig fortschreite. Da es aber doch auch *Menschen* sind, welche diese Erziehung bewirken sollen, mithin solche, die dazu selbst haben gezogen werden müssen: so ist bei dieser Gebrechlichkeit der menschlichen Natur unter der Zufälligkeit der Umstände, die einen solchen Effekt begünstigen, die Hoffnung ihres Fortschreitens nur in einer Weisheit von oben herab (welche, wenn sie uns unsichtbar ist, Vorsehung heißt) als positiver Bedingung, für das aber, was hierin von *Menschen* erwartet und gefordert werden kann, bloß negative Weisheit zur Beförderung dieses Zwecks zu erwarten, nämlich daß sie das größte Hindernis des Moralischen, nämlich den

Krieg, der diesen immer zurückgängig macht, erstlich nach und nach menschlicher, darauf seltener, endlich als Angriffskrieg ganz schwinden zu lassen sich genötigt sehen werden, um eine Verfassung einzuschlagen, die ihrer Natur nach, ohne sich zu schwächen, auf echte Rechtsprinzipien gegründet, beharrlich zum Bessern fortschreiten kann.

Beschluß.

Ein Arzt, der seine Patienten von Tag zu Tag auf baldige Genesung vertröstete: den einen, daß der Puls besser schlüge; den anderen, daß der Auswurf, den dritten, daß der Schweiß Besserung verspräche, u. s. w., bekam einen Besuch von einem seiner Freunde. Wie geht's, Freund, mit Eurer Krankheit? war die erste Frage. Wie wird's gehen? *Ich sterbe vor lauter Besserung!* – Ich verdenke es Keinem, wenn er in Ansehung der Staatsübel an dem Heil des Menschengeschlechts und dem Fortschreiten desselben zum Besseren zu verzagen anhebt; allein ich verlasse mich auf das heroische Arzneimittel, welches *Hume* anführt und eine schnelle Kur bewirken dürfte. – »Wenn ich jetzt (sagt er) die Nationen im Kriege gegen einander begriffen sehe, so ist es, als ob ich zwei besoffene Kerle sähe, die sich in einem Porzellänladen mit Prügeln herumschlagen. Denn nicht genug, daß sie an den Beulen, die sie sich wechselseitig geben, lange zu heilen haben, so müssen sie hinterher noch allen den Schaden bezahlen, den sie anrichteten.« Sero sapiunt Phryges. Die Nachwehen des gegenwärtigen Krieges aber können dem politischen Wahrsager das Geständnis einer nahe bevorstehenden Wendung des menschlichen Geschlechts zum Besseren abnötigen, das schon jetzt im Prospekt ist.

VIII

Ausgewählte Reflexionen aus dem Nachlaß zur Anthropologie, Geschichtsphilosophie und Historiographie.[1]

1355. Man rühmt, daß in Deutschland der Geschmack in schönen Künsten zugenommen hat. Aber wo ist der [Geschichtschreib] Schriftsteller, der die Geschichte und die trockensten philosophische Gegenstande mit Verstand und tiefer Einsicht doch so schön abhandelt als Hume oder die moralische Kenntnis des Menschen wie Smith. Hievon muß man den Anfang machen, indem wir die Muster des spielenden Geistes schon vor uns haben. Die, so die Bewegungen der Einbildungskraft und das Bildliche sowohl als Gefühlvolle allenthalben einführen, schwächen den Einfluß des Verstandes und bringen uns wieder zurück in die phantasievolle, aber bloß schimmernde Denkungsart der Morgenländer.

1400. Es wurde den rohen und halbwilden Zeiten beigemessen, daß Homer seine Helden noch so hart und unbarmherzig, aber doch tapfer vorstellt. Der Mut und das kriegerische Talent machten alles aus. Sind unsere Zeiten nicht noch eben so mit Barbarei angesteckt. Die Ehre der Fürsten wird in ihrem Heldengeist gepriesen, und die Geschichtschreiber sind immer lieber im Lager als dem Kabinett. Man rechnet einem ganzen Staat, wenn er sich nur vergrößern kann, die Ungerechtigkeit vor keinen Schimpf an. Man glaubt, der selbst Gesetze gibt, sei an kein Gesetz gebunden.

1. Kants Zusätze zu den Reflexionen sind durch runde Klammern, die von ihm ausgestrichenen, aber inhaltlich relevanten Worte und Wortteile durch eckige Klammern gekennzeichnet. Näheres bei E. Adickes im Vorbericht zur Ausgabe des handschriftlichen Nachlasses, Akad. XIV (1925), S. LVII–LIX.

Sunt superis sua iura. Die Fürsten haben keinen Begriff von Rechten, die ihnen im Wege stehen, sondern reden höchstens von Gütigkeit. Wenn Monarchen bis so weit erleuchtet sein werden, daß sie ein solches Unternehmen mit moralischem Abscheu ansehen werden (wozu wirklich nicht viel gehöret), wenn Schmeichler, die sie in solchen Taten rühmen, ohnerachtet ihrer Talente doch keine Ehre erwerben: so werden [sie jene] weder (jene) Alliancen noch diese Beifall finden. Das allgemeine Urteil wird beiden zuwider sein. Das Recht der Menschen wird allein die Achtung bestimmen.

1404. Einfluß des Handels auf die innere und äußere Freiheit und Sicherheit.
In der Geographie ist etwas Beständiges, dessen Begriff dient, das Mannigfaltige der Beobachtung darnach zu ordnen, nämlich die in Klimaten, in Land und Meer geteilte Erdfläche. In der Historie ist nichts Bleibendes, was eine Idee von dem Veränderlichen an die Hand geben könnte, als die Idee der Entwickelung der Menschheit, und zwar nach dem, was die größte Vereinigung ihrer Kräfte ausmacht, nämlich bürgerliche und Völker-Einheit [hier müss], und zwar, wie sie mit allen ihren Hilfsmitteln und Wirkungen sich fortpflanzen (Wissenschaften, Religion, selbst Geschichte aller Völker), wodurch Menschen nach und nach aufgeklärt werden.
Auf die Rechte der Menschen kommt mehr an, als auf die Ordnung (und Ruhe). Es läßt sich große Ordnung und Ruhe bei allgemeiner Unterdrückung stiften. [aber d] Und Unruhen im gemeinen Wesen, welche aus der Rechtsbegierde entspringen, gehen vorüber. Griechenland hatte keine Öffentliche Anstalt vor Wissenschaften. Die Freiheit belebte sie. Die christliche Religion, weil sie sich auf alte Sprachen gründet, wurde eine Aufbewahrung der Gelehrsamkeit und hat dadurch in der Geschichte ein großes Ansehen.

1405. Zum Beschlusse: 1. Charakter der Menschheit (wie können wir einen bestimmen, da wir keine Vergleichung anstellen können? Nicht mit anderen Wesen, aber mit der Idee). 2. Von der Bildung des Charakters. Darauf a. Geschichte der Menschheit (allmählicher Fortgang der ganzen Gattung zu ihrer Bestimmung), nicht Beschreibung der Menschheit; s. vorher. b. Von der (Idee) Methode einer Universalhistorie.

1420. Alles, was sich erhalten soll, muß eine Gemeinschaft der Richtungen haben, und verschiedene Zwecke müssen nach einer Idee zusammenhangen, welche, wenn sie gleich nicht intendiert ist, doch den Ausgang ihrer wiederstreitenden Bestrebungen ausmacht, in welchem sie alle vereinigt werden können. Die Einheit der Geschichte aus einer solchen Idee [ist systematisch] macht aus ihr ein System. Die verschiedenen Weltveränderungen werden im Ganzen delineiert. Die systematische Geschichte fängt vom Trojanischen Kriege an. Neben der kommen episodische Geschichten andrer Völker vor und die propädeutische Geschichte der fabelhaften Zeiten. Es ist die Frage, ob überall etwas Systematisches in der Geschichte der menschlichen Handlungen sei. Eine Idee leitet sie alle, d. i. die ihres Rechts.
Der Abriß der Geschichte ist entweder kosmographisch oder biographisch oder kosmopolitisch.

1436. Ich glaube, daß sich die Gelehrte Welt so weit verfeinert habe, die Kriegsehre nicht mehr mit der Achtung anzusehen und daraus einen wichtigen Punkt der Geschichte zu machen. (Abscheu.) Es sei denn, daß sie etwas in Ansehung des Fortschritts des menschlichen Geschlechts bewirkt hat. Selbst guter Monarchen, Titus und Marc Aurels Geschichte ist bloß biographisch, weil sie den Staat nicht verbessert haben. Caesar ist ein schlecht denkender Fürst, nicht daß er die Macht an sich zog, sondern daß er die, so er hatte, nicht selbst in die Hände eines vernünftig eingerichteten Gemeinen Wesens gab. Die Geschichte kann so gar von der fabelhaften Zeit anfangen, wenn die Erdichtungen nur etwas enthielten, was das allgemeine Wohl der Menschen im bürgerlichen Zustande weiter bringen könnte. Der Orient hat uns nichts dergleichen geliefert. Jetzt ist der wichtigste Zeitpunkt, da die Kräfte der Staaten am meisten innerlich auf das Wohlleben und äußerlich auf den Anfall und Verteidigung angespannt, die Armeen aber in die größeste Disziplin bei der größesten Menge gesetzt sind. Es ist keine Erholung anders möglich, als daß sie eine andere Gestalt annehmen. Die Weisheit muß den Höfen aus den Studierzimmern kommen; die Geschichtschreiber haben alle Schuld.

1437. Aus dem Alten Testament kann man in diesem Punkt nichts lernen (nichts in Regierung und Moral). Es sind Biographien oder Religionsgeschichte. Joseph war ein schändlicher Minister. Die Religionsgeschichte, da sie auf die andere Welt geht und nur die inwendige Bildung der Sitten, muß besonders abgehandelt werden.

1438. Die Geschichte der Staaten muß so geschrieben werden, daß man sieht, was die Welt von einer Regierung vor Nutzen gehabt hat. Die Revolutionen der Schweiz, Holland, England sind das Wichtigste in der späteren Zeit. Rußlands Veränderung trug zum Wohl der Welt nichts bei, als nur auf entfernte Weise. Die Geschichte muß selbst zur Besserung der Welt den Plan enthalten, und zwar nicht von den Teilen zum Ganzen, sondern umgekehrt. Was nutzt Philosophie, wenn sie nicht die Mittel des Unterrichts der Menschen auf ihr wahres Beste lenkt. Schutz der Bürger gegen einander nicht bloß durch Gesetze, sondern künstliche Einrichtung, da jeder durchs Gesetz gegen jeden gesichert ist. Nicht anders Subordination als nach dem Gesetz. Kein Nutzen, als wenn das Recht mit zur Seite steht. Leichter Zugang und Verwaltung der Gerechtigkeit. Einsicht in der Gesetzgebung und Weisheit in Einrichtung der Administration. Abgesondert kann die Geschichte noch biographisch oder publizistisch geschrieben werden.

1439. Im Weltganzen hinterläßt ein Monarch keine Spur, wenn er nicht zu dem System desselben etwas beigetragen hat; oder gar ist seine Spur ein verhaßtes Überbleibsel, jenen Fortschritt zum System aufzuhalten.
Die publizistische Methode des ursprünglichen Rechts oder des abgeleiteten Rechts. Methodus publicistica originaria vel derivativa.
Es ist [ein klei] der Stolz eines kleinen Geistes, durch Eifersucht gegen seine Zeitgenossen bloß eine glänzende Rolle zu spielen. Diese Methode erhebt den Geist der Regenten und zieht ihre Ehrbegierde aufs Weltganze und das Andenken des menschlichen Geschlechts. Selbst die Religion, die kosmopolitisch ist, verdient nur geachtet zu werden.
Die Religionsgeschichte muß darin vorgetragen werden, so fern die Menschen die Freiheit und Hilfsmittel gehabt haben, sich darin zu bessern, also auch nach ihrem ursprünglichen Recht.

1440. Die publizistische Methode ist entweder allgemein und kosmopolitisch, oder statutarisch. Die Methode der Universalgeschichte fließt allmählich in die Methode der besonderen ein.

1441. Die publizistische Methode betrachtet alles in Verhältnis auf die Idee eines Ganzen und ist entweder in kosmopolitischer oder statistischer Absicht. Wenn sie auch nicht einmal in der letzten Absicht geschieht, so ist sie bloß biographisch.

1442. *Ein kosmopolitisches System der Weltgeschichte.* Die Gelehrte und Religionsgeschichte ist keine Geschichte des bürgerlichen Zustandes, also nicht kosmopolitisch, sondern vielleicht philanthropisch. Das letztere kann statt finden ohne Kosmopolitismus wie bei Caesar. Antonin etc. etc.

1443. Bei dem Plan einer Universal-Geschichte: 1. Die Natur der bürgerlichen und Staatsverfassung; die Idee, wenn sie gleich niemals völlig wirklich wird, und zwar die Idee des Rechts, nicht der Glückseligkeit.

1454. *S. I:*
Von der Naturbestimmung des Individuum und der der Gattung, die am Menschen verschieden sein. Die letztere ist der ersteren entgegen, indem sie sich immer perfektioniert durch Vernunft, indessen daß die Natur immer dieselbe bleibt. [Allein Vollkom] Der größte Widerstreit ist immer in der Zeit des Überganges von der Naturbedürfnis [zum] durch den Luxus zur Vernunfteinrichtung, daher alle Laster im Streite der Tierheit mit der Menschheit. Allein vollkommene Kunst wird wieder zur Natur. Rousseau: vom Schaden der Wissenschaften und der Ungleichheit der Menschen hat ganz recht, aber nicht als Foderung dahin zurückzukehren, sondern darauf zurückzuweisen, um in dem Wege zur Vollkommenheit auf die Naturzwecke zu sehen, damit jene künstliche Anordnung immer mehr mit der Naturordnung einstimmig werde. Es läßt sich schwer ausmachen, ob die Kultivierung und Zivilisierung mehr Übel bei sich führe als die rohe Natur. Sie macht unerhörte Laster so wie Studieren neue Irrtümer, aber sie vergütet sie sowohl als Schmerz durch neue Tugenden.

Streit der Rohigkeit mit der Kultur, des Instinkts mit der Vernunft, der Tierheit mit der Menschheit.

Die (Natur) Bestimmung des Menschen ist die Entwickelung aller Talente und die auf die hochste Kunst gegründete Glückseligkeit und Gutartigkeit. Dazu bedient sich die Natur des Schmerzens und der Übel, die sie uns antut, noch mehr: die wir uns selbst zuziehen. Dieser Bestimmung der Menschengattung müssen wir folgen. Moralität ist eine sache der Kunst, nicht der Natur. Rohe Zeitalter sind grausam, gewalttätig.

1460. ⟨Wir⟩ Menschen sind ... in dem zweiten Grade des Fortschritts zur Vollkomenheit, zwar kultiviert und zivilisiert, aber nicht moralisiert. Wir haben den höchsten Grad der Kultur, den wir ohne Moralität besitzen können; die Zivilität hat auch ihr Maximum. Die Bedürfnis in beiden wird endlich die Moralisierung erzwingen, und zwar durch Erziehung, Staatsverfassung und Religion. Jetzt ist die Religion nichts anderes als eine Zivilisierung durch eine Disziplin.

Die Zivilisierung in dem Gesellschaftlichen ausgebreiteten Geschmack löscht die Moralität ganz weg. Laster werden, wenn sie nur mit gesellschaftlicher Verschneidung verbunden sein, gar verteidigt (und in Schutz genommen).

Der Luxus gehört zur Kultur. Die Zivilisierung gibt ihm etwas Gesittetes und (also) Geschmack.

Wenn die Menschen im höchsten Grad kultiviert sein, so kultivieren sie ... die Künste des Krieges, wodurch ...ungen leisten ...

1466.   Geschichte der Menschengattung.

Wie auch der erste Anfang [der Menschengattung] des Menschen beschaffen gewesen sein mag, so kann man doch als sehr warscheinlich annehmen, daß er die Welt [nicht eher],

den Gebrauch der Dinge, ihren Nutzen und Schaden nicht
eher gekannt haben wird, als bis ihn die Erfahrung und die
allmähliche Übung seines Verstandesvermögens, über sie zu
reflektieren, davon belehrt haben wird. Dazu gehört aber
Zeit, und die Menschengattung als Tiergattung mußte doch
vor allen Dingen (sich selbst) erhalten können, und da ist
kein anderer Weg sich [es] dieses vorzustellen, als daß der
[angebo] anerschaffene Instinkt die Stelle aller Vernünftelei
vertreten und diese Tierart geleitet habe. Im Anfange also
war der Mensch von diesem Instinkte gänzlich abhängig
und befand sich gut dabei. Allmählich, vielleicht nach Verlauf von Jahren, vielleicht gar einigen Generationen, hatte
sich seine Vernunft so weit entwickelt, daß sich diesem Instinkt eine andere Triebfeder (beigesellen oder auch) entgegenstellen konnte, nämlich [d] Überlegungen [der Vernunft]
seiner noch wankenden Vernunft. Jener als die Stimme
Gottes, welche alle vernunftlose Tiere richtig leitet, hatte
ihm gewisse Früchte [vielleicht] zu kosten versagt, [aber
nun f] wenigstens nicht mit [unt] andern angepriesen; aber
er fing an, mit dem Instinkte zu chikanieren. Der Anblick
(oder Geruch) hatten vielleicht etwas Liebliches; man wird
doch klüger, wenigstens erfahrener, wenn man was versucht,
und so wurde zuerst ein Bruch in der

bricht ab.

1467. S. I:

1. Pragmatische Geschichte der Menschengattung aus der
Anlage ihrer Natur. Die Naturbestimmung des Menschen
zu seinem vollständigen Zwecke (nicht der Menschheit in
einem Individuum, sondern der Gattung). Diese Geschichte
lehrt zugleich, wie wir dem vollständigen Zwecke der
Natur einstimmig uns bearbeiten sollen. Also unseren Horizont über die Privatbestimmung zur Absicht der Spezies
erweitern.
2. Physische Geschichte – Welche die unfreiwillige Entwickelung der Natur in verschiedenen Generationen darlegt, wel-

che zu jenem Hauptzwecke concurriert und uns lehren kann, sie mit jenem Zwecke zu vereinigen.

(Die Geschichte der Gattung, nicht der Menschen. Jene setzt eine Idee voraus.)

Der Instinkt mußte den Menschen im Anfange wie die Tiere in Ansehung der Kost regieren. [Vielleicht] Größtenteils werden die fruchtessende Tiere durch Geruch geleitet, der ein Vorgeschmack ist, wodurch das Tier kostet, ob es ihm zuträglich sei, ohne zu genießen. Der Mensch fand eine Menge Dinge, die diesen Sinn anlockten. Aber er warf seine

S. II: Augen auch auf andere, die durch jenen Sinn nicht empfohlen wurden, vielmehr demselben zuwider waren. Sie waren gleichwohl reizend anzuschauen und [im Anblick demjenigen] vereinigten im Anblick mancherlei Eigenschaften, die er sonst im Genuß zerstreut angetroffen hatte. Hier fand er eine Gelegenheit zu vernünfteln und einen Schluß der Vernunft der Leitung des Instinkts vorzuziehen. Es liegt etwas Anlockendes schon darin, aus eigener [Überlegung] Erfindung etwas zu tun; denn das erweitert gar sehr das Feld der Zwecke. Bei einem solchen Anlasse witterte der Mensch Klugheit und Glückseligkeit nach von ihm selbst ausgedachtem Plane; Verlegenheit und Bedenklichkeit mischten sich ein, aber ein Versuch mußte es entscheiden. Vermutlich war der erste unglücklich, aber man konnte wohl, durch Schaden belehrt, von diesem Gegenstande, aber nicht mehr von der Reflexion abgehen.

Zusatz unten auf S. I:

(So wenig als Anatomie des Körpers eine Spur vom Verderben antreffen wird, eben so wenig auch die Anatomie der Seele.)

Zusatz oben auf S. II:

(Adam war an dem Ufer des Rubicon.)

1468. *S. I:*

Fortsetzung von der Geschichte der Menschengattung.

Worauf beruht die Erzeugung aller dieser Vollkommenheit, die der philosophische Chiliast glaubt und nach Vermögen befördert?

Auf der Vollkommenheit der bürgerlichen Verfassung (die würde sich ewig erhalten). Darin werden allein alle Talente entwickelt, die größte Vereinigung zu gemeinschaftlichen Zwecken [und] durch äußere Gesetze und die größte Dauerhaftigkeit dieses Zustandes durch die beste persönliche Denkungsart.

Freiheit, Gesetz und *Gewalt.*

Der Bürger muß unter Gesetzen stehen, die er sich selbst gegeben hat (Freiheit, Gleichheit), und diese Gesetze müssen durch unwiderstehliche Gewalt Nachdruck und Dauerhaftigkeit bekommen.

(Der Mensch ist ein Tier, das Belehrung und Disziplin bedarf. 2. das in der Gattung zu seiner Bestimmung fortschreitet. 3. in Gesellschaft einen Herrn bedarf.)

1. Gesetz und Freiheit ohne Gewalt: Anarchie.
2. Gesetz und Gewalt ohne Freiheit: Despotism.
   a. Freiheit ohne Gesetz und Gewalt ist der Stand der Wilden.
   b. Gewalt ohne Freiheit [oder] und Gesetz: barbarisch Regiment.

Welches sind die Triebfedern, deren sich die Natur zur Hervorbringung der bürgerlichen Gesellschaft bedient? Der Eifersucht, des Mißtrauens, der Gewalttätigkeiten, welche die Menschen nötigen, sich Gesetzen zu unterwerfen und die wilde Freiheit aufzugeben. Daher kommt die Entwicklung aller guten Naturanlagen.

(Man kann die Geschichte eines jeden Volks als eine Bestrebung der Natur zur Errichtung einer vollkommenen bürgerlichen Verfassung ansehen. Die der Staaten als Versuche zum Völkerrecht.)

Allein *S. II:* Die bürgerliche Gesellschaft äußerlich als Staat ist bis jetzt noch im Stande der wilden Natur: Freiheit und Gewalt ohne Gesetz.

Die Natur wirkt hier eben so, um zu einem Völkerbunde zu treiben. Durch den allgemeinen Frieden allein (Kirchhof) kann auch das Innere der bürgerlichen Verfassung allein ihre Vollkommenheit gewinnen.

[Wov] In welcher Ordnung muß diese Perfektionierung fortgehen?

Methode einer kosmopolitischen Geschichtschreibung.

Der Charakter der Menschheit ist die Anlage der Entwickelung der Vollkommenheit durch Freiheit vermittelst der einander entgegen strebenden Triebfedern der Tierheit vom Minimo der Naturgeschicklichkeit an.

(Die Glückseligkeit erreicht das menschliche Geschlecht im Ganzen nicht mehr als [die] im Stande der Wildheit (negativ); aber die Vorsehung hat den Menschen auch nicht dazu, sondern um der Glückseligkeit würdig zu werden ausgerüstet.)

1469. Die Definition der Gattung ist entweder [analytisch] bloß logisch: durch Zergliederung des Begriffs, indem man alles von ihm absondert, was nicht im Begriffe des Objekts zugleich mit gedacht wird, [oder] mithin analytisch, [oder metaphysisch] nominal Definition; oder metaphysisch: indem man alles hinzutut, was [der] zur Bestimmung des Begriffs notwendig erfordert wird.

1471. *Anthropologie.*

Moralische Eigentümlichkeiten der menschlichen Natur.

1. Wir haben eine Idee von der Möglichkeit und der Bestimmung der Vernunft, in dem Glück anderer uns glücklich zu finden: und doch auch einen unbezwinglichen Hang, jenes nur um dieses willen zu suchen (Solipsism).

2. Wir halten uns nur in der Vergleichung mit anderen glücklich; daher das Übel [oder die], das andere drückt, eben so viel Erleichterung des unsrigen ist und in dem Leiden unserer besten Freunde etwas ist, das uns nicht ganz mißfallt.

3. Daher die Nebenbuhlerei und die Zurückhaltung, seine Fehler nicht hervorblicken zu lassen, aber auf anderer ihre desto schärfer Acht zu geben.

4. Wir bedürfen mehr geehrt als geliebt zu werden, aber auch Etwas, das wir lieben können, mit dem wir aber nicht in Nebenbuhlerei stehen müssen. Daher Liebe eines Vogels, eines Hundes, ja auch eines jungen flatterhaften, aber fröhlichen Menschen. Selbst die Weiberliebe gründet sich zum Teil darauf, daß kein Vorzugsstreit dabei statt findet wegen der Ungleichartigkeit.

5. Wohltaten machen um dieser Furcht willen, verachtet zu werden, undankbar.

1471a. Diese an die Philosophen ergangene [Frage] wichtige Anfrage [wenn sie] enthält eine vierfache Aufgabe (nach den vier Klassen der Kategorien): 1. Das menschliche Geschlecht *im Ganzen* betrachtet (Quantität), nicht etwa, ob [die] Menschen von einer gewissen Rasse, z. B. die der weißen [in diesem] mit Ausschließung der Neger oder Amerikaner, dieses Vorteils teilhaftig sind, [sondern] mithin nicht, ob alle Menschen, sondern ob das Ganze derselben fortschreite, es mögen nun einige zurück bleiben. 2. Das *Bessere*, wozu fortgeschritten wird, ist das *moralische* (Qualität), nämlich nicht jede Vollkommenheit, in der die Menschen fortschreiten sollen, z. B. Kunst, Wissenschaft und Geschmack, – wiewohl diese auch [Vorübungen] Beförderungsmittel oder auch Folgen von jener werden können. – 3. Daß [es] hier nicht [auf] die innere Besserung eines jeden Menschen für sich, sondern, da es [auf] um das Fortrücken des *Menschengeschlechts* zu tun ist, der Fortschritt zum Besseren [in der G] von dem *Verhältnis* derselben in der großen Gesellschaft unter einander gemeinet [se] ist (Relation). 4. Da hier ein Vorhersagen des künftigen die Aufgabe ist, dieses aber nicht geschehen kann, wenn man nicht a priori urteilen kann, was geschehen werde, mithin daß [der Fortsch] das Bessere [in] notwendig aus der [Kette] Verkettung der schon gegenwärtigen Ursachen mit ihren Wirkungen erfolgen müsse, die *Notwendigkeit* des beständigen Fortschritts zum Besseren (Modalität) in Betrachtung komme. – – Es ist also genau genommen die Aufgabe hier: eine Geschichte des menschlichen Geschlechts a priori zu entwerfen, nämlich dem Teile [nach der] seiner [Begebenheiten] Veränderungen nach, der noch kommen soll, welches, wenn es eine *Naturgeschichte* desselben werden sollte, wohl möglich ist; denn die Ursachen [durch Erfahrung er bestimmen] geben nach Erfahrungsregeln die noch künftige Wirkungen, ehe sie geschehen, folglich a priori [zu dem was zu erkennen] (secundum quid, non simpliciter) zu erkennen. Aber es ist hier von einer Geschichte des künftigen moralischen Verhaltens der Menschen [die Rede] als vom Naturmechanism entbundener Wesen die Rede, wo man zwar Gesetze a priori kennt, nach denen sie handeln sollten, aber nicht, daß sie auf gewisse Weise handeln werden. – Dennoch interessiert diese Aufgabe [sehr], nicht bloß in praktischer Absicht, um gutmütigerweise vermittelst einer Hypothese einen solchen [Gang] Lauf der Dinge anzunehmen und darnach wenigstens für sich selbst zu verfahren, sondern auch in theoretischer [Betracht] Rücksicht: ob das Böse oder das Gute Prinzip in der ursprünglichen Anlage des Menschen überwiegend sei, und welchen Begriff man sich von der Bestimmung des Menschen zu machen habe: – – da indessen dieser Untersuchung sich die Theologen bemächtigt haben und [die so bleibt für] dem Philosophen Aussichten ins Theoretisch-Übersinnliche abschreckend sind, so mag diese Aufgabe sich darauf einschränken zu sagen: *worauf es ankomme*, um [ob ein] auszumachen, ob das menschliche Geschlecht im beständigen Fortschritt zum Bessern sei oder nicht [auszu-machen]; [bei welcher] wobei man, daß ein solcher Fort-schritt sei, [als] unausgemacht lassen darf.

1498. S. I:

Leibesgestalt. Stellung. Gebärdung. (Gesicht.)

(Originalität der Gesichter.)
Menschliche Bildung. Scheint uns die einzige schickliche vor [Menschl B] vernünftige Wesen.
Hübsche und regelmäßige oder eine Mißgestalt. Dispropor-tion. (Ungestalt.)
(Aus dem Mittel aller Gesichter das schöne finden.)
(Heidegger. Hassenswürdigkeit.)
Schönheit [Gut Gesicht], Häßlichkeit in Ansehung des gan-zen Körpers.
(Man kann in einem häßlichen Gesicht nicht einen Teil allein ändern.)
Gesichtsbildung. Gesichtszüge. (Gebärden.) Mienen (ins Spiel gesetzte Gesichtszüge). En face oder im Profil.
(Marktpreis. Affektions-Preis. Innerer Wert. Geschicklich-keit. Anlage zur Glückseligkeit. Würdigkeit, glücklich zu sein, und Wille, andere dazu zu machen.)
(Weil das Mittlere (der Proportion) auch das Wohlgebil-dete ausmacht, so ist es das Mittelmäßige auch im Geist.)
Physiognomik: aus dem Äußern aufs Innere schließen.
(Durchscheinen der [Gemüts] Seele.) Das Gesicht verrät oder entdeckt das Innere, wenn das Gemüt in Bewegung ist. Eben so auch, wenn es in Ruhe ist. [Ja der Geist] Mienen bringen auch Gemütsbewegungen hervor. Imgleichen Stel-lungen. Im Sitzen kann man nicht poltern. Dicke Leute sind stolz. Die gerade (geschrobene) Stellung macht stolz. Die Bildung des Gemüts und des Gesichts [wirken] ge-schehen durch Ursachen, die wechselsweise einfließen. Ge-walttätige Bösewichter sind von groben Bau und Zügen. Brünett. Feine Betrüger anders.

(Proportion – Profil.)

Gesichtsbildung verrät Talent. Ähnlichkeit mit Tieren (Porta).

Züge: das Temperament (und Herz): fröhlich oder finster.

Der Blick: den Charakter. Manchen Blick kann man nicht vertragen. Ruhiger Blick.

(Die Urteilskraft wird durch Übung und Kritik gebildet, der Verstand durch Regeln unterwiesen.)

Die Physiognomik ist eine Geschicklichkeit der Urteilskraft ohne Grundsätze und Vorschriften. Weil kein Verstand eine Verbindung zwischen Gesinnungen und Zügen ersinnen kann. Leute können sich wechselseitig beim Anblick schon nicht leiden. Niemals wird sie auf Regeln gebracht werden.

Schön Gesicht, (und doch) verdächtiger Charakter. Brinvilliers.

Nachschlachtung der Gesichter und zugleich der Charaktere. (Nachahmung derselben in der Ehe.) (Mutterwitz. Schale: Kern.)

Falschheit und Bosheit (Tücke, Niederträchtigkeit, Hämisches) in der Physiognomie.

Gewohnte Mienen, als gelegentlich sich selbst auf die Nase sehen. Höcker auf der Nase: ist ein Spötter; oben gebogen: Stolz.

Nach Geburt. Vornehm und gemein Gesicht.

Lebensart. Landmännisch, städtisch. Gelehrte und Handwerker.

Gesicht, was nichts sagt. Viel Ausdruck. Hogarth.

Wenn der nicht ein Schelm ist, so schreibt der Schöpfer keine leserliche Hand.

*Ein dreuster Blick bedeutet einen groben Menschen, unsteter Blick einen Betrüger.

Mienen reden mehr als Worte.

*(Rechts und links gedrehter beim Spitzbuben.)

Weiber achten nicht auf das Charakteristische, sondern nur die Schönheit der Gestalt.
Von der Physiognomie der Völker: Türken und Tatern. Slaven. Deutsche. Franzosen. Italiener.

S. II: Der Charakter der Menschheit überhaupt.

1. Sprache. 2. [Jagd] Hausvieh. 3. Eisen. 4. Ackerbau. 5. bürgerliche Verfassung, Unterschied der Stände. (Verteilung der Gewerbe.) 6. Geld. 7. Schrift. 8. Druckerei. 9. Kompaß. 10. Europäische Kriegsdisziplin. 11. stehende Armee, Kanonen. 12. System des Handels (Verkehr, Posten, Wechsel). 13. der Staaten. 14. Freiheit zu denken.)
1. Unter den Tieren. Linnäus kann keinen im Körper finden. Wenn man ihm alle Vernunft nähme: was würde er vor ein Tier sein. Schön oder häßlich (Bart, kahl etc.). Vierfüßig oder zweifüßig (wild gefundene Menschen, Bergbewohner von Madegaskar). Gesellig und zugleich wie die Ameisen kriegerisch.
(Schickt sich vor alle Climata; kann nicht schwimmen, aber klettern. Fleischfressend. Ist dem Tier gefährlich.)
(Rousseau: ob der wilde Zustand besser sei als der gesittete; der letzte ist, wenn der Zirkel geschlossen ist, besser.)
Die Anlage auf die Tierheit widerstreitet der Form, welche die Vernunft einführt, welche sie in Zwang bringen soll. Moscati. Frühe Mündigkeit.
(Der Mensch soll alle Vollkommenheit aus sich selbst herausbringen. Der Mensch muß erzogen und belehrt werden, also wächst die Gattung an Vollkommenheit. Der erste Zustand ist der schlechteste. Goldene Alter. Unschuld.)
Natürliche Instinkte provisorie an die Stelle der Vernunft. (Sparen im Alter.) Das Böse nach Vernunft ist etwas Gutes nach der Tierheit. Größere Liebe der Eltern gegen Kinder als umgekehrt. Und auch als der beiden Eheleute zu einander.
Mißtrauen einander fremder Menschen, und Vereinigung der Bekannten. Krieg: damit die Menschen sich auf der

Erde verbreiteten. Tapferkeit als ein Schutz der Seinigen ist die größte Tugend der Wilden.

(Alles Gute und der Fortschritt der Menschen in Vollkommenheit muß aus der bürgerlichen Verfassung entspringen. Diese setzt voraus (Zwietracht) Mangel und Notwendigkeit der Arbeit. Adam.)

Notwendigkeit des Eigentums. Innerer Krieg. Notwendigkeit eines obrigkeitlichen Zwanges. Zuerst das Ansehen der Ältesten, nicht der Väter; denn das erkennen erwachsene Kinder nicht. Gesetz. Bürgerliche Verfassung. Entwickelung aller Talente und moralischen Keime. Das Gute also aus dem Bösen.

(Ein Tempel der Feigheit (Faulheit. Neid. Geiz.), der Verstellung und dem Mißtrauen.)

(Rousseau hat recht in Ansehung der Unvollkommenen Staatsverfassung; sie ist der Natur zuwider, aber der Keim zum Guten.)

In diesem Zustande ist die bloße Natur, die sich vor die Wildheit als ein Mittel zum besseren Zweck gut schickt, böse. (Triebfedern, aus dem Stand der Natur zu gehen.) Das Mißtrauen bleibt; das Urteil anderer bekommt [Gewalt] Einfluß, weil Gewalt nicht gilt; daher Affektation des vorteilhaften Scheins, Zurückhaltung. Verfeinerung des Geschmacks, Verbesserung der Gesinnung. Das moralische Gefühl, was alle haben, ist das einzige Gute, worauf das Übrige gegründet wird. Tugend ist eine Sache der Disziplin, muß gelernet werden und ist nicht im rohen Zustande.

Der Natur wird Zwang angetan. Das Weib gewinnt Herrschaft. Erwachsene Kinder sind Eltern unterworfen.

Das Mißtrauen der Menschen gegen einander erhält die bürgerliche Gesellschaft (und macht den Zwang aller durch einander möglich), weil sie sich sonst zu ihrem Umsturz vereinigen würden. Jeder will vor sich natürliche Freiheit, vor andre bürgerlichen Zwang. Man gerät unter den Zwang der Anständigkeit, der Meinung und der wechselseitigen

Eifersucht. Daher Begierde zur Freundschaft, welches eine Art von natürlicher Freiheit ist, die man restituiert, aber doch jederzeit mit Zurückhaltung und Eigenliebe verbunden ist.

Menschen: 1. diszipliniert, 2. kultiviert, 3. zivilisiert*,
             wild   roh   grob
4. moralisiert**.
   böse

* (sittlicher Schein, Manier, Anstand.)
** (sittliche Denkungsart und Charakter. Erziehung.)

Wenn (rohe) Natur mit dem Zwecke der Vernunft verglichen wird (in moralischer Absicht), so ist der Mensch von Natur, (also) der Neigung nach, böse, obzwar potentialiter, um seines moralischen Gefühls willen, zum Guten vorbestimmt.

Die Natur in Ansehung der physischen Absicht ist gut und auch dazu gut, um die moralische Vollkommenheit hervorzubringen.

(Zur Zivilisierung gehören viel wechselseitige Bedürfnisse, Luxus und Verteilung der Arbeit. Bürgerliche Einheit und Staat. Kosmopolitisches Beste.)

S. I:

Der Ursprung des Bösen ist in der Tierheit (warum nicht auch des Guten?), in so fern sie nur durch Zwang (und Disziplin) Menschlichkeit annimmt. Weil die Vollkommenheit der Menschlichkeit nur erworben ist, so ist sie im kontinuierlichen Streit mit dem Hange der rohen Natur, [und die Bestimmung des Menschen ist] und das Böse kann nicht dem Wilden, sondern nur dem gesitteten Menschen zugerechnet werden.

Daß Tiere gegen ihres gleichen gewalttätig sein, um sich auszurotten, wie Spinnen, oder zu verbreiten, wie Hirsche, ist an sich gut. Aus diesem Übel muß das Gute herauskommen. 1. Gesetzlicher Zwang. Entwickelung der Talente, imgleichen der Verbindlichkeiten. 2. Zwang des Geschmacks,

Verfeinerung der Sitten. 3. Zwang der Gewissenhaftigkeit.

Disziplin kann manche Nation zwar annehmen, aber sie (erzeugt und) erhält sich in ihr nicht von selbst. Sie hat jederzeit einen Hang zur Barbarei oder Anarchie. Gesetzmäßige Disziplin oder solonische.

1499. *S. I:*
(Jedes Tier erreicht einzeln seine Bestimmung. Beim Menschen erreicht die Gattung nur in einer Folge von Zeugungen ihre Bestimmung als vernünftig Geschöpf. Endliche Entwickelung aller Anlagen, sowohl der Talente als der Denkungsart. Anfang: physische Gleichheit; Ende: moralische Gleichheit und Einheit der Gesellschaft.
Viele Völker schreiten vor sich selbst nicht weiter fort. Grönländer. Asiater. Aus Europa muß es kommen. Amerikaner ausgerottet. Fortschritt von Griechen an.)
(Ein jedes Geschöpf hat seine Bestimmung und erreicht sie.)
(Die Geschichte der Menschheit ist von der der Menschen unterschieden. Die Menschheit gewinnt oder verliert.)
(1. Naturauswickelung, 2. freie.)
Die Bestimmung des (einzelnen) Menschen: 1. in Ansehung der Tierheit; 2. in Ansehung der Menschheit (des menschlichen Geschlechts).
In Beziehung auf die Tierart ist [keine Best] nicht vorausgesetzt worden, daß er sich durch Vernunft regieren lasse; in Ansehung der Menschheit, d. i. der Vollkommenheit nach Gesetzen der Vernunft, ist die Tierheit gänzlich der Vernunft überliefert worden.
Der Mensch ist ein Tier, was [der] einer Disziplin durch die Vernunft bedürftig und fähig ist. [Folglich ist er nach der bloßen Natur böse] Ein roher Mensch ist: der keine Disziplin [der Ver] empfangen hat, ein böser: der die Disziplin der Vernunft nicht annimmt.

(Sind alle aus einer Familie. Eine Geschlechtsfolge dient zur Verbesserung der andern. Die Menschengattung schreitet fort.

Die Tierheit verliert im Anfange, aber endlich muß alles damit stimmen. Stammgattung unbekannt. Moscati. Rassen. Amerikaner. Weiße. Unterschied. Griechen. Fortschritt.)

(Ursprung der Entwickelung des Geistes. Epoche. Stillstand asiatischer Völker.)

Die Bestimmung der Tierheit ist Fortpflanzung* und Ausbreitung, weil er vor alle Weltgegenden bestimmt war. Die der Menschheit: die Entwickelung aller Talente [und], Nutzung der gesamten Natur und die größte Achtung vor [Einheit] Zusammenstimmung und Regeln.

*(Notwendigkeit des bürgerlichen Zwanges [Gesetze] durch das Böse der Menschen. Mißtrauen zu einander macht den obrigkeitlichen Zwang möglich (und fortdaurend). (Gewalttätigkeit macht den bürgerlichen Zwang notwendig.) Der gesellschaftliche Zwang. Der Zwang der Gewissenhaftigkeit: moralisch. (Die Hauptwirkung des bürgerlichen Zustandes ist der Zwang zur Tätigkeit.))

Verfeinerung. Schwächung der Tierheit. Weib. Luxus. Geschmack. Ehrenwahn.

Notwendigkeit der Künste.

Ungleichheit der Stände. Bürgerlicher Zwang.

Streit wider die Natur (Gewalt angetan): 1. in Ansehung der verschiedenen [natürlichen] durch die Natur bestimmten Alter des Lebens und des bürgerlichen; 2. des Mißverhältnisses der Wissenschaft zu dem [Alter] Leben des Menschen.

(Der Mensch ist ein Tier, das Unterweisung (Kultur), das Zucht, das einen Herrn und eine Sittlichkeit nötig hat.)

Alter der Kindheit. Des Jünglings. Mannes. Rousseau: vom Stande der Natur.

(ob es notig sei, in die Wälder zurück zu kehren? Der natürliche Mensch ist physisch vollkommener (als Tier, auch

glücklicher, freier); aber der bürgerliche moralisch in Ansehung der Menschheit überhaupt*. Laster und Elend.)
* (er ist im Fortschreiten zu der Vollkommenheit, welche vom Ganzen auf jeden Teil abgeleitet wird.)
Wissenschaften gehören nicht zur Bestimmung einzelner Menschen, aber des menschlichen Geschlechts, um dieses zu verfeinern und die durch den Luxus überhand nehmende Übel zu verbessern.
(Die Naturbestimmung in Ansehung der Tierheit nach Rousseau streitet mit der in Ansehung der Menschheit; daher alles Böse.)
S. II:
Die Absicht der Vorsehung war, daß sich zwar Völker bilden, aber nicht zusammenfließen sollten. Daher Nationalstolz, Nationalhaß und patriotische Eifersucht. Die Unmöglichkeit, große Staaten lange zu erhalten.
Juden und Türken aus Religionsstolz. Indianer aus Religionspflicht. Franzosen [aus dem Wahn] und Spanier aus Charakter und Gebrauche. Dieses ist ein Mechanismus, der sich auf Instinkt gründet und den die Vernunft mäßigen muß. Kriege.
Die letzte Vollkommenheit: Völkerbund.
([Ge] Staatskörper. Der einzelne Mensch verliert, aber gewinnt als ein Glied im Ganzen, ist jetzt im Fortschritt zur Vollkommenheit.)
Der [gesetzliche] obrigkeitliche Zwang entwickelt Talente (und Tugenden) und verfeinert die Sitten. Woraus ein 2. Zwang der Anständigkeit entspringt (ästhetisch) (Sitten). Die [letzte] dritte Bestimmung des Menschen ist, daß ein moralischer (äußerer) Zwang entspringt durch die gereinigte Meinung anderer von der wahren Ehre, indem man ohne Rechtschaffenheit kein Amt, kein Weib, ja gar nicht Umgang erlangen kann. Gute Erziehung und richtige Begriffe der Geistlichkeit. Es ist nur nötig, daß die Gewohnheit überhand nehme, öffentlich nur der Tugend Achtung zu beweisen, e. g. dem Prediger. Das Herz braucht nicht

besser zu werden, sondern das Sentiment. Die Obrigkeit fragt nicht nach Tugend. Das Urteil darüber ist in den Händen des publici. Man kann jemand Achtung entziehen, ohne ihn zu beleidigen. Wir richten gerne einander. Die Moralität ist jetzt isoliert. Bäume nötigen sich einander, gerade zu wachsen. Der beste ist der Zwang durchs Gewissen.

Die Zwischenzustände.

Von wo die Besserung anfangen werde. 1. Völkerbund. 2. Sozialkontrakt. 3. Erziehung.

Wie weit muß die Erziehung mechanisch sein. Disziplin. Kultur.

Ich glaube festiglich, daß alle Keime des Guten noch entwickelt werden sollen. Sie liegen in uns; der Mensch war vor das gesellschaftliche Ganze geschaffen. Dieses muß einmal die Größte Vollkommenheit erlangen und darin jeder einzelne. Alsdenn dauert sie immer.

Was auch der erste Zustand der Menschen gewesen sein mag, so [entspr] bringt es jetzo die Ordnung der Natur so mit sich, daß das Gute aus dem Bösen entspringe oder, richtiger zu reden, daß die [verborgen liegende] treibende Kraft, welche die verborgen liegende Keime des Guten nötigt sich zu entwickeln, in dem Bösen liege und daß ohne dessen Antrieb sie auf immer versteckt bleiben würden. So ist es mit den Menschen als einer Tierart bewandt.

1. Das Besondere der Menschheit ist, daß (er Erziehung bedarf) sie alles Gute sich selbst erfinden und durch Freiheit verschaffen soll. (Mangel der Kunstinstinkten.)

2. Daß er zur Gesellschaft gemacht ist und sich darin bildet.

3. Daß die ganze Art in Vollkommenheit fortschreitet.

4. Daß er aus der Unmündigkeit aller Art zur Mündigkeit schreitet.

5. Endliche Entwickelung aller Anlagen der Natur. Unzufriedenheit mit sich selbst: Ideal.

1500. *S. I:*
(Der Mensch hat so einen Trieb sich zu perfektionieren,
daß er so gar ein Volk, was seine Entwickelung vollendet
hat und bloß genießt, vor überflüssig hält und glaubt, die
Welt würde nichts verlieren, wenn auch Otaheite unter-
ginge.)
Der Mensch ist (ob er gleich frei ist) ein Geschöpf, das einen
Herrn nötig hat. Hierin ist er [von] unter alle Tiere er-
niedrigt, die, um sich in Gemeinschaft zu erhalten, keinen
Herrn bedürfen. Die Ursache liegt in seiner Freiheit, da er
nicht durch den Instinkt der Natur, welcher alle Glieder
einer Gattung einstimmig macht, sondern durch Launen und
Einfälle (oder durch Grundsätze) getrieben wird, die keine
Einheit verstatten. Aber diese Freiheit ist es nicht allein,
sondern ein gewisser Hang, sich der Richtschnur der Ordnung zu entziehen, die die Vernunft vorschreibt, und sich
seinen Einfällen und Neigungen zu gefallen davon auszunehmen. Er kann Unrecht tun, denn er hat dazu Triebfedern, und was ihn in ihm selbst zurückhalten soll, ist nicht
zuverlässig. Er braucht also einen Herrn, der ihn in Ordnung und Zucht hält, nicht so wohl was ihn selbst, sondern
einen Menschen in Verhältnis zu anderen erhält. Er muß
beherrscht sein und hasset nichts mehr als beherrscht und
eingeschränkt zu werden. Um seiner eignen Sicherheit willen unterwirft er sich auch (aus Not und) dem Scheine nach
willig der Herrschaft, damit sie andere treffe und er unter
ihrem Schutz gesichert sei; gleichwohl ist er jederzeit im
Geheim bestrebt, sich selbst dieser Herrschaft zu entziehen
und in ungebundener Freiheit zu bleiben, während dessen
er gerne andre in Verhältnis auf sich dem Zwange der Gesetze unterwirft. Er erkennt die Billigkeit des Gesetzes,
[und] nur er wünscht, (eine) Ausnahme davon zu sein.
(Alles Gute wird uns von Menschen, ingleichen alles Böse.
Daher Leidenschaft auf Menschen. Herrschsucht.)
Wo nehmen wir nun vor den Menschen einen Herrn her.
Dieser Herr muß selber kein Unrecht ausüben wollen, sonst

bedarf er wiederum einen Herrn. Er müßte also kein Mensch sein. Wir können ihn aber nirgend anders hernehmen.

Könnte man sich nicht einen zum absoluten Herrn wählen. Das geht wohl an; allein die Absicht wäre denn doch nur, damit er das, was uns fehlt, nämlich öffentliche Gerechtigkeit, administriere und uns gegen einander Recht verschaffe. Wir würden ihm daher nicht alles, sondern nur die Mittel dazu erlauben. Erlaubten wir ihm alles, so würden wir uns wohl nicht über ihn beschweren können; aber er selbst kann niemals in den Zustand gesetzt werden, daß alles, was er tut, recht sei. Unsre Kinder könnten wir auch nicht ihres natürlichen Rechts berauben. Also kann es nicht ein einzelner Mensch sein.

S. II:

(3fache Unmündigkeit: des Kindes, des Untertanen und des Beichtkindes.)

Es ist nur ein Fall, wo uns kein Unrecht geschieht: wenn wir nämlich das, was geschieht, durch unseren eignen Willen beschlossen haben. Es muß aber doch ein anderer Wille sein. Daher muß er mit unserem Willen in Einheit gebracht werden. Dieser Vereinigte Wille ist der Wille des Oberherrn. Der Oberherr muß niemals über einen Teil befehlen, sonst kommt er mit ihm in einen Streit über Recht, sondern nur über das Ganze als Ganzes nach allgemeinen Gesetzen.

Weil Gewalttätigkeiten die bürgerliche [Gesells] Verfassung, woraus alles Gute entspringen soll, notwendig machen, aber sie zugleich angreifen und verhindern: so kann die Geschichte als der Verlauf der verschiedenen Wirkungen und Gegenwirkungen der Licenz und des Zwanges und die Fortschreitung (des Systems) der Freiheit unter Gesetzen angesehen und vorgetragen werden, imgleichen als [de] ein Widerstreit der Eroberungssucht und des Staatsgleichgewichts. Wie hiemit Religion, Sitten, (Gebräuche) und Wissenschaften als Ursachen und Landes-, Städtische- und Handlungs-Industrie als Wirkungen zusammengehangen haben.

Unter den Griechen viel kleine Staaten von einer gar nicht auf Philosophie einfließenden Religion, aber von verschiedener Regierungsart, wo das Volk allerwärts einen Anteil an der Regierung hatte. Streit zwischen dem Volk und der Oberherrschaft. Demagogen. Rechtslehre, Redner und Sophisten. Das Volk durfte immer selber von seinem Zustande urteilen. Italien in kleine Staaten anfangs eingeteilt. Adel und Volk. Keine Nachrichten von anderen Staaten, darin die plumpste Regierungsart, wo das Volk ganz passiv war. Barbaren. König, Bascha, Vezir. Cadileskier. Mufti. Reihe der Historienschreiber mit der Erweiterung der Macht von Griechenland und Rom.

(In Ansehung der Triebfedern unterscheidet sich der Mensch darin deutlich von andern Tieren, daß er eine Neigung hat, sich bei den übrigen seiner Gattung in Wert zu setzen und sich selbst geltend zu machen. Daher will er gefürchtet, geehrt, von anderen ihres Vorteils wegen gesucht oder geliebt werden. Er sucht daher Macht, Verdienste, Reichtum und verbindliche Manier (politesse). Die Ursache ist wohl: weil dem Menschen seine Wohlfahrt und Übel bei weitem nicht so sehr von der Natur als von Menschen kommen. Doch würde er die Einflüsse anderer weder vor so großes Glück noch Übel halten, wenn die Neigung nicht zum Grunde läge, welche die Natur um der gesellschaftlichen Einheit willen errichtet hat. Diese Neigung bietet alle Talente auf, indem es viel künstlicher ist, auf Menschen als bloß auf die Natur durch seinen Willen Einflüsse zu haben. Diese Neigung äußert ein Kind, ein Wilder etc. etc.; und weil er hierin mit anderen immer in Kollision kommt*, so entspringt aus dieser Neigung ein Gesetz, dessen Beobachtung ihn am meisten in Wert setzt, namlich alles in der Gesinnung eines publiquen Geistes zu tun. Moralität.)

*(In allen diesen Stücken gelingt es ihm nur, wenn er andre herabsetzt; aber die Moralität ist ein Wert, der mit andrer ihrem bestehn kann.)

Freiheit ist einzig und allein die Würde der menschlichen

Natur. Durch sie (ist er Person,) kann eine Würdigkeit haben oder des Lebens, der Glücks- und Naturgüter würdig sein. [Das Vieh d] Das Vieh genießt des Lebens und der Natur, ohne deren würdig zu sein. Es kann also kein letzter Zweck sein. Nur allein der Mensch kann einen Endzweck der Schöpfung ausmachen.

1501. *S. I:*
Die orientalische Nationen würden sich aus sich selbst niemals verbessern.
Wir müssen im Okzident den kontinuierlichen Fortschritt des menschlichen Geschlechts zur Vollkommenheit und von da die Verbreitung auf der Erde suchen.
(Natürliche Geschichte der Menschheit. Wilde. Keime, Anlagen.)
(Wir sind von der Vollendung unserer Bestimmung noch sehr weit entfernt. Die halbe Erdkugel ist erst vor 200 Jahr entdeckt, so vor 900 die Ostsee entdeckt wurde.)

1. Das menschliche Geschlecht erreicht endlich seine Bestimmung völlig. Diese ist nur durch die Vollkommenheit der bürgerlichen Verfassung und dadurch der Staatverfassung, d. i. des Natur- und Völkerrechts möglich.
2. Die Menschen sind zur Gesellschaft gemacht. Bienenstock. Sie müssen unter gegenseitigem Zwange stehen, damit eines Freiheit die andere einschränke bis zur größesten allgemeinen Freiheit, wie Bäume in einem Walde.
(Das Gute, woraus der erste Mensch fiel, war die Unschuld, und so kam das Gute nachher doch aus dem Bösen. Der Mensch fängt an vom größten Gute der Natur und von der größten Rohigkeit der Freiheit. Gesetz.)
(Barbarei ist Gesetzlosigkeit; aber jeder Abbruch, der dem Rechten widerstreitet, ist barbarisch.)
3. Freiheit, [Geset] Gewalt und Gesetz.
1) Freiheit ohne Gesetz, mithin ohne rechtmäßige Gewalt, ist Wildheit (Anarchie). 2) Freiheit und Gesetz ohne Gewalt

ist polnische Freiheit. Unding. [Gesetz] 3) Gewalt ohne Gesetz und Freiheit ist Barbarei. 4) Gewalt und Gesetz ohne Freiheit ist Despotismus, [ist] Selbstherrschaft. (Gleichsam 4 syllogistische Figuren.)
4. Wenn in einem Volke erstlich die Freiheit unter Gesetze mit kleiner Gewalt kommt und diese sich nur in Proportion mit dem Gesetz und Freiheit vergrößert, so steigt das Gemeine Wesen zur größten Vollkommenheit. Das Naturrecht wird realisiert. Auswickelung aller Talente. (Griechen. Römer. Germanische Völker. Asiater.)
5. Wenn Völkerschaften unter sich ein Gesetz und gemeinschaftliche Gewalt gründen, so errichtet sich äußere Sicherheit. [Barbarism.] Völkerbund: St. Pierre.

Ursprung des Guten aus dem Bösen.

(Plan der Universal-Geschichte.)
1. Die Menschen haben eine Fähigkeit und [Neigung] Trieb, in Gesellschaft zu treten; aber sie mißtrauen einander wegen der Gewalttätigkeit. Daher sucht einer dem anderen aus Furcht zuvor zu kommen; sie verbinden sich in kleiner Menge, um einander zu vertreiben. Ausbreitung auf der Erde.

> (Freiheit und Vernunft ist auch gut.)
> Tierheit und Instinkt ist gut.
> Tierheit und Freiheit (mit Vernunft) ist böse, bringt aber vermittelst der Vernunft das Gute.
> (Das Böse ist die Triebfeder zum Guten.)

2. Sie nehmen zu, aber die Gesellschaft kann in der rohen Freiheit nicht bestehen. Daher Gesetz und Gewalt. (Bäume einzeln. Im Walde.) Ohne diese bürgerliche Vereinigung würden wir wie Schafe in Faulheit leben, und die Talente würden nie entwickelt werden. Wie bald ein gesittet Volk, was klein ist und nur kleine oberste Gewalt hat, barbarisch werden würde.
(Luxus. Handel. Wissenschaft. Freiheit.)
3. Sie fangen Kriege an und haben Neigung, sich zu ver-

einigen durch Bezwingung. Gallischer Fürst. Nutzen des Krieges. Sie suchen sich zu übertreffen und lernen von einander. Trennung der Staaten.

4. Wenn alle Talenten entwickelt worden (Erziehung), so treibt die Natur zur Besserung. a. Verstellung. b. Eifersucht. c. Herrschsucht. Zwang der Anständigkeit, des Gesetzes, des Gewissens.

S. II: A. Als Kind.

1. Die [Bildung] Entwickelung und [zucht] Pflege der Natur.
2. Die negative Leitung (der Freiheit), Disziplin: Verwilderung, Bosheit und Wahn abzuhalten.
3. Die positive Unterweisung des Verstandes. Tiere brauchen sie nicht.
4. Die Bildung der Vernunft und des Charakters. (Durch Grundsätze.) Moralität gleich anfangs vor Augen.

Alles der Natur, der Gesellschaft und dem gemeinen Wesen angemessen. Zweitens nicht den Jahren vorzueilen, doch zuerst Mechanismus in dem, was empirisch ist.

a. Er muß frei sein, so fern er andre frei läßt.

b. Gnugsam und abgehärtet. Fröhlichen Geistes, freimütig, wacker, polisson und mit Lust geschäftig, mehr mit den Sinnen als dem Kopfe.

c. Er muß das Ansehen und die Gewalt der Gesetze empfinden lernen. Zuerst passiver Gehorsam. Wegen der Ordnung. Zweitens Mechanism, nachher Genie.

d. Er muß seine Schwäche als Kind fühlen, nicht gebieterisch. Keinen Vorzug [des] seines Standes.

e. Er muß nicht genötigt werden, sich zu verstellen und zu affektieren, selbst nicht in Religion.

f. Der Wahn der Meinung als etwas, was an sich selbst entscheide und über ihn Gewalt hat, muß von ihm abgehalten werden. Er muß ihm um der Ordnung willen einräumen.

g. Gute Meinung andrer, Ehre, muß ihm nicht gleichgültig sein, weil andrer Urteil der Spiegel von ihm ist. [Ehrliebend] Anständigkeit.

h. Wahrheitsliebe.

i. Menschlichkeit, ohne noch freigebig zu sein (gegen die Natur und Tiere milde).

k. Das Recht der Menschen muß ihm heilig sein.

l. Die Menschheit in seiner eignen Person.

m. Gegen andre Verträglichkeit, kein Neid und Eifersucht. Freundschaft, allgemeine Umgänglichkeit, Dienstgeflissenheit. Basedows Anstalt.

So bald er der moralischen Begriffe fähig ist, muß er aus der Natur auf einen Urheber und auf Ehrfurcht und Dankbarkeit gegen ihn geführt werden.

B. Als Jüngling positiv:

1. Pflichten des Geschlechts.
2. Des Bürgers. Ehrliebe. Verdienst.
3. Des Menschen.
4. Des Christen.

1521. *S. I: Charakter der Menschengattung.*

(Was ist die Naturbestimmung des Menschen? Die höchste Kultur. – Welches ist der Zustand, darin sie möglich ist? Die bürgerliche Gesellschaft. Welche Triebfedern? Die Ungeselligkeit und Eifersucht. Arbeit. Welches ist die Vernunftbestimmung? Moralität. Der Neigung? Wohlleben in Freiheit.)

I. Im Natursystem als eine Tierart.

(Kann in allen Climaten und von allen Naturreichen leben.)

(1. Vergleichung mit den Tiergattungen. 2. Mit vernünftigen Wesen. Unter diesen mit dem Ideal des Menschen, wie er sein sollte.)

a. Ob vierfüßig oder zweifüßig. Moscati. Ob mit dem Gibbon oder Orangoutang verwandt. Linnaeus, Camper. Hände und Finger Zeichen des Talents.

(Größe, Alter, Gestalt.)

b. Ob frucht- oder fleischfressend. Häutiger Magen. Säure desselben. Ammenmilch: Unterschied von Kuhmilch.
Buraeten nach Pallas, Norweger nach Fabricius. Grönländer.
c. Ob Raubtier. Hat weder Klauen noch Fangzähne. Gleichwohl stark in den Armen. Bär im Schwarzwald. Klettert.
d. Hat keinen Instinkt zu seiner Erhaltung. Kann nicht schwimmen.
e. Ob gesellschaftliches oder einsames Tier. Wilde Hunde.
II. Zum Weltsystem als Intelligenz. (Menschengattung unter vernünftigen Wesen.)
(1. Naturzweck: Erhaltung der Art; 2ter: Perfektionierung derselben.)
A. Muß erzogen werden. Unterweisung und Disziplin. Tiere werden nicht unterwiesen außer Vögel im Singen. Lernt sprechen (aus sich selbst).
B. Soll sich selbst alles (selbst die Humanität) zu verdanken haben (verlassen vom Instinkt) (Rohigkeit des Anfangs). Nahrung ohne bestimmten Instinkt. Bekleidung. Waffen. Haus.
C. Perfektioniert sich von Generation zu Generation bis zum Luxus (d. i. tut etwas zu dem hinzu, was er gelernet hat). [Schickt sich in alle Clim] Durch Kunst schickt er sich in alle Climata. Naturzustand. Goldenes Alter.
(Er bewirkt seine Vollkommenheit nur durch Errichtung einer vollkommenen Gesellschaft.)
D. Ob der natürliche und rohe oder der gesittete Zustand seiner Bestimmung gemäß sei. Rousseau, von dem Schaden der Wissenschaften. Von der Ungleichheit der Menschen. (Vom Schaden aus der Kultur. Den Naturzustand verlassen. Vollkommene Kunst wird wieder zur Natur. Zwischenzeit.)
(D. Sein letztes Ziel ist die Vollkommenheit des Status civilis*. Entwickelung aller Talente.)
*(wozu er durch seine Ungeselligkeit getrieben wird: ein System der Menschen nach Freiheitsgesetzen – woraus alles Gute entspringt.)

Die Naturbestimmung des Individuum ist von der Bestimmung der Gattung am Menschen unterschieden. Bei den übrigen Tieren erreicht das Individuum seine Bestimmung, beim Menschen nur die Gattung die ganze Bestimmung der menschlichen Natur. Denn die Gattung soll sich aus der rohen Natur [zu] in vielen Generationen zu einer Vollkommenheit empor arbeiten, dazu in der Natur zwar die Anlagen anzutreffen, die Entwickelung aber das eigene Werk des Menschen, also künstlich ist und nicht vom Individuum, sondern nur der Gattung geleistet werden kann.

(Er ist nicht zum Genuß der Glückseligkeit, sondern zur Entwickelung aller Talente geschaffen.)

S. II:

Der Mensch gehöret auf einer Seite zum *Geschlecht* der *Tiere*, und [hat] so fern hat die Natur ihm zum Vorzuge keine Ausnahmen gemacht. Er hat [Triebe der] Bedürfnisse des Hungers, der Ungemachlichkeit, des Geschlechts und muß der Natur ihren Tribut im Leben (zum Tierreich) und Tode (Gewächsreich) abgeben. Andererseits gehört er in die *sittliche Ordnung* und ist berufen, in sich eine moralische Person auszuarbeiten, die über die Tierheit erhaben ist.

(Der letzte Zweck der Natur ist Kultur. Der Endzweck aber nicht der Vernunft; der erste: die Kraftentwickelung, folglich Widerstand.)

Der Tiermensch hat Anlagen, die (zur) Vollkommenheit hinreichend wären, als Individuum eines Tieres seine Bestimmung zu erreichen. Einfalt in Bedürfnissen, Gnugsamkeit im Suchen derselben, Zufriedenheit und Unschuld als Früchte derselben. Der natürliche Zustand ist in der Idee ein goldenes Zeitalter, das der Rohigkeit und Unwissenheit.

Aber der Mensch kan sich darin nicht erhalten und geht aus dem Stande der Natur, ohne noch eine Idee von der sittlichen Ordnung zu haben, und so entwickelt sich:

Der moralische Mensch. Die Kenntnisse, aus ihnen die

Begierden und Bedürfnisse, mit diesen das Elend entspringt. Er wird kultiviert, aber nicht zivilisiert. Die Zivilisierung tritt ein, mit ihr wächst die Kultur bis zum Luxus. Nun bedarf er moralisiert zu werden, und denn erreicht er seine Bestimmung. Der Naturmensch stimmt alsdenn mit dem Vernunftmenschen. Aber nur die Spezies erreicht sie, nicht das Individuum.

(Das größte Hindernis des Fortgangs der Menschengattung zu ihrer Bestimmung ist, daß er immer weiter von der Naturbestimmung abkommt: 1. In Naturtrieben (1. im Genuß). 2. Wissenschaft etc., Kultur. 3. Freiheit. Zwei einander widerstreitende Bestimmungen. Er hat immer mit Schwierigkeit zu kämpfen.)

Die Kultur macht den Menschen immer mehr abweichend von seiner physischen Bestimmung, die immer dieselbe bleibt, um die Tiergattung zu erhalten. (Ursprung des Übels.)

1. Die Naturepochen treffen nicht mit den bürgerlichen zusammen. Kind als Tier bis ins 9te, im bürgerlichen bis ins 20te Jahr. Jüngling und Mann ist in der tierheit einerlei, etwa im 17ten. Im [Alter] Zivlzustande ist er eben so früh Jüngling, aber viel später Mann. Laster und Schaden.

(1. Die erste Frage ist: welches die Bestimmung der Menschengattung sei, die zum Genuß oder der Kultur.

2. welches der Zustand sei, in dem er diese seine Bestimmung erreicht: der Natur- oder Zivilzustand.

Schwierigkeit desselben. Er braucht einen Herrn, und der ist wieder ein Mensch. Krieg der Völker.)

S. III:

(Wissenschaften gehören nicht zur Bestimmung des einzelnen Menschen, aber der Menschengattung.)

2. Der Trieb zur Wissenschaft hat kein Verhältnis zur Lebensdauer, zum Genuß des Lebens und selbst zur Erhaltung des Lebens in der Natur. Es geht alles wider die Natur, und die Vergnügen werden zwar vervielfältigt, aber mühsamer erworben und verringern die Glückseligkeit.

(3. Von Natur ist der Mensch frei (und gleich). Die bürgerliche Gesellschaft macht Ungleichheit und Zwang. Zuletzt Freiheit unter Gesetzen.)

Rousseaus drei paradoxe Sätze.

1. Von dem Schaden der Kultur (durch Wissenschaften) (aus der Rohigkeit in Kultur).

2. Von dem Schaden der Zivilisierung oder bürgerlichen Verfassung (der Ungleichheit) (aus der Gleichheit in Ungleichheit).

3. Von dem Schaden der künstlichen Methode zu instruieren und moralisieren (Erziehung).

(1. Verlust der natürlichen Stärke und Gesundheit. 2. Glückseligkeit. 3. Unschuld.)

(Der Mensch war nicht zum Genießen, sondern zum Handeln gemacht.)

(Emile (2. Ursache der Ungleichheit. 3. Sozialkontrakt.) auf den Grundsatz errichtet: daß der Mensch von Natur gut sei und [nicht] die Tugend samt der wahren Weisheit nicht dürfe erlernt, sondern Verderben des Herzens und Kopfs nur abgehalten und Weisheit entwickelt werden.) Negative Edukation. Ganze Absicht des Rousseau: den Menschen durch Kunst dahin zu bringen, daß er alle Vorteile der [Nat] Kultur mit allen Vorteilen des Naturzustandes vereinigen könne. (Rousseau will nicht, daß man in den Naturzustand *zurück gehen,* sondern dahin *zurück sehen* soll: Vereinigung der Extreme.)

Zuletzt das bürgerliche (Staats) und Völkerrecht: *ersteres* bestehend in Freiheit und Gleichheit unter Gesetzen, das *zweite* in Sicherheit und Rechte der Staaten nicht durch [G] eigene Gewalt, sondern nach Gesetzen.

A. *Ursprung des Bösen,* des Lasters und des Elendes *aus dem Guten.* Der Mensch geht aus dem Naturzustande und verläßt den Instinkt, überliefert sich dem Vernünfteln über Glückseligkeit. Verläßt die Nahrung durch Instinkt, sucht sich neue und selbst nachteilige. Geht von der Einfalt des Geschlechtstriebes ab und gibt durch Bedeckung der Einbildungskraft zu schaffen. Lernt in die Zukunft sehen und fühlt zuerst Sorgen um künftige Übel [oder], den Schmerz, die mühselige Arbeit (der Wilde war faul) und den Tod. Zieht dem Tiere sein Kleid ab und sucht sich damit zu bedecken und schmeichelt sich wegen dieser Härtigkeit mit einer Vorsorge der Gottheit, die um seinetwillen das Tier damit bedeckt habe. Erfindet die Pflanzung der Samen. (Goldenes Zeitalter.) Das zahme Vieh. Tritt in geselligen Besitz des Landeigentums.

Nicht genießen, sondern Kräfte-Entwickelung war der Zweck der Natur. Das Gute sollte aus der Rohigkeit entwickelt werden: das war Naturplan. Der Mensch macht, daß es aus dem Bösen entwickelt werden muß. Das Böse [ist] zwingt zum Guten – fromme Schafe.)

S. IV:

Erfindet das Feuer, die Metalle (Kupfer eher als Eisen), das bürgerliche Regiment (das Geld. Schrift. Zahlen), in welchem sich die Obrigkeit vorbehält, den Mord zu rächen, die Obrigkeit selber aber unter Gott steht (alles aber unter den Kainiten). Das weibliche Geschlecht fängt an, durch Reize den Naturinstinkt zu erhöhen und die alte Herrschaft des Mannes im rohen Zustande zu stürzen. Reichtum und Wohlleben verleiten den freien Wilden, auch in bürgerliche Unterwürfigkeit zu treten. Der Luxus überschwemmt alles, und die Üppigkeit verdirbt das ganze Menschengeschlecht.

(Vorher würde der Mensch nur das gegenwärtige Übel gefühlt haben. Auf Mühe folgt Ruhe, aber diese verbittert jetzt die Mühe des künftigen Tages. Der Tod [w] ist kein empfundenes, sondern bloß gefürchtetes Übel.)

Die Absicht der Natur ist, daß alle Talente und zuletzt selbst die Moralität vermittelst der vollkommenen Kultur entwickelt und dauerhaft befestigt werde, um ein System der Glückseligkeit und Vollkommenheit durch die Freiheit des Menschen, aber [zu] vermittelst eines Stachels der Bedürfnisse zu wege zu bringen.

In dieser Absicht kehrt sie sich nicht an die Übel, die der Mensch erleiden muß; selbst die Laster, welche in dem Streite der Tierheit mit der Vernünftigen Menschheit bestehen und wo die alte Rohigkeit noch immer ihren Überrest beweiset, müssen den Fortgang zum Guten beschleunigen helfen. Ganze lange Reihen von Generationen haben ihren Wert in der Weltveränderung nur durch die Beförderung der künftigen vollständigen Entwickelung.
(Wenn die Menschen alle gleich anfangs gutartig und fromm gewesen wären, so hätten sie wie dumme Schafe gelebt.)
Woher setzen wir wenig Wert im Dasein vernünftiger und glücklicher Wesen, die aber nicht in Kultur fortschreiten? Sie scheinen nur das Leere der Schöpfung auszufüllen. Amerika.
B. *Der Ursprung des Guten aus dem Bösen* beruht darauf, daß die Eigenschaften und Instinkte (innere), die ihm in der Tierheit nötig waren, beim Anfange der Kultur nötigten, seine Kunst gegen andere Menschen zu kehren, die ihm in seinen Absichten oder der Selbsterhaltung hinderlich sein können. Denn von einem Tier, das vernünftelt, kann man alles besorgen. Faulheit [und] und Neigung zur Unabhängigkeit nötigt bisweilen, sich viel Mühe zu geben, um hernach zu ruhen. Dadurch wird Arbeit zur Bedürfnis. Zaghaftigkeit lehrt vorsichtig zu sein. Neid. Verstellung. [Herrsucht] Tapferkeit, um andere fürchten zu machen, Sarazenen. Kreuzzüge und Eroberung von Konstantinopel verbreiten Wissenschaft, Geschmack und Gelehrsamkeit im Okzident.

1522. *S. I:*
(Daß die bürgerliche Übel aus dem natürlichen Guten entspringen, so fern der Mensch den Naturzustand verläßt; [end] doch will die Natur den zivilisierten, daraus endlich das Gute entstehen soll.)

Im Naturzustande, da der Mensch nur vor sich da ist und die Existenz seiner Art, ist vieles gut, was im zivilisierten Zustande böse wird. (Faulheit. Feigheit und Falschheit. Herrschsucht. Habsucht.)

1. Faulheit ist ein Hang der Natur, seine Kräfte und Lebensvermögen zu schonen. Im zivilisierten lebt der Mensch nicht sich, sondern der Gattung.

2. Er hält jeden Fremden vor einen Feind und sucht sich ihm furchtbar zu machen. Furcht: die Ursache der Tapferkeit als eine Eigenschaft, nicht bloß sich, sondern auch seine Familie zu erhalten. Daher ungereizter Krieg und Grausamkeit. Rachgier. Rechtsbegierde.

3. Ist mißtrauisch gegen Fremde und hinterlistig. (Auch noch Tiere diese Eigenschaften nutzen.)

4. Sondert sich von der Gemeinschaft ab, die so groß ist, daß sie ihm seine Wichtigkeit nehmen würde, und scheuet bürgerliche Vereinigung. Also wilde Freiheit. Hippah in Neuseeland.

1. Zweck: Diese Ungeselligkeit verbreitet die Menschen auf der Erde.

2. Zweck: Er soll in bürgerliche Gesellschaft treten. Dazu ist die Triebfeder:

A. Die Menschen werden genötigt, sich in größere Gesellschaften (Völkerschaften) zu vereinigen, um anderen Widerstand zu leisten oder auch ihnen zuvor zu kommen. Das ist aber nur eine Nation der Wilden.

B. Da sie sich einander nahe sind, so [ist keines] kommt jedes Recht dem des andern oft in den Weg. Sie bedürfen Richter, Älteste.

C. Viele Menschen können sich wechselseitig Dienste leisten; größere Familien unter ihrem Oberhaupte werden vermögender wie kleinere. Ungleichheit der Glücksgüter. Die Bequemlichkeiten des Lebens und der Aufwand vermehrt sich, bei andern wird er knapper. Diese dienen den Vermögendern. Famulus domesticus. Ungleichheit der Stände. Vornehm: der sich bedienen läßt; niedrige: die dienen.

S. II:

D. Die Vermögendern geraten mit einander in Eifersucht und Zwistigkeit und können doch den Boden nicht verlassen. Innerer Krieg; endlich gemeinschaftlich Oberhaupt und Gesetz.

Es fehlt aber noch an Gewalt; daher öfters Anarchie; endlich:

E. Bürgerliche Verfassung: Freiheit, Gesetz und Gewalt.

F. Weil Gesetz (der Freiheit) viel Vernunft erfordert, so [fängt Gewalt an überhand z] sind die erste Regierungen (entweder) barbarisch. Gesetz und Gewalt ohne Freiheit, oder: Freiheit und Gesetz ohne (unwiderstehliche) Gewalt. Die erste bleibt roh: Mexicaner, Orient. Die zweite [kultiviert sich sehr aber ist voller Unruhen Griechenland] zerstört sich selbst und wird von anderen verschlungen. Polnische Freiheit.

In der bürgerlichen Gesellschaft: Kultur des Geschmacks, Luxus, Entwickelung aller Talente. Aber auch vielfache Not, die nicht von der Naturbedürfnis herrührt, Gewalt, die den natürlichen Neigungen geschieht, Laster und Tugend, Unterdrückung, aber auch Bevölkerung, Flor im Ganzen und Not in Teilen.

Der Mensch hat den Instinkt verlassen und noch nicht das Gesetz der Vernunft angenommen. Er verliert die Freiheit und steht noch nicht unter dem Schutz des Gesetzes. Er liebt bloß sich selbst und soll doch das [Ganze] allgemeine Beste befördern. Er wird verfeinert, zivilisiert und ist noch nicht moralisiert. Die letzte Entwickelung hält mit der ersten nicht gleichen Schritt.

Davon daß alle Menschen Überlegenheit über einander suchen, kommt alles Böse, aber auch alles Gute der Kultur her. An sich ist die Natur hier weise. Wie dieses die Triebfeder der Bevölkerung der Erde und der Gesellschaften, der bürgerlichen Verfassung und aller Künste gewesen. Faulheit, Feigheit, Falschheit sind Triebfedern.

1523. S. I:

Grade des Luxus:

1. Hausgenossen, hernach Sklaven.

2. Vielweiberei. 3. Kultur der Weiber und Reiz. 4. Freiheit des Geschlechts von der Sklaverei. Weiberkäufe. 5. Monogamie und condominium des Weibes. 6. Öffentlicher Umgang. 7. Galanterie und romantische Liebe. 8. Modengeist und [Feinheit] Geschmack des Umganges. 9. Abnahme der Häuslichkeit (Spott über die Eifersucht). 10. Wetteifer im Geschmack. 11. Öffentlicher Glanz und häuslich Elend.

Religion. 1. Anbetung der Natur. 2. Unsichtbare Wesen. 3. Bilderdienst, Tempel, Gebräuche, Priester. 4. Heilige Bücher. 5. Studium des Altertums der Religion wegen: alte Sprachen, Geschichte. 6. Ursprung der systematischen Betreibung der Wissenschaft und eigentlichen Gelehrsamkeit, anfangs durch Philosophie, hernach durch Religion angetrieben. 7. Pracht der Religion und Aufmunterung der Künste. So hat Religion und der Luxus in ihr den größten Anteil an der Kultur der Menschen.

(Druckerei, Schiffahrt, Handel, Wechsel, Posten, Schießpulver, Kanonen, stehende Armeen. Staatssystem. Gleichgewicht. [Reg] Subordination, Disziplin, Festigkeit der inneren Verfassung, Humanität im Kriege* (Hunnen).)

*(Dem Wilden ist der Überwundene zu nichts nütze als um gegessen zu werden, dem Neger um verkauft zu werden als Sklave, dem Gesitteten als Untertan und Bürger.)

(2. Bestimmungen: tierische Bestimmung [die uns] und menschliche der Humanität, wird nach und nach entwickelt.)

1. Der Mensch ist ein Tier, das sich perfektioniert, und zwar nicht bloß das Individuum, sondern auch und vornehmlich die Spezies. Er kann sich im Naturzustande nicht erhalten.

2. Die Natur hat die Absicht, ihn zu kultivieren und alle Talente zu entwickeln, und kehrt sich nicht an die Übel.

3. Durch Zivilisieren und Moralisieren entspringt am Ende Einheit der Glückseligkeit und Sittlichkeit.
S. II:
4. Die Glückseligkeit ist (in) diesem Fortgange nicht anzutreffen (daher alle Übel und alles Böse), weil die Naturbestimmung und moralische, die Natur und Kultur einander in die Quere kommen. Er verläßt die erste [und hat], welche eine zweckmäßige Einrichtung ist, und hat sich selbst noch keine neue zweckmäßige nach einem System errichtet.
Wie dieses System der Glückseligkeit, das mit der rohen Natur einstimmig ist und da vollkommene Kunst wieder zur Natur wird, errichtet werde. Rousseau erhebt die Natur, und die ist auch unser Beziehungspunkt bei aller Kunst: nämlich jener nicht Gewalt anzutun, sondern sie nur [zu] vollkommen zu entwickeln. Blumen, neue Früchte.
Man kann auch blind und ohne Plan in der Kultur fortgehen, und die Natur hat dieses auch nicht unserer Wahl überlassen. Sind wir aber damit beinahe zu Ende, so muß ein Plan gemacht werden: der Erziehung, der Regierung, der Religion, darin Glückseligkeit und Moral den Beziehungspunkt ausmachen.

1524. *S. I:* Geschichte der Menschengattung.

(Schädlich Vorurteil: daß alles ehedem eben so gewesen und künftig bleiben werde. Die Natur bleibt, aber wir wissen noch nicht, was Natur ist, und müssen von ihr das Beste vermuten.)
Man kann es als den Zweck der Natur ansehen: daß ein jedes Geschöpf seine Bestimmung erreiche dadurch, daß alle Anlagen seiner Natur zweckmäßig entwickelt werden, und zwar, daß nicht bloß die Spezies, sondern auch jedes Individuum endlich seine ganze Bestimmung erfülle. Bei den Tieren erreicht es jedes Individuum unmittelbar, beim Menschen nur die Gattung in langen Generationen, zuletzt aber durch dieselbe jedes Individuum.

Worin besteht diese Bestimmung? 1. (In der Entwickelung aller natürlichen Anlagen) als ein vernünftig Geschöpf mit aller Kultur seiner Talente [mit]. 2. Frei nicht bloß vor sich, sondern in der Gesellschaft in der vollkommensten Disziplin seiner Freiheit [und natürlichen Gleichheit 3.] durch Gesetze. 3. Glücklich sei, indem er selbst der Urheber dieser Glückseligkeit ist und sie auf Prinzipien des allgemeinen Besten gründet. Also

bricht ab.

(persönliche. bürgerliche. kosmopolitische.)
1. Die größte Geschicklichkeit. 2. Die größte gesetzmäßige Freiheit (Freiheit und Gleichheit). 3. Die größte Sittlichkeit.
[a. Betrifft das Talent] 1. Kultiviert. 2. Zivilisiert. 3. Moralisiert. Wie steht es jetzt? a. im hohen Grade kultiviert, b. nur auf die Hälfte zivilisiert, c. beinahe gar nicht (im Ganzen) moralisiert.
1. Unsere Kultur ist (ohne Plan) nur noch durch den Luxus belebt (Luxus in Wissenschaften; man lernet alles unter einander), [und] nicht durch den Zweck des allgemeinen Besten [nach einem Plane]. Daher vermehren sich die Bedürfnisse, die Sorgen, die Arbeit, Ungleichheit und Mühseligkeit. 2. Unsere Zivilisierung ist (erzwungen: eine Wirkung des Zwanges, nicht der Denkungsart) noch weit von der Vollkommenheit des Bürgers, d. i. der wahren Freiheit und Gleichheit unter weisen Gesetzen, entfernt. Wir sind verfeinert und geschliffen, aber nicht bürgerlich gesinnet (zivilisiert). Der Mensch war nicht wie [Schafe] das Hausvieh dazu bestimmt, daß er [zu] eine Herde, sondern wie die Biene, daß er einen Stock ausmache. Hier aber hat die Natur den Plan gemacht, dort sollen wir ihn selbst erfinden. Bis daher hat die bürgerliche Einrichtung mehr vom Zufall und dem Willen des Stärkeren als der Vernunft und Freiheit abgehangen (England). 3. Wir haben Sitten ohne Tugend, Geselligkeit statt Rechtschaffenheit und Eitelkeit statt Ehrliebe. Der Beweis davon ist, daß das Laster, selbst

wenn es Skandal ist, dennoch sich dreust in unsere Gesellschaft wagen darf und von uns nicht gemieden wird, wenn nur keine öffentliche Schande drauf haftet.

S. II:

(Das letzte Mittel: ein gutes Völkerrecht. Ius gentium. St. Pierre.)

Die Mittel der Verbesserung sind Erziehung (Kultivierung), Gesetzgebung (Zivilisierung) und Religion (Moral). Alle drei öffentlich, damit das Ganze in Vollkommenheit zunehme. Alle drei frei, weil [alles] nichts Erzwungenes Bestand hat. Alle drei der Natur angemessen, folglich negativ.

(Alle drei müssen auf die Moralisierung angelegt werden.)

1. *Die negative Erziehung* setzt voraus, daß der Mensch als Kind gut sei, daß wir vorzüglich darauf sehen müssen, ihm nicht seine Talente durch Nachahmung, seine Neigung und Wahl durch Zwang und seine Sitten nicht durch Beispiele und Anreizungen zu verderben.

2. *Die negative Gesetzgebung* sucht nicht gleichsam Kinder passiv zu erhalten [und vor sie zu sorgen] (wie Jesuiten in Paraguay), sondern (läßt sich selbst machen) besorgt nur ihre Freiheit unter einfachen und aus der natürlichen Vernunft geschöpften Gesetzen. Vornehmlich solchen, die Sittlichkeit befördern.

3. *Die negative Religion* bringt alles auf den einfältigen Begriff eines Gott wohlgefälligen Lebenswandels zurück. Hebt die Priester auf und läßt nur die Geistlichen. Nimmt die Satzungen weg und läßt nur die Vorschrift der Vernunft übrig und ist dem Einfältigsten eben so klar als dem Gelehrtesten.

(In drei Verhältnissen Kinder. 1. Kinder eines Hausvaters, 2. eines Landesvaters, 3. eines Beichtvaters. Kommt nicht heraus.)

Wir sind in einer dreifachen Unmündigkeit: 1. der *häuslichen* als Kinder und werden so erzogen, [daß] als wenn wir zeitlebens unmündig bleiben sollen, nicht selbst zu denken, sondern [all] anderer Urteile Folge zu leisten, nicht selbst zu wählen, sondern nach Beispielen (nicht durchs Urteil unseres eigenen Gewissens, sondern durch die Sentenz der Geistlichen verurteilt oder losgesprochen zu werden.)

2. in einer *bürgerlichen.* Wir [sollen] werden nach Gesetzen gerichtet, die wir nicht alle kennen können, und nach Büchern, die wir nicht verstehen würden. Unsere Freiheit und Eigentum ist [in de] unter der Willkür derjenigen Macht, die doch nur darum da ist, um die Freiheit zu erhalten und sie nur durchs Gesetz einstimmig zu machen. Wir sind dadurch so unmündig geworden, daß, wenn dieser Zwang auch aufhörete, wir uns doch selbst nicht regieren könnten.

3. in einer *frommen Unmündigkeit.* Andere, welche die Sprache der heiligen Urkunden verstehen, sagen uns, was wir glauben sollen; wir selbst haben kein Urteil. An die Stelle des natürlichen Gewissens tritt ein künstliches, welches sich nach der Sentenz der Gelehrten richtet. Und an die Stelle der Sitten und Tugend treten Observanzen.

Die Bedingung einer allgemeinen Verbesserung ist Freiheit der Erziehung, bürgerliche Freiheit und Religionsfreiheit, aber noch sind wir ihrer nicht suszeptibel.

1997. Es lassen sich zwar nicht die Grenzen der empirischen Erkenntnis des ganzen menschlichen Geschlechts a priori bestimmen, aber natürlich hat sie Grenzen. Die Historiker nach 1000 Jahren können nicht so viel wissen, als wir jetzt, und das noch oben ein, was in den 1000 Jahren geschehen. Der Naturbeobachter vielleicht auch. Der Mathematiker wird vielleicht nicht alle schon vorhandenen Erfindungen in einem Kopfe fassen können und also nichts erfinden können, wovon er sicher wüßte, es sei nicht schon vorher erfunden gewesen. Allein da wird alles auf Erfindung der Methoden (in Naturgeschichte) und Prinzipien beruhen, dadurch wir, ohne das Gedächtnis zu belästigen, alles nach

Belieben selbst finden können. Daher macht sich der um die Geschichte wie ein Genie verdient, der sie unter Ideen faßt, die immer bleiben können. Sonst wenn eben so viel vergessen werden muß, als hinzukommt, wird die Erkenntnis nicht mehr wachsen, oder wohl gar aus Mangel an Aufmunterung zu neuen Erkenntnissen abnehmen.

1998. (Horizont des gesunden Verstandes oder der spekulativen Vernunft.)
Man muß sich seinen Horizont frühzeitig bestimmen, ihn nicht leicht verändern (immer erweitern). [Geschicklichkeit. praktischer Horizont.] Horizont anderer nicht nach dem seinigen messen (Verteilung der Arbeiten) und das nicht vor unnütz halten, was uns nichts nützt (behagt; ars non habet osorem). Den Horizont des ganzen menschlichen Geschlechts (der vergangenen und künftigen Zeit nach) zum voraus zu bestimmen suchen. z. E. Geschichte. Seiner Wissenschaft die Stelle im Horizont der gesamten Erkenntnis zu bestimmen (und sie mit andern zu vereinigen) suchen. Encyclopaedia universalis. Universalcharte. (Mappemonde der Wissenschaften.)
Es ist nicht zu besorgen, was d'Alembert besorgt. Mit der Erweiterung der Mathematik werden neue Methoden erfunden werden, die das Alte verkürzen und die Menge der Bücher entbehrlich machen. Uns [beschw] drückt nicht die Last, sondern uns verengt das Volumen den Raum vor unsere Erkenntnisse. Kritik der Vernunft, der Geschichte und historischen Schriften, ein allgemeiner Geist, der [auf de] auf das menschliche Erkenntnis en gros und nicht bloß im Detail geht, werden immer den Umfang kleiner machen, ohne im Inhalte was zu vermindern; bloß die Schlacken fallen vom Metalle weg oder das unedlere Vehikel oder Hülle, welche so lange nötig war.

2018. (Humaniora – barbarische Gelehrsamkeit.)

(Was ist Gelehrsamkeit und ein Gelehrter? nicht Philosoph, aber doch in Fakultäts Bedeutung, Literat.)

Alle Gelehrsamkeit ist entweder barbarisch oder vernünftig ohne die Oberaufsicht der Philosophie.

Der Barbarism der Gelehrsamkeit gründet sich auf Überlieferung, Aberglaube etc. etc., und ist unserer Zeit noch vornehmlich in der Geschichte anzutreffen, entweder weil sie nicht der Philosophie hilfreiche Hand darbietet, oder weil sie von der Theologie gebunden ist.

Barbarische Gelehrsamkeit kann viel Fleiß enthalten, aber ohne Zweck, ohne Idee vornehmlich zum Besten des menschlichen Geschlechts.

[Ein anderer Fehler ist die]

Der Barbarism wird durch die Eleganz nicht aufgehoben; denn diese gehört nicht zur Gelehrsamkeit, sondern zum Geschmack und zur Kultur. Vielmehr ist es ein Verfall aller Gelehrsamkeit, wenn anstatt des Wissens das Spielen einreißt in Fabeln, Poesien. Es betrifft nur die Manier der Dinge.

> Humaniora*. Feinheit. Artigkeit. Urbanität. Rustizität.
>
> * (Kenntnis der Alten.) Welche die Vereinigung der Wissenschaft mit Geschmack befördern, die Rauhigkeit abschleifen und die Kommunikabilität der Menschen, worin Humanität besteht, befördern.

2589.

A. Historische Wahrscheinlichkeit (Nimmt mit der Zeit meist ab):

a. Man präsumiert, daß sich Unwahrheiten verraten.

b. Man hält eine Erzählung . ohne Grund, wenn die Art, wie der Erzählende es hat verstehn können, schwer einzusehen ist. Man hält sie aber darin nicht vor ungegründet, wenn man keine Ursachen weiß.

c. Man schließt aus moralischen Merkmalen auf die Handlungen.

d. Die innere Möglichkeit, imgleichen der Zusammenhang bestätigen es.

Also aus der Beschaffenheit der Sache und der Beschaffenheit der Zeugen (Vielheit, deren einer es nicht von den Andern hat). Auf die neben-, vorhergehende und folgende Umstände. Ob der Zeuge hat die Wahrheit sagen können. Wollen. Und Bestätigung.

Seltene Dinge haben eine Unwahrscheinlichkeit. e. g. Große Armeen.

> Historisch:
> 1. Beschaffenheit der Sache. Innere Möglichkeit. Exempel: Seltene nicht.
> 2. Beschaffenheit der Zeugen: Ob er hat können, wollen die Wahrheit etc. etc. Vielheit der Zeugen.
> 3. Aus den Umständen (Nebenumständen): Zu welcher Zeit er dies sagte. Vorhergehende, folgende; in Bestätigung, nicht gegen Zustimmung.

B. Physische (Nimmt mit der Zeit nicht ab):

Wenn [zwei Dinge] das Gegenteil einer Sache vielfach möglich ist. Wenn zwei Dinge beständig neben einander sein. Wenn zu einer Sache eine Verbindung vieler Umstände gehört, ist nicht – –.

> Wenn zwei Dinge immer neben einander sein.
> Wenn das Gegenteil einer Sache auf vielerlei Art möglich ist.
> Wenn zu einer Sache eine Verbindung von sehr vielen zufälligen Umständen erfodert wird.

3376. Die historische Lehrart (der Geschichte) ist pragmatisch, wenn sie noch eine andere Absicht hat als die scholastische, nicht bloß vor die Schule, sondern auch vor die Welt oder die Sittlichkeit ist.

8077. S. I:
Hiebei ist es freilich Zufall, wenn diese begonnene Staat-
veränderung gerade auf ein großes [macht] und über sein
Interesse aufgeklärtes Volk trifft, da ein kleineres der Ge-
genrevolution ausgesetzt [sein würde] und so die endlich
doch unvermeidliche Umänderung der Dinge verspätet werden würde.

Allgemeine Anmerkung:

Was ist [das] es, was die bloße Zuschauer (der Revolution)
eines [sich] vorher absolut beherrschten, jetzt sich unter den
größten inneren und äußeren Bedrängnissen republikani-
sierenden [Staats] Volks mit so lebhafter Teilnehmung und
Wunsch zum Gelingen (dieser) ihrer Unternehmung erfüllt:
daß selbst die Untertanen eines eben so beherrschten, die
dergleichen, könnte es auch ohne gewaltsame Revolution
geschehen, für sich nicht wünschen (teils, weil es ihnen (erträglich) wohlgeht, [vornehmlich teils] am meisten aber,
weil die Lage des Staats, dem sie angehören, zwischen den
benachbarten keine andere Verfassung [desselben] (als die
monarchische für den ihrigen) erlaubt, ohne Gefahr zu laufen, daß er aufgelöset werde), daß, sage ich, diese bloße
Zuschauer mit Affekt daran (ganz uneigennützigen) Anteil
nehmen. – Das Factum ist unbezweifelt wahr und in der
Krisis der französischen Staatsumwandlung und unerachtet
aller [dab] damit verbundenen schrecklichen Übel und
Greuel nicht bloß an dem kannegießernden gemeinen sondern auch dem mit Sachkenntnis räsonnierenden aufgeklärten Mann, bei der ungeduldigen [der] und heißen Begierde
(desselben) nach Zeitungen [und] als dem Stoffe zu (den
interessantesten) gesellschaftlichen Unterhaltungen (die darum keinesweges politische Klubs sind) unverkennbar wahr-
zunehmen. – Hieran (und um einen solchen Enthusiasm
allgemein zu erwecken) muß ein wahres oder wenigstens
gutmütig gemeintes Interesse des ganzen Menschengeschlechts dem Zuschauer vorschweben, der sich hier eine

Epoche denkt, von welcher an [der] unsere Gattung nicht länger im (steten) Schwanken Besseren zum Schlechteren und so (wieder) umgekehrt bleiben*, sondern (immer) zum besseren, wenn gleich in langsamen doch ununterbrochenen Fortschritte, gebracht werden wird. – *Pitt*, der [da will es solle] so gar von (einem anderen benachbarten Staat will, es solle in ihm) beim Alten bleiben, oder [ist] sei es aus dem Gleise gekommen, so solle es dahin wieder zurückgebracht werden, wird als [ein] Feind des menschlichen Geschlechts gehaßt, und die (Namen derer), welche die Sachen in Frankreich in die neue Ordnung bringen, die [da] allein würdig ist, sich ewig zu erhalten, werden für den Tempel des Nachruhms [für ihr unsterbliches Verdienst aufgestellt] aufgespart, um darin dereinst aufgestellt zu werden. – England, welches [ehedem] sonst auf die Teilnehmung der besseren Menschen in der Welt wegen der (mutigen) Erhaltung ihrer oft angefochtenen (scheinbaren) Freiheit rechnen konnte, ist (jetzt) gänzlich daraus gefallen, nachdem es die [von] in Frankreich beabsichtigte, (auf viel gründlichere Art freie) Konstitution [wenn sie] mit Gefahr des Umsturzes seiner eigenen zu stürzen bedacht war. – Um (einzusehen), was eigentlich [der Charakter] das Kennzeichen eines Staats, [des] der sich [der] seiner Volksfreiheit rühmen darf, ausmache oder das Gegenteil beweise, [wollen war] will ich [zum] den letztern zum Beispiel vornehmen.

*Ich lege kein sonderliches Gewicht auf den (moralischen) Beweisgrund, der aus der ewigen Weisheit (einem Deus ex machina) genommen werden dürfte, daß diese nämlich dem Menschengeschlecht es nicht verstatten werde, sich ewig der Narrheit übergebe, den Stein des Sisyphus auf eine gewisse Höhe zu wälzen und [dann] ihn dann wieder zurückrollen lasse, um diese Arbeit von neuem anzufangen [sondern sie werde es so einleiten daß]. Es ist eine Sache der Freiheit, von der man nichts mit Sicherheit vorhersagen kann. Auch ist es Vermessenheit bestimmen zu wollen, was der obersten die Welt regierenden Macht für ein Verfahren anständig

sei. Ob nicht die bloße Mannigfaltigkeit der innern wech-
selnden und auf unendlich vielerlei Art variierten Auftritte
das Menschengeschlecht, ohne daß der Mensch hiebei für
seine Person Ehre beweise, der Plan derselben sei. Uns geziemt nur nach dem zu forschen, was uns die Natur des
Menschen, wie wir ihn kennen, und der Gang desselben, so
weit wir ihn haben absehen können, für das Künftige erwarten läßt.

S. II:

[Wenn ein] Welcher Monarch (aus eigener Machtvollkom-
menheit) aussprechen darf: *es soll Krieg sein*, und es ist alsdann Krieg, der ist ein *unbeschränkter* Monarch (und sein
Volk ist nicht frei.) – Der aber, welcher zuvörderst [des]
bei dem Volk öffentliche Anfrage tun muß, ob es einwillige,
daß Krieg sei, und wenn dieses sagt, *es soll nicht Krieg sein*,
alsdann auch kein Krieg ist, (der ist) ein *beschränkter* Monarch, (und ein solches Volk ist wahrhaftig frei.) – Nun hat
Englands König konstitutionsmäßig das Recht zum ersteren,
die Republik Frankreich aber [noch] nur zum letzten (daß
das Direktorium den das gesamte Volk repräsentierenden
Rat befragen muß). Also hat das Staatsoberhaupt in England absolute, in Frankreich aber [nur] bloß eingeschränkte
Gewalt, und das Volk im ersteren ist nicht frei sondern
unterjocht, denn welche Lasten kann [nun der nicht] der
großbritannische Monarch nun nicht den Schultern seiner
Untertanen selbstbeliebig auflegen? So große [und eine
unab] auf unabsehbare Zeit drückende, (in der Folge vielleicht den ganzen Staat umstürzende) und selbst die Moralität des Volks direkt untergrabende, daß an (das) Fortschreiten [eines] des Menschengeschlechts zum Besseren (in
einem großen Teil desselben [nicht allein] gar nicht zu denken ist und, obgleich [die Kunst] der Flor (und Anwachs)
der Künste den Verfall noch eine ziemliche Zeit hinhalten
kann, gleichwohl der (nur um desto gefährlichere) Einsturz
(früh oder spät) mit Gewißheit voraus zu sehen ist.

Es ist ein Blendwerk, wodurch man nur Kinder hintergehen

kann, daß doch das Volk durch seine Repräsentanten im
Parlament die Kosten zum Kriege (auch das gewalttätige
Pressen der Matrosen) dem Könige bewilligen müsse, [und]
sie also abschlagen und dadurch den Krieg verbieten könne.
Allein abgesehen (von der Ungereimtheit), [davon] daß der
König [zuerst] zuvor den Krieg einem anderen Staate an-
kündigen und nachher allererst um die Mittel dazu bei dem
Volke, das (sie) abschlagen kann, wenn es will, Ansuchung
tun soll, so muß er doch gewiß wissen, daß die [Reprä]
Volksrepräsentanten *den Willen nicht haben werden*, sie
abzuschlagen [und] (der Krieg mag [in dies] im vorkommenden Falle klug, gerecht, oder beides nicht sein). Wodurch
kann er dieses aber gewiß wissen? Weil er alle [Macht]
Mittel in Händen hat, ihren Willen durch den mächtigen
Einfluß des Eigennutzes zu lenken, wie er will: Die Beset-
zung aller [Äm] einträglichen Ämter in der Armee, Flotte,
Zivilgerichten, in der Kirche, [ohne] der Sinekurestellen
nicht zu gedenken. Nun hat ein jeder dieser Volksrepräsentanten, (wenn er gleich für seine Person uneigennützig wäre,
doch) seine Anverwandten, gute Freunde, die sich zu einer
oder anderen dieser Posten und Ämter empfehlen. Der
Minister aber, (der es bedarf, der Stimmenmehrheit versichert zu sein), schlägt [nicht] dem, den jener ihm emp-
fiehlt, nicht leicht etwas ab, und [die meisten sind es] unter
Menschen sind es doch immer die meisten, bei welchen solche
Einflüsse über die [Redlichkeit in Vor] Vorstellung des gemeinen Besten die Oberhand haben. Also ist, [es] ohne jene
Männer eben darum für bösartig und niederträchtig anzunehmen, doch [gar w] das Phänomen einer nie [ausbl] man-
gelnden Mehrheit der Stimmen auf Seiten des Ministers gar
wohl zu erklären, folglich auch den Beweis zu führen, daß
die Konstitution von Großbritannien nicht die eines freien
Volks ((als welches hiebei kein Veto hat)) sondern eine politische Maschine sei, den absoluten Willen des Monarchen
auszuführen. – Daß die Gesetze jeden Bürger in diesem
Lande dawider schützen, daß der Hof nicht einzelne Perso-

nen nach seinen Launen das Ihrige nehme, sie in Gefängnisse werfe ((die habeas corpus Akte)) oder sonst willkürlich behandle, sondern den Gerichten ohne Lenkung der obersten Gewalt es überlassen müsse, ist etwas, womit Engländer als einem Kleinod ihrer Verfassung großtun, was aber auch in absolut-monarchischen Staaten doch nur so selten geschieht (wie etwa in der Müller-Arnoldschen Geschichte) und öffentlich vom Volke getadelt wird, daß es wie ein Hagelschlag oder eine Wasserhose dem schönen Wetter nichts benimmt.

S. III:

Wenn nun alle (absolute) Staatsverfassungen durch das Kriegsübel, wodurch [sie] eine jede die anderen mit der Auflösung bedroht, eine natürliche Tendenz zum Republikanism haben (so daß, wenn sie auch nicht diese [Form derselben] Form annehmen, doch die Regierung nach dem Geiste derselben sich genötigt sieht), wenn es unter dem mannigfaltigen Staatswechsel nicht ausbleiben kann, daß nicht (irgend) einmal es einem mächtigen Volke (nicht bloß) im Schwindel [seiner] (egoistischer) Freiheitsansprüche [gelinge, welche ihrer Natur] sondern in der unvermeidlichen Begeisterung durch Ideen des (gemeingültigen) Menschenrechts (die doch bei zunehmender Kultur nicht ausbleiben können) nach Prinzipien auf diesen Zweck auszugehen, und diesen endlich obgleich unter Greueltaten (die nicht ausbleiben können, weil (aus) der affektvollesten Mißhelligkeit die leidenschaftlichste Einhelligkeit hervorgehen soll) zu behaupten, nicht gelingen sollte. – Von da an aber und dieser Wiedergeburt eines Staats, welchem diese fieberhafte innere Bewegung nicht den Tod einer gänzlichen Barbarei zugezogen sondern alle Künste, die zur Kultur gehören, übrig [geblieben] gelassen hat, von da und der (auch außerhalb gesicherten) Konstitution desselben an würde sich der Zustand des Menschengeschlechts in fernerem *beständigen Fortschreiten zum Bessern* datieren lassen.

Es kam darauf an, diesen allen wohldenkenden Menschen

[natür] von auch nur etwas erweiterten Begriffen natürlichen *Wunsch* auf die *Hoffnung* anzuknüpfen, welche nötig ist [nicht um etwas wenn man an den] nicht bloß darum, damit der Weltlauf, so wie man ihn vor sich sieht, dem denkenden Menschen und dieser sich selbst (endlich) anekele (denn dieses wäre eine ästhetische, müßige und sich mit lieblichen Phantasieren spielende Unterhaltung), sondern, wenn man jenes zu hoffen Ursache hat, seinem Teile nach dahin auch mitzuwirken; also eine Hypothese in (moralisch) praktischer Absicht, die immer hinreichend gegründet ist, wenn man ihr nur nicht die Unmöglichkeit entgegenstellen kann, welches hier der Fall nicht ist. – Aber damit über den Wunsch und die Hoffnung des Besseren noch die *Tat* hinzu komme, dazu wird noch eine theoretische Erkenntnis (der beabsichtigten Wirkung und) des Vermögens, wodurch diese Wirkung zustande gebracht werden kann, erfordert. – Und da ist, was das Erstere betrifft, nicht der Fortschritt in [reiner] der Moralität menschlicher Gesinnungen sondern nur in Taten zu verstehen, welche mit Pflichtgesetzen übereinstimmen, ob sie gleich nicht davon (und ihrem Erkenntnis) abstammen. Der Geschmack und die (ihm gemäße) Kunst werden (so unlauter auch die Quelle sein mag) [große] immerwährend im Guten (mit der Moral übereinstimmenden Nützlichen oder Angenehmen) fortschreiten: Die wechselseitige Annäherungen der Menschen im Umgange, in Dienstleistungen, Stiftungen guter das Talent bildender oder auch Unvermögenden versorgender Anstalten.

NB. Staatsbürgerlich und zugleich weltbürgerliches Regiment ist in jeder Verfassung möglich.

Sich als ein nach dem Staatsbürgerrecht mit in der Weltbürgergesellschaft vereinbares Glied zu denken, ist die erhabenste Idee, die der Mensch von seiner Bestimmung denken kann und welche nicht ohne Enthusiasm gedacht werden kann.

Was ist die Ursache dieses Zujauchzens zu den Siegen jener Nation? Daß diese auf dem Wege ist, diejenige Konstitu-

tion zu gründen, in der alle Nachbarn Friede [zu er] von
ihr zu erwarten haben und diesen Zustand nicht bloß seines
Nutzens wegen sondern als den einzig rechtlichen über alles
hochschätzen, und daß dadurch der Krieg verbannt wird,
der Fortschritt zum Bessern eingeleitet wird, welches bei
einer Konstitution des willkürlichen Rechts nicht geschehen
könnte. Daß dieses sich aber einmal zutragen muß, davon
[ist auf] kann auch ein einziges Exempel in diesem Gange
der Dinge ein hinreichendes Vorzeichen sein, weil, wenn es
auch einen Rückgang erleiden mußte, es doch nie in Ver-
gessenheit kommen kann, um es auf andre Art anzufangen,
bis es gelingt, und alsdann fernerhin nicht aufhören kann.

Man kann nicht voraussagen, daß es gelingen werde [aber
doch] sondern nur, daß sie es versuchen und so oft versuchen werden, bis daß es doch einmal gelingen muß.

Es ist in der menschlichen Natur eine moralische Anlage für
den Rechtsbegriff als eine über das Menschengeschlecht in
seiner Verbindung herrschende, zu oberst gebietende Gewalt. Vor der sich alles zuletzt beugen muß.

Es ist hier nicht von einer Person sondern von der [Idee des
der natu] in der moralischen Anlage des Menschen befindlichen [Anlage] Idee des über alle Menschen (innere) ge-
walthabenden Rechts die Rede, und auch das nur darum,
weil sie eine rechtliche Verfassung gründet, dadurch der
Krieg nach Grundsätzen verhindert wird, die ein beständiges Fortschreiten zum Bessern wegen der republikanischen
Verfassung begründet.

Am Rand: Es ist nur ein Begriff von einer völligen reinen
Staatsverfassung, nämlich die Idee einer Republik, wo alle
stimmfähig vereinigt die ganze Gewalt haben (entweder
Division in der Demokratie oder Konjunktion in der Republik): Respublica noumenon oder phaenomenon. Die letztere hat drei Formen, aber respublica noumenon ist nur
eine und dieselbe.

Ein absoluter Monarch kann doch auf republikanische Art
regieren, ohne in seiner Stärke einzubüßen.

Mir scheint der Begriff einer eingeschränkten Staatsverfassung einen Widerspruch zu enthalten: denn sie wäre dann nur ein Teil der gesetzgebenden Macht.

S. IV:

Die Fortschritte des menschlichen Geschlechts (zum Besseren) nach den verschiedenen auf einander wechselseitig wirkenden Völkerschaften können als Entwickelung (entweder der) [ihrer] Naturanlage oder [ihrer] der moralischen Anlage desselben betrachtet werden. Die erstere [sich] im Wohlbefinden nach dem Zwecke, den jeder *hat*, die zweite im Wohlverhalten nach demjenigen, den jeder *haben soll*, es immer weiter zu bringen. – [Die erstere enthalten Das] Zu beiden ist die *Kultur* aller unserer auf [beliebige] Zwecke gerichteten Vermögen das Mittel, diese zu erreichen, und selbst die der Moralität ist ein solches und (dient zur Beförderung der) [befördert] Fortschritte in pragmatischer (auf Klugheitsregeln und [dadurch darnach] (diesem gemäß) auf jedes seine eigene Wohlfahrt [ab] gerichteter) Absicht; so daß die Politik [die Lehre], wenn sie gleich die Moral (samt der Religion) für lauter Pedanterie oder bloßes Geziere hält, es doch nicht verschmäht, die Sprache derselben zu führen, weil dadurch auf die Wohlfahrt des Staats (die Einigkeit der Bürger und den Gehorsam der Untertanen) gewirkt werden kann. Daher es auch noch keine Regierung gewagt, sich frei und offen zu erklären: Recht und Unrecht wären Schimären, auf die sie keine Rücksicht nähme und daß sie dem zu Folge bloß ihren absoluten Willen zum Gesetz mache, sondern sie wendet sich immer an das Rechtsgefühl ihrer Untertanen als freier, moralischer Wesen, auf welche sie nie kräftigen Einfluß haben kann, wenn sie nicht zugleich dem Rechtsbegriffe derselben, der in der gemeinen Menschenvernunft liegt, wenigstens als einer unumgänglichen Bedingung (conditio sine qua non) huldigt und sich ihrem Ausspruche zugleich mit unterwirft.

Aber alle diese (technische, pragmatische und moralische)

Kultur kann doch [nicht] den *Krieg,* das größte Übel, was dem Menschengeschlecht begegnen kann, (nicht) verhüten und so auch nicht [verhüten] hindern, daß selbst [im] das Fortschreiten des zum Physisch-Besseren (von Zeit zu Zeit) Hemmungen, ja gar Umwälzungen und Rückfall in Elend oder Verwilderung zu erdulden hätte, wo dann, die Moralität in diesen Umsturz mit verwickelt, dieser Verlust aber nur mit geheuchelten Tränen bedauert .[wird] oder umgekehrt, dem Verfall der Moralität der Verfall des Staats (in Strafpredigten ans Volk) zugeschrieben, indessen daß es klar einleuchtet, diese Greuel nicht von unten nach oben sondern von oben [herab abwärts] herabkommen und die Kriegssucht der Beherrscher, nicht die Widerspenstigkeit des Untertans, sie herbei führte. – Diese aber und ihre Anmaßungen abzuwehren, ist nicht anders möglich als durch eine bessere aufs natürliche Recht innerlich im Staate (selbst) getroffene Verfassung, weil, man mag (den Einfluß) der moralischen Anlage im Menschen (wie der Politiker pflegt) noch so niedrig anschlagen, [so ist] doch der Anspruch desselben [auf aus] auf Achtung für sein angebornes Recht so mächtig und unbezwinglich ist, daß er nicht ermangeln wird, bei vorkommender, ihm günstigen Gelegenheit Gewalt gegen Gewalt zu versuchen, ob er zwar sonst willig sein möchte, das äußere bürgerliche [Gesetz] (aber nicht ganz willkürliche) Gesetz gehorsam zu befolgen. Diese Widersetzlichkeit entspringt selbst aus der moralischen Anlage im Menschen; aber statt den Fortschritt zum Moralisch-Besseren zu befördern, bringt sie (weil sie nur durch veranlassende Gelegenheit aufgeregt worden) gewöhnlichermaßen den Rückgang ins Schlimmere hervor. – Die Ursache hievon ist, weil [jene Gesetze ihn] die Befolgung jener Gesetze nicht eigentliche auf Achtung für dieselbe sondern auf Hinsicht zum vermeinten Nutzen (Erhaltung der Ruhe und der Habe des Volks) gegründet war, welches allein [gar] keine [absolute (innere) Achtung sondern nur eine bedingte ist, welche äußerlich] innere Achtung sondern eine äußere, dem Gesetzgeber [beweisen wird] nicht dem Gesetz bewiesene Achtungsbezeigung ist.

Die (Tendenz zum kontinuierenden) Fortschritt des Menschengeschlechts zum Besseren [ist also eine moralisch-praktische Vernunftidee, deren objektive Realität daß ihre Ausführung statthaft sei] kann also [erstlich] nur dann als wirklich eingetreten angenommen werden, wenn *(erstens:)* hinreichende Zeichen da sind, daß ganze Völker innerlich zu Gründung einer Verfassung streben, dadurch endlich der Krieg, der alle gemachte Fortschritte rückgängig macht, aufhört (die echt republikanische, wenn sie gleich bloße Idee ist, der sie sich nur immer annäheren). Zweitens: wenn bewiesen werden kann, daß das Streben zu diesem Zweck nicht etwa bloße Wirkung der Naturanlage, nämlich (auf) dem Verlangen zur Glückseligkeit, (gegründet) sondern Entwickelung der moralischen Anlage im menschlichen Geschlechte sei, welche jenen als Zweck an sich selbst (nicht in der Qualität eines bloßen Mittels zu anderen Zwecken) zum Grunde hat. Drittens: daß der Einfluß dieser Idee aufs Gemüt aller Menschen, die einiger Kultur ihrer praktischen Vernunft fähig sind, ohne Ausnahme so allgemeine und zugleich tief eindringende Teilnehmung an jenem höchsten weltbürgerlichen Gut bewirke, daß sie wenigstens dem Wunsche nach der mächtigsten moralischen Triebfeder gleichkommt: als ein Factum, über dessen Wirklichkeit man alle Menschen zu Zeugen rufen kann.

Am Rand: Der Krieg kann durch nichts vermieden werden als durch den wahren Republikanism eines mächtigen Staats –; ohne Vermeidung desselben ist der Fortschritt nicht möglich. Aber selbst der Krieg treibt zum Republikanism und muß ihn zuletzt doch hervorbringen.

Wie, wenn der Krieg aufhört? Wenn Freiheit und Gleichheit, welche die Ursachen sind, daß kein Krieg entsteht, der Kultur auch immer bessere Handlungen und so das Fortschreiten ohne Ende hervorbringen können?

Textnachweise

Die hier vorgelegte Sammlung von Kants Aufsätzen, Rezensionen und nachgelassenen Reflexionen zur Geschichtsphilosophie folgt in Textgestaltung und Anordnung der Akademie-Ausgabe: Kant's gesammelte Schriften, herausgegeben von der Königlich Preußischen (später Preußischen, dann Deutschen) Akademie der Wissenschaften, Berlin 1910 ff. Die Orthographie wurde sehr behutsam modernisiert.

I *Idee zu einer allgemeinen Geschichte in weltbürgerlicher Absicht*, Akad.-Ausg. Bd. 8, Berlin 1912, S. 15–31.
   Der Aufsatz erschien in der ›Berlinischen Monatsschrift‹, Jg. 1784, November-Heft, S. 385–411. Die ›Gothaischen Gelehrten Zeitungen‹ hatten unter dem 11. Februar 1784 folgende Notiz gebracht: »Eine Lieblingsidee des Herrn Prof. Kant ist, daß der Endzweck des Menschengeschlechts die Erreichung der vollkommensten Staatsverfassung sei, und er wünscht, daß ein philosophischer Geschichtsschreiber es unternehmen möchte, uns in dieser Rücksicht eine Geschichte der Menschheit zu liefern und zu zeigen, wie weit die Menschheit in den verschiedenen Zeiten diesem Endzweck sich genähert oder von demselben entfernt habe, und was zur Erreichung desselben noch zu tun sei.« Im Zusammenhang mit dieser Zeitungsnotiz schickt Kant seinem Aufsatz die Anmerkung voraus: »Eine Stelle unter den kurzen Anzeigen des zwölften Stücks der ›Gothaischen Gel. Zeit.‹ d. J., die ohne Zweifel aus meiner Unterredung mit einem durchreisenden Gelehrten genommen worden, nötigt mir diese Erläuterung ab, ohne die jene keinen begreiflichen Sinn haben würde.«

II *Rezensionen von J. G. Herders ›Ideen zur Philosophie der Geschichte der Menschheit‹*, Akad.-Ausg. Bd. 8, S. 43–66.
   Die Rezensionen, die sich auf die beiden ersten, im Jahre 1784 erschienenen, Teile von Herders ›Ideen‹ beziehen, wurde in der ›Jenaischen Allgemeinen Literaturzeitung‹, Jg. 1785, Nr. 4, Bd. 1, Sp. 17a–20b und Beilage, 21a–22b; Nr. 271, Bd. 4, Sp. 153a–156b publiziert. Das anonyme, gegen Kants erste Rezension gerichtete Schreiben eines

»Pfarrers« im Februar-Heft von Wielands ›Teutschem Merkur‹ (1785) stammt aus der Feder von K. L. Reinhold, der bald danach für Kant Partei ergriff.

III *Mutmaßlicher Anfang der Menschengeschichte*, Akad.-Ausg. Bd. 8, S. 107–123.
Der Aufsatz erschien in der ›Berlinischen Monatsschrift‹, Jg. 1786, Januar-Heft, S. 1–27. Er enthält Kants Auseinandersetzung mit dem traditionell-universalhistorischen Schema des »Anfangs« der Weltgeschichte.

IV *Über den Gebrauch teleologischer Prinzipien in der Philosophie*, Akad.-Ausg. Bd. 8, S. 157–184.
Der Aufsatz, der die Übereinstimmung mit K. L. Reinhold, dem Verfasser der ›Briefe über die Kantische Philosophie‹ (1787), öffentlich dokumentiert, wurde in Wielands ›Teutschem Merkur‹, Januar- und Februar-Heft 1788, gedruckt. Er bezieht sich auf Johann Georg Forsters Kritik an Kants *Bestimmung des Begriffs einer Menschenrasse* (1785) und auf den Aufsatz über den *Mutmaßlichen Anfang der Menschengeschichte*.

V *Über den Gemeinspruch: Das mag in der Theorie richtig sein, taugt aber nicht für die Praxis*, Akad.-Ausg. Bd. 8, S. 273–313.
Die Abhandlung, die den systematischen Zusammenhang der Geschichtsphilosophie (III. Teil) mit der philosophischen Ethik (I) und Politik (II) vor Augen führt, erschien in der ›Berlinischen Monatsschrift‹, Jg. 1793, September-Heft, S. 201–284.

VI *Das Ende aller Dinge*, Akad.-Ausg. Bd. 8, S. 325–339.
Der Aufsatz erschien in der ›Berlinischen Monatsschrift‹, Jg. 1794, Juni-Heft, S. 495–522. Er enthält Kants Auseinandersetzung mit den traditionell-universalhistorischen (eschatologischen bzw. chiliastischen) Schemata des »Endes« der Weltgeschichte.

VII *Der Streit der Fakultäten, 2. Abschnitt. Der Streit der philosophischen Fakultät mit der juristischen. Erneuerte Frage: Ob das menschliche Geschlecht im beständigen Fortschreiten zum Besseren sei*, Akad.-Ausg. Bd. 7, S. 79–94.
Der *Streit der Fakultäten* erschien Königsberg 1798. Der

ausgewählte Abschnitt bildet literarisch wie sachlich eine vollständige Schrift. Der Titel des Buches wurde von Kant nur aus äußeren Gründen gewählt.

VIII *Ausgewählte Reflexionen aus dem Nachlaß zur Anthropologie, Geschichtsphilosophie und Historiographie.*

Die ausgewählten Stücke aus dem Nachlaß sind überwiegend (Nr. 1355–1524) den Reflexionen zur Anthropologie (Akad.-Ausg. Bd. 15, 2) entnommen, der die Geschichtsphilosophie systematisch zugeordnet ist. Die Reflexionen Nr. 1997–3376 gehören zum Logik-Nachlaß (Akad.-Ausg. Bd. 16), Reflexion 8077 zum Nachlaß Rechtsphilosophie (Akad.-Ausg. Bd. 19). Über die (ungefähre) chronologische Anordnung der Stücke unterrichtet Erich Adickes in der Einleitung in die Abteilung des handschriftlichen Nachlasses, Akad.-Ausg. Bd. 14, p. XVII–LIV.

Bibliographie

Baumann, Hans: Kants Stellung zu dem Problem von Krieg und Frieden. Eine rechts- und geschichtsphilosophische Studie. Diss. München 1950.

Beck, Lewis W. (Ed.): Kant on History, New York 1963.

Brotherus, Karl Robert: Immanuel Kants Philosophie der Geschichte. Diss. Helsingfors 1905.

Buchenau, Arthur: Nachwort zu Immanuel Kant, Zur Geschichtsphilosophie. Berlin 1947.

Butterfield, Herbert: Man on His Past. A Study of Historical Scholarship. Boston 1960.

Dietrich, Karl: Kants Auffassung der physischen Geographie als Grundlage der Geschichte, mit besonderer Beziehung auf seine Schriften zur Natur- und Geschichtsphilosophie dargestellt. Diss. Jena 1875.

Dörpinghaus, Wilhelm: Der Begriff der Gesellschaft bei Kant. Eine Untersuchung über das Verhältnis von Rechts- und Geschichtsphilosophie zur Ethik. Diss. Köln 1959.

Fackenheim, Emil L.: Kant's Concept of History. In: Kant-Studien 48 (1956/57) S. 381–398.

Fester, Richard: Rousseau und die deutsche Geschichtsphilosophie. Ein Beitrag zur Geschichte des deutschen Idealismus. Stuttgart 1890.

Gablentz, Otto Heinrich v. d.: Kants politische Philosophie und die Weltpolitik unserer Tage. Berlin 1956 (Schriftenreihe der Hochschule für Politik, Berlin).

Gallinger, August: Kants Geschichts- und Staatsphilosophie. In: Zeitschrift für philosophische Forschung 9 (1955) S. 163–196.

Goldmann, Lucien: Mensch, Gemeinschaft und Welt in der Philosophie Immanuel Kants. Studien zur Geschichte der Dialektik. Zürich u. New York 1945.

Heimsoeth, Heinz: Astronomisches und Theologisches in Kants Weltverständnis. Wiesbaden 1963 (Akademie der Wissenschaften und der Literatur in Mainz, Abhandlungen der Geistes- und Sozialwissenschaftlichen Klasse Jg. 1963, Nr. 9).

Hinz, Erwin: Die wichtigsten geschichtsphilosophischen Strömungen in Deutschland in der 2. Hälfte des 18. Jahrhunderts. Ein Beitrag zur Geschichte der europäischen Aufklärung unter besonderer Berücksichtigung der Säkularisation der Geschichtsphilosophie. Diss. Jena 1953.

Kaulbach, Friedrich: Der Zusammenhang zwischen Naturphilosophie und Geschichtsphilosophie bei Kant. In: Kant-Studien 56 (1966) S. 430–451.

Köster, Adolph: Der junge Kant im Kampf um die Geschichte. Berlin 1914.

Kraus, Andreas: Vernunft und Geschichte. Die Bedeutung der deutschen Akademien für die Geschichtswissenschaft im 18. Jahrhundert. Freiburg 1963.

Lamprecht, Karl: Herder und Kant als Theoretiker der Geschichtswissenschaft. In: Jahrbücher für Nationalökonomie und Statistik 3. Folge, Bd. 14 (1897) S. 161–203.

Landgrebe, Ludwig: Die Geschichte im Denken Kants. In: Studium Generale 7 (1954) S. 523–544. – Jetzt auch in: Phänomenologie und Geschichte. Darmstadt 1968. S. 46–64.

Lehmann, Gerhard: System und Geschichte in Kants Philosophie. In: Il Pensiero 3 (1958) S. 14–34. – Jetzt auch in: Beiträge zur Geschichte und Interpretation der Philosophie Kants. Berlin 1969. S. 152–170.

Litt, Theodor: Kant und Herder als Deuter der geistigen Welt. Leipzig 1930.

Marquard, Odo: Idealismus und Theodizee. In: Philosophisches Jahrbuch 73 (1965/66) S. 33–47.

Medicus, Fritz: Kants Philosophie der Geschichte. Berlin 1902.

Medicus, Fritz: Kant und Ranke. Eine Studie über die Anwendung der transzendentalen Methode auf die historischen Wissenschaften. In: Kant-Studien 8 (1903) S. 129–192.

Medicus, Fritz: Zu Kants Philosophie der Geschichte mit besonderer Beziehung auf Karl Lamprecht. In: Kant-Studien 4 (1900) S. 61–67.

Meinhold, Peter: Rousseaus Geschichtsphilosophie. Tübingen 1936 (Philosophie und Geschichte 60).

Melzer, Ernst: Herder als Geschichtsphilosoph mit Rücksicht auf Kants Rezension von Herders ›Ideen zur Geschichte der Menschheit‹. Neisse 1872.

Menzer, Paul: Kants Lehre von der Entwicklung in Natur und Geschichte. Berlin 1911.

Menzer, Paul: Natur und Geschichte im Weltbild Kants. Halle 1924 (Hallesche Universitätsreden 22).

Messer, August: Die Geschichtsphilosophie Kants. In: Beilage zur Allgemeinen Zeitung, Nr. 64, München 1903.

Meyer-Benfey, Heinrich: Herder und Kant. Der deutsche Idealismus und seine Bedeutung für die Gegenwart. Halle 1904.

Natorp, Paul: Kant über Krieg und Frieden. Ein geschichtsphilosophischer Essay. Erlangen 1924.

Oelmüller, Willi: Die unbefriedigte Aufklärung. Beiträge zu einer Theorie der Moderne von Lessing, Kant und Hegel. Frankfurt a. M. 1969.

Plantiko, Otto: Rousseaus, Herders und Kants Theorie vom Zukunftsideal der Menschheitsgeschichte. Diss. Greifswald 1895.

Reich, Klaus: Rousseau und Kant. Tübingen 1936 (Philosophie und Geschichte 61).

Riedel, Manfred: Geschichte als Aufklärung. Kants Geschichtsphilosophie und die Grundlagenkrise der Historiographie. In: Neue Rundschau 84 (1973) S. 289–308.

Riedel, Manfred: Geschichtstheologie, Geschichtsideologie, Geschichtsphilosophie. Zum Ursprung und zur Systematik einer kritischen Theorie der Geschichte bei Kant. In: Philosophische Perspektiven 5 (1973) S. 161–192.

Rühl, Franz: Kant als Geschichtsphilosoph. In: Königsberger Hartungsche Zeitung. Sondernummer zum Gedächtnis des hundertjährigen Todestages Immanuel Kants, 12. 2. 1904.

Rühl, Franz: Über Kants Idee zu einer allgemeinen Geschichte in weltbürgerlicher Absicht. In: Altpreußische Monatsschrift 17 (1880) S. 333–342.

Ruyssen, Théodore: La philosophie de l'histoire selon Kant. In: Annales de philosophie politique 4 (1962) S. 33–51.

Salmony, H. A.: Kants Schrift ›Das Ende aller Dinge‹. Zürich 1962.

Sampson, R. V.: Progress in the Age of Reason. London 1956.

Saner, Hans: Kants Weg vom Krieg zum Frieden. Bd. I: Widerstreit und Einheit. Wege zu Kants politischem Denken. München 1967.

Schmidt, Conrad: Über die geschichtsphilosophischen Ansichten Kants. In: Sozialistische Monatshefte 7 (1903) S. 683–692.

Streisand, Joachim: Geschichtliches Denken von der deutschen Frühaufklärung bis zur Klassik. Berlin 1964.

Troeltsch, Ernst: Das Historische in Kants Religionsphilosophie. Zugleich ein Beitrag zu den Untersuchungen über Kants

Philosophie der Geschichte. In: Kant-Studien 9 (1906) S. 21 bis 154.

Tumarkin, Anna: Herder und Kant. Bern 1896 (Berner Studien zur Philosophie und ihrer Geschichte 1).

Vorländer, Karl: Einleitung zu Kant, Kleinere Schriften zur Geschichtsphilosophie, Ethik und Politik. Leipzig 1913.

Weyand, Klaus: Kants Geschichtsphilosophie. Ihre Entwicklung und ihr Verhältnis zur Aufklärung. Köln 1964 (Kant-Studien Ergänzungshefte 85).

Wild, Christoph: Die Funktion des Geschichtsbegriffs im politischen Denken Kants. In: Philosophisches Jahrbuch 77 (1970) S. 260–275.

Nachtrag 1985

Despland, Michael: Kant on History and Religion. Montreal/London 1973.

Galston, William: Kant and the Problem of History. Chicago 1975.

Kaulbach, Friedrich: Welchen Nutzen gibt Kant der Geschichtsphilosophie? In: Kant-Studien 66 (1975), S. 65–84.

Lutz-Bachmann, Mathias: Geschichte und Subjekt. Studie zur Bedeutung und Problematik der Geschichtsphilosophie im Werk von Immanuel Kant und Karl Marx. Diss. Frankfurt a. M. 1981.

Riedel, Manfred: Historismus und Kritizismus. Kants Streit mit Georg Forster und Johann Gottfried Herder. In: Kant-Studien 72 (1981), S. 41–57.

Yovel, Yirmiahn: Kant and the Philosophy of History. Princeton 1980.

Inhalt